Laotse (geb. 571 v. Chr.) und Konfuzius, die beiden bei uns im Westen wohl bekanntesten klassischen chinesischen Philosophen, waren Zeitgenossen. Während sich Konfuzius' Ideen durch gesunden Menschenverstand auszeichneten, wirkte Laotse durch Witz und Tiefe der Gedanken. »Seine Aphorismen vermitteln eine geistige Anregung, die die hausbackene Vernünftigkeit des Konfuzius niemals zu geben vermag... Die Konfuzianer verehren Gesittung und Vernunft; die Taoisten verwerfen sie zugunsten von Natur und Intuition« (Lin Yutang in seiner Einleitung). Lange Zeit war Konfuzius bei uns viel bekannter als Laotse, aber nicht zuletzt dieses 1955 als deutsche Erstausgabe in der Fischer Bücherei veröffentlichte und von Lin Yutang eingeleitete und kommentierte »Buch vom Tao« verstärkte das Interesse an dem chinesischen Weisen und seiner durch seinen berühmten Schüler Tschuangtse ergänzten, erweiterten und interpretierten Philosophie.

Lin Yutang (1895–1978), studierte in Harvard (USA), Jena und Leipzig und war von 1923–1926 Professor für englische Philologie an der Universität Peking, danach Diplomat und Journalist. Der Romancier und philosophische Deuter chinesischen Lebens und Wesens, aber auch christlicher Ideen und buddhistischer Weisheit verstand sich als Mittler zwischen China und dem Westen.

DIE WEISHEIT
DES LAOTSE

Herausgegeben von
Lin Yutang

Aus dem Amerikanischen
von Gerolf Coudenhove

Fischer Taschenbuch Verlag

135.–136. Tausend: September 1994

Deutsche Erstausgabe
Veröffentlicht im Fischer Taschenbuch Verlag GmbH,
Frankfurt am Main, Juni 1955

Titel der amerikanischen Originalausgabe: »The Wisdom of Laotse«
Erschienen bei Random House, Inc., New York
Copyright 1948 by Random House, Inc.
Copyright Renewed 1976 by Lin Yutang
Die deutsche Ausgabe erscheint mit Genehmigung
von Random House, Inc.
© 1955 Fischer Bücherei KG, Frankfurt am Main
Gesamtherstellung: Clausen & Bosse, Leck
Printed in Germany
ISBN 3-596-26504-5

Gedruckt auf chlor- und säurefreiem Papier

INHALTSÜBERSICHT

INHALT

Lin Yutang

DIE WEISHEIT DES LAOTSE

I

Während man im Abendland bisher hauptsächlich Konfuzius kannte, bewundert man seit einigen Jahren immer mehr Laotse und sein außerordentliches Buch. Ich wage sogar die Behauptung, daß es unter den Gelehrten, die mit dem Osten vertraut sind, mehr Anhänger des Laotse als des Konfuzius gibt. Kein gebildeter Leser kann sich dem gewinnenden Zauber seines Buches entziehen. Das *Buch vom Tao* ist, wohl auch infolge seines geringen Umfanges, der meistübersetzte chinesische Text. Während Konfuzius gesunden Menschenverstand besitzt, zeichnen Witz, Tiefe und funkelnder Geist den taoistischen Weisen aus. Diese Wirkung auf den abendländischen Leser wird bestätigt durch den Eindruck, den die Chinesen des Altertums von Laotse empfingen, ehe der Konfuzianismus durch Kaiser Han Wuti 136 v. Chr. gewissermaßen zur Staatsreligion erhoben wurde. »Huan Tan sagt: Lao Tan (Laotse) schrieb zwei Kapitel über das Nichts, in welchen er Menschlichkeit und Gerechtigkeit beklagt und das Zeremonienwesen (Li, Konfuzianismus) tadelt; dennoch halten seine Bewunderer sie anscheinend für besser als die fünf klassischen Bücher. Die beiden Kaiser Wen und Tsching (179–143 v. Chr.) sowie Szema Thschien (145 bis nach 85 v. Chr.) teilten diese Meinung.« (Leben des Yang Hsiung, Han Schu)

Nach 136 v. Chr. schieden sich die Geister. Die Beamten liebten Konfuzius, die Dichter und Schriftsteller Tschuangtse und Laotse; und wenn die Dichter und Schriftsteller dann Beamte wurden, liebten auch sie Konfuzius offen, Tschuangtse und Laotse dagegen heimlich. Freilich gab es Ausnahmen. Es gab Zeiten in der Geschichte Chinas, in denen der Taoismus eine beherrschende Stellung bei den Literaten einnahm und beinahe zu einem Kult wurde, wie im dritten und vierten Jahrhundert n. Chr., oder in denen er durch den Kaiser selbst von Amts wegen gefördert wurde, wie unter der Thang-Dynastie (achtes bis zehntes Jahrhundert). Es rührt mich aber, wenn ich sehe, wie Wang Hsien-Thschien, der sein Leben mit der Herausgabe der besten Standardausgabe der Lehren Tschuangtses samt Kommentaren verbrachte, in seinem 1908 erschienenen Vorwort versucht, durch Herabsetzung des Tschuangtse sein eigenes Werk zu verkleinern. Das gleiche gilt von Wei Yuans Kommentaren zu Laotse. So wurde nach außen hin immer nur der Konfuzianismus als die bessere Lehre gerühmt, während die Schönheit der Gedanken Tschuangtses stets heimlich und zurückhaltend geschätzt wurde.

Es muß auch von Anfang an festgestellt werden, daß von den chinesischen Weisen nur Laotse und nicht Konfuzius in Sinnsprüchen redete. Die Aphorismen des Laotse vermitteln eine geistige Anregung, welche die hausbackene Vernünftigkeit des Konfuzius niemals zu geben vermag. Die konfuzianische Philosophie der sozialen Ordnung wirkt selten anregend; sie befaßt sich mit menschlichen Beziehungen, und diese Beschäftigung mit den menschlichen Beziehungen des täglichen Lebens führt dazu, den Sinn für die geistige Sehnsucht und den Flug der Phantasie, deren die Menschenseele fähig ist, abzustumpfen. Die Konfuzianer verehren Gesittung und Vernunft; die Taoisten verwerfen sie zugunsten von Natur und Intuition. Konfuzius war Positivist, Laotse Mystiker. Wenn aber der Mensch nur ein pflichtbewußter Mann, ein guter Vater und ein vorsorglicher Erhalter der Familie ist, was bleibt dann von den Geheimnissen und den Schönheiten des Weltalls übrig, vom Sinn des Lebens und des Todes, von den Erschütterungen der Seele und von dem sehnsüchtigen Gefühl, daß es jenseits der Welt der positiven Erkenntnis noch ein Reich unsichtbarer Kräfte gibt, die wir zwar spüren, aber niemals erkennen können?

Beim Durchblättern des *Buches vom Tao* wird die erste Reaktion Lachen sein, die zweite Lachen über das eigene Gelächter und die dritte das Gefühl, daß eine Lehre dieser Art heute höchst notwendig ist. Laotse sagt:

»Wenn die höchste Gattung Mensch das Tao (die Wahrheit) hört,
Bemüht sie sich, ihm gemäß zu leben.
Wenn die Mittelmäßigen das Tao hören,
Scheinen sie es zu bemerken und doch nicht zu bemerken.
Wenn die niederste Menschenart vom Tao hört,
Bricht sie in Gelächter aus –
Denn wenn das Tao nicht verlacht würde, wäre es nicht das Tao.«

Ich bin überzeugt, daß die meisten Leser beim ersten Durchfliegen von Laotses Buch lachen werden. Ich sage das ohne Respektlosigkeit, denn mir erging es ebenso. Der größte Gelehrte lacht schließlich mit

Laotse über die Sorgen der Tagesphilosophen. Und damit wird Laotse
zu einem Freund fürs Leben.

Laotse sagt: »In meinen Worten liegt ein Prinzip. In den Angelegenheiten der Menschen liegt ein System. Weil sie das nicht wissen, kennen sie mich nicht.« Laotses Lebens- und Weltphilosophie offenbart
sich in einzelnen geistvollen Sinnsprüchen, deren unbewußte Vor-
aussetzungen und Zusammenhänge dem Leser erst klargemacht werden müssen; Laotses Sinnsprüche sind blitzartige Einsichten. Diese
Geistesblitze gleichen vollendet geschliffenen Edelsteinen. Sie sind in
sich vollkommen und glänzen oft schöner, wenn sie ungefaßt sind.
Aber der menschliche Geist verlangt immer nach Verständnis auf höherer Ebene. Überdies lassen sich Laotses Kostbarkeiten orakelhafter
Weisheit selbst im Chinesischen verschiedenartig auslegen, was noch
mehr von deren Übersetzung in eine Sprache mit grundverschiede-
nen Begriffen und Anschauungen gilt. Das Richtige wäre, sie zusammen mit den Erklärungen alter chinesischer, taoistischer Gelehrter,
wie Han Fei und Huainantse, die einige Jahrhunderte nach ihm lebten, zu lesen. Han Fei (?–234 v. Chr.) schrieb in seinem Werk zwei
Kapitel, die ausschließlich Interpretationen von Laotsetexten enthalten, insbesondere aus dem zweiten Teil des Buches, der mehr von der
praktischen Anwendung der taoistischen Philosophie auf das Leben
und die Staatskunst handelt als von ihren Prinzpien. Huainantse (Liu
An, etwa 178–122 v. Chr.) hat ebenfalls eine große Anzahl von Zitaten aus Laotse erklärt, und auch die Werke von Liehtse und Wentse
enthalten solche Interpretationen. Das beste ist es freilich, Laotse mit
Tschuangtse zusammen zu lesen. Denn schließlich war Tschuangtse
sein größter Schüler und der bedeutendste Exponent des Taoismus. Er
stand Laotse zeitlich näher als Han Fei und half mit, das taoistische
Denken zu formen. Da der Blickpunkt der beiden Philosophen beinahe der gleiche ist, ist es nicht schwer, aus den mehr als hunderttausend Wörtern Tschuangtses Stellen herauszuheben, zu ordnen und
damit den Sinn der entsprechenden Laotsestellen zu erklären, ein
Verfahren, das hier zum erstenmal versucht wird.

In den ersten vorchristlichen Jahrhunderten war der Taoismus unter
dem Namen »Die Lehre des Gelben Kaisers und des Laotse« bekannt.
Später änderte sich das, Tschuangtses Volkstümlichkeit nahm ständig
zu, sein Name wurde neben dem Laotses genannt und mit dem taoistischen Denken identifiziert. Unter den späteren Han und den
Tschin (etwa die ersten vier Jahrhunderte n. Chr.) wurde der Taois-

mus nicht mehr als die Lehre des Gelben Kaisers und des Laotse bezeichnet, sondern als die Philosophie des »Lao und Tschuang«. Das braucht uns nicht zu wundern, denn die Schönheit der Prosa Tschuangtses war ja mit ein Grund für die Beliebtheit der taoistischen Literatur bei den Gelehrten. Nach allen Maßstäben der Stilschönheit und Gedankentiefe ist Tschuangtse der größte Prosameister des klassischen Zeitalters. Er besitzt alle Merkmale eines großen Schriftstellers: seine Sprache ist frisch und kräftig, dabei ist sein Stil flüssig und oft persönlich, seine Gedanken sind tief, aber seine Darstellung leicht und geistreich. Sogar seine Fehler sind die eines Humoristen und Schriftstellers, der zu viel zu sagen hat und dem die Bilder und Vergleiche manchmal zu leicht aus der Feder fließen. Als ich beim Zusammenstellen des vorliegenden Buches das Werk Tschuangtses mehrere Male durchging, fiel mir auf, daß mehr von Tschuangtse geprägte Wendungen in die Phraseologie unserer Literatur eingegangen sind als selbst Wendungen aus den *Gesprächen* des Konfuzius.
Die Denkgrundlage und der Charakter der Ideen beider Philosophen sind die gleichen. Aber während Laotse in Aphorismen spricht, schreibt Tschuangtse lange, ausführliche philosophische Abhandlungen. Während Laotse ganz Intuition ist, ist Tschuangtse ganz Verstand. Laotse lächelt, Tschuangtse lacht. Laotse lehrt, Tschuangtse spottet. Laotse spricht zum Herzen, Tschuangtse zum Verstand. Laotse gleicht in seinem Rückgreifen auf die Natur Rousseau, während Tschuangtse in der Schärfe seiner Klinge an Voltaire erinnert. Tschuangtse sagt von sich selbst: »Mit ungezügelter Phantasie, schalkhafter Sprache und süßem, romantischem Unsinn läßt er seinem Geist ungehindert die Zügel schießen.« Er ist in der Tat oft schalkhaft und verspielt. Übrigens brauchen die Abendländer Konfuzius nicht erst zu kritisieren: Tschuangtse hat ihn scharf genug angepackt. Diese Seite des Schriftstellers Tschuangtse hat den rechtgläubigen Mandarinen oft mißfallen; aber einem Nihilisten, der die ganze Torheit und Nichtigkeit der konfuzianischen Weltverbesserer durchschaute, kann man füglich ein bißchen Spaß gönnen. Es wäre zu viel verlangt, wollte man angesichts des Versagens der Konfuzianer von ihm eine respektvolle Miene erwarten.
Von Laotse wissen wir nur wenig, wenn wir von bloßen Fakten absehen, nämlich, daß er 571 v. Chr. in Khuhsien geboren wurde; daß er ein Zeitgenosse von Konfuzius und wahrscheinlich zwanzig Jahre älter als dieser war; daß er aus einer alten, kultivierten Familie stammte

und kaiserlicher Archivar in der Hauptstadt war; daß er in mittleren Jahren seinen Abschied nahm, sich zurückzog und wahrscheinlich ein hohes Alter, vielleicht neunzig, aber gewiß nicht mehr als hundertsechzig Jahre, wie Szema Thschien berichtet, erreichte und eine zahlreiche Enkelschar hinterließ, von denen einer Beamter wurde.

Wie bei Jesus gab es auch hier einzelne Gelehrte, die bezweifelten, daß Laotse je gelebt hat und daß sein Werk von ihm stammt. Aber mehrere Werke des dritten Jahrhunderts v. Chr. erwähnen, abgesehen von denen Tschuangtses, seinen Namen und enthalten Zitate aus dem *Buch vom Tao*. Erinnern wir uns, daß in der Mandschuzeit ein kritischer Skeptizismus beinahe zur Zeitkrankheit wurde und daß im Falle Laotses noch der verderbliche Einfluß des Liang Thschi-Thschao hinzukommt, der der Meinung war, das Buch des Laotse sei höchstwahrscheinlich von mehreren Fälschern des dritten Jahrhunderts zusammengestellt worden. Damals wurde viel über Fälschungen geschwätzt, und die Textkritiker waren nicht imstande, zwischen gefälschten Werken und späteren Interpolationen einzelner Textstellen zu unterscheiden. Wenn man daher hört, daß ein chinesischer Gelehrter behauptet, Laotses Buch oder die meisten Kapitel des Tschuangtse seien Fälschungen, ohne genügende Beweise oder genaue Schlußfolgerungen anzuführen, so kan man sicher sein, daß er bloß eine Mode nachäfft, die nachgerade lästig geworden ist. Im Falle der Kapitel 28, 29, 30, 31 des Tschuangtse-Buches wird jedoch die Ansicht Su Tungpos, sie seien nicht von Tschuangtse, sondern spätere Beifügungen, von allen Gelehrten geteilt.

Tschuangtse starb um 275 v. Chr. – in welchem Alter, ist nicht klar. Er war also ein Zeitgenosse des Menzius; er war auch ein guter Freund des Huei Schih. Er stammte aus Menghsien, und das einzige Amt, von dem wir wissen, daß er es bekleidete, war das eines »Verwalters der Lackbaumpflanzung« dortselbst. Er war verheiratet; ob er Kinder hatte, ist nicht bekannt. In der Vorstellung des chinesischen Volkes erscheint Tschuangtse als der Mann, der singend und dazu auf einem Becken den Takt schlagend auf dem Boden saß, während der Sarg seiner Frau in einem Winkel des Hauses auf das Begräbnis wartete. Dennoch gab er, als seine Jünger ihn über sein seltsames Betragen befragten, eine der tiefsinnigsten Antworten über Leben und Tod, die es gibt.[1] Der geistvollste Ausspruch Tschuangtses ist wohl der Witz über seinen eigenen Tod. Es ist der Witz eines Dichters.[2] Eine andere beliebte Anekdote ist typisch für seinen Stil. Tschuangtse träumte

einst, er sei ein Schmetterling; im Traum flatterte er von Blume zu
Blume und war so sehr davon überzeugt, wirklich ein Schmetterling
zu sein, daß er nach dem Erwachen zu sich sagte: »Bin ich nun Tschuangtse, der träumt, er sei ein Schmetterling, oder ein Schmetterling,
der träumt, er sei Tschuangtse?« Die schärfsten Pfeile pflegte er jedoch gegen Beamtenpomp und Beamtendünkel abzuschießen. Dann
konnte er sogar boshaft und gemein werden. Ein armer Gelehrter aus
Sung ging einst zum König und kehrte ruhmbedeckt mit Wagen und
großem Gefolge, Geschenken des Königs, zurück. Er war auf seinen
Erfolg sehr stolz. Tschuangtse sagte zu ihm: »Es war einmal ein König von Thschin, der war krank. Er schenkte einem Arzt, der ihm eine
Eiterbeule aufstach, einen Wagen, einem anderen aber, der seine Hämorrhoiden geheilt hatte, fünf Wagen. Je tiefer man also geht, desto
reicher wird man belohnt. Habt Ihr des Königs Hämorrhoiden
kuriert?«

Der Charakter Tschuangtses läßt einige Unterschiede zwischen den
beiden taoistischen Weisen erkennen. Bei der Vorbereitung des vorliegenden Buches stellte ich mir eine Konkordanz der Gedanken
Laotses und Tschuangtses zusammen. Ich fand, daß der Inhalt ihrer
Lehren beinahe identisch ist, fand aber auch zwei wichtige Unterschiede. Erstens ist die Hauptlehre Laotses die Demut. Sein immer
wiederkehrendes Thema, über das er öfter spricht als über alle anderen Einzelthemen, heißt Sanftmut, Sichbescheiden, die Nichtigkeit
allen Strebens (»Seid nie die Ersten«), die Stärke der Schwäche und
der taktische Vorteil des Unterliegens. Bei Tschuangtse parallele
Aussprüche dazu zu finden, ist schwer, ja unmöglich. Gewiß mußte
Tschuangtse, weil er von der gleichen Grundanschauung ausging,
auch an die Demut glauben – er brachte es aber niemals ganz über
sich, das auszusprechen. Wo Laotse über die Tugend des Nichtstrebens spricht, neigt Tschuangtse eher dazu, von der Tugend der Stille
zu sprechen, von der Erhaltung der geistigen Macht durch Ruhe und
Rast. Für Laotse ist das Wasser die »weichste aller Substanzen« und
ein Symbol des weisen »Aufsuchens niedriger Stellen«, für Tschuangtse ist es ein Symbol der Seelenruhe und Geistesklarheit und der
ungeheuren Kraftreserve der Untätigkeit. Während Laotse die Wichtigkeit des Mißerfolges betont, oder wenigstens des scheinbaren Mißerfolges (denn Laotse war der erste Philosoph der Tarnung), verhöhnt
Tschuangtse den Glanz des Erfolges. Laotse preist den Demütigen,
Tschuangtse stellt die Großen bloß. Während Laotse Zufriedenheit

predigt, ist es Tschuangtses kennzeichnendste Lehre, den Menschengeist »in der metaphysischen Sphäre schweifen« zu lassen, der Sphäre
über dem Dinglichen. Und während Laotse häufig die »Stärke des
Weiblichen« erwähnt, das »das Männliche überwindet«, bleibt Tschuangtse ein durchaus männlicher Typus, der nichts zu diesem Thema
zu sagen hat.

Der zweite Unterschied: Tschuangtse hat nicht bloß eine geschlossene Erkenntnis- und Wirklichkeitslehre sowie eine Theorie über die
Nichtigkeit der Sprache entwickelt, sondern hat auch das Pathos des
menschlichen Lebens schärfer zum Ausdruck gebracht. Was bei
Laotse Philosophie ist, wird bei Tschuangtse Dichtung. Bei allen Trö-
stungen der Philosophie fühlt Tschuangtse die leidvolle Traurigkeit
des kurzen Menschenlebens, und seine Ausführungen über Leben
und Tod sind gewiß seine schönsten. »Wer vom Gastmahl träumt,
erwacht zu Trauer und Klage. Wer von Trauer und Klage träumt, erwacht, um die Jagd mitzumachen[3].« »Was wir lieben, ist das Geheimnis des Lebens, was wir hassen, die Verwesung im Tode. Aber das
Verwesliche wird wieder geheimnisvolles Leben, und dieses geheimnisvolle Leben wird dann abermals verweslich[4].« Ich selbst betrachte
die Stelle über die »Erregungen der Seele« als die schönste Schrift
Tschuangtses oder überhaupt irgendeines Schriftstellers der chinesischen Frühzeit.[5]

II

Laotse ist voller Paradoxe. Sie wurden bei ihm beinahe zur Manie.
»Tue nichts und alles ist getan.« »Weil der Weise sich selbst vergessen
kann, wird sein Selbst verwirklicht.« Die Hervorbringung eines Para-
doxes gleicht der Entstehung eines Kristalls. Ein Kristall entsteht,
wenn ein bestimmter Stoff einem bestimmten Temperaturwechsel
unterworfen wird. Wenn dieser Zustand eintritt, entstehen nicht ein,
sondern zahlreiche Kristalle zugleich. Ein Paradox wird ausgesprochen, wenn man einen Standpunkt einnimmt oder eine Wertskala an-
wendet, die den allgemein angenommenen völlig entgegengesetzt ist.
Das Paradox Jesu: »Wer sein Leben verliert, wird es finden« geht von
der Konzeption zweier deutlich unterschiedener Lebensebenen aus,
der leiblichen und der geistigen. Wenn man beide zusammenfügt,
entsteht etwas, das oberflächlich wie ein paradoxer Ausspruch
erscheint.

Was ist nun der grundlegende Standpunkt Laotses, der so viele Paradoxe hervorbringt, der Standpunkt, der es ihm ermöglicht, die Stärke der Schwäche, den Vorteil der Niedrigkeit, die Warnung vor allzu großem Erfolg zu lehren? Die Antwort darauf gibt die Lehre von der allgemeinen Umkehr, vom ewigen Kreislauf, durch den jedes Ende zu einem Anfang wird und alles zu seinem ursprünglichen Zustand zurückkehrt. Da das Leben ein ständiges Fließen, ein ständiger Wechsel ist, lösen sich Aufstieg und Niedergang wie Tag und Nacht ab, so daß die Erreichung des Gipfelpunkts der Stärke bereits den Beginn des Abstiegs bedeutet.

Laotse sagt: »Es« (der Ursprung des Weltalls) »ist ein Problem, das über den Menschengeist und die menschliche Sprache hinausgeht. Ich will versuchen, ungefähr zu sagen, wie es ist. Das große *Yin* ist königlich still; das große *Yang* ist rastlos tätig. Königliche Stille kommt vom Himmel, rastlose Tätigkeit von der Erde. Wenn sich beide begegnen und sich verschmelzen, entstehen alle Dinge. Manche sehen den Zusammenhang, aber nicht die Gestalt. Wachstum wechselt mit Verfall, Fülle mit Erschöpfung, Finsternis mit Licht. Jeden Tag ändern sich die Dinge; jeden Monat werden sie verwandelt. Ihr seht, was täglich geschieht: die Veränderung ist unmerklich. Das Leben entspringt einer Quelle – der Tod ist nur eine Rückkehr zu ihr. So folgen sich Anfang und Ende in ständigem, endlosem Kreislauf. Was könnte, ohne das Tao, das Zeugungsprinzip sein, das alles zusammenhält [6]?«

Der vielleicht beste Weg zu Laotses Philosophie ist der über Emerson in seinem wichtigen Essay über »Kreise«, der eigentlich ganz taoistisch ist. Emerson verwendet die Bezeichnung »Kreislaufphilosophie«. Aus der Philosophie der »Kreise« leitet er genau die gleichen Folgerungen ab wie Laotse. Er lehrt, daß »jedes Ende ein Anfang ist, daß an jedem Mittag ein neuer Morgen aufsteigt und daß sich unter jeder Tiefe eine neue Tiefe öffnet«. Huei Schih lehrt: »Wenn die Sonne im Zenit steht, geht sie anderswo unter« und Tschuangtse schreibt: »Für das Tao ist weder der Zenit hoch noch der Nadir niedrig.« Emerson lehrt: »In der Natur gibt es keine Festpunkte«, also »gibt es für den Menschen keine Festlegungen.« Daher »werden aus den Trümmern des alten Planeten neue Kontinente gebildet; die neuen Rassen ziehen ihre Nahrung aus der Verwesung der alten«. In seiner Kreislaufphilosophie bringt Emerson Laotseische Paradoxa hervor. »Die höchste Vorsicht ist die geringste Vorsicht«, »Die Tugen-

den der Gesellschaft sind die Laster der Heiligen«, »Die Menschen
wollen seßhaft werden; nur insoweit sie es noch nicht sind, gibt es
noch Hoffnung für sie«. Der Leser wird in der Auswahl von Tschu-
angtsetexten genaue, bisweilen wörtliche Entsprechungen zu diesen
Emersonschen Paradoxen finden. Die beiden Essays von Emerson
»Circles« (Kreise) und »The over-soul« (Die Über-Seele) sind ganz
taoistisch, und man wird sie besser verstehen können, wenn man
Laotse gelesen hat. Emerson ist auch zur gleichen Auffassung über
die Relativität der Gegensätze gelangt. »Des Einen Schönheit ist des
Anderen Häßlichkeit, des Einen Weisheit des Anderen Torheit.« Und
Emerson zitiert einen Yankee-Farmer, der einen typisch taoistischen
Ausspruch tat: »Gesegnet sei das Nichts; je schlimmer die Dinge sind,
desto besser sind sie.«

Der Taoismus als Philosophie läßt sich demnach folgendermaßen zusammenfassen: Er ist eine Philosophie der Wesenseinheit der Welt
(Monismus), der Umkehr, der Polarität (Yin und Yang) und des ewigen
Kreislaufs, des Ausgleichs aller Verschiedenheiten, der Relativität aller
Maßstäbe und der Rückkehr aller Dinge zum Ursprünglich-Einen, der
göttlichen Vernunft, der Quelle aller Dinge. Daraus ergibt sich von
selbst, daß der Wunsch nach Streit und Wettbewerb und der Kampf um
Vorteile nicht vorhanden sind. So findet die Sanftmuts- und Demuts-
lehre der christlichen Bergpredigt eine rationale Grundlage; dem Men-
schen wird ein friedliebendes Gemüt anerzogen. Durch den Nachdruck, den er darauf legte, dem Bösen nicht zu widerstehen, wurde
Laotse zum Vorläufer einer langen Reihe von Denkern und Ethikern
bis zu Tolstoi, dem größten modernen Jünger christlicher
Demut und Duldsamkeit. Es wäre gut, wenn manche Führer dieser
Welt (gibt es sie überhaupt?) Laotses Ausspruch über Krieg (Kap. 30–
31, Auswahl 68,1), militärische Taktik (Kap. 68–69), Friedensverträge
(Kap. 79) und Abrüstung (Auswahl 31,1) lesen würden.

III

Wenn ich auf einem Fragebogen meine Religion angeben müßte, wäre
ich versucht zu schreiben »Taoist«. Ich habe mich stets darum bemüht, eine für einen Wissenschaftler annehmbare Religion zu finden. Denn hier liegt das Zentralproblem unserer Zeit. Das Tao des
Taoisten ist die göttliche Vernunft des Universums, die Quelle aller
Dinge, das lebenspendende Prinzip, es gestaltet und verwandelt alle

Dinge. Es ist unpersönlich, unparteiisch und kümmert sich nur wenig
um Einzelwesen. Es ist immanent, formlos, unsichtbar und ewig.
Und das Beste ist: der Taoist versucht nicht, etwas über Gott auszusa-
gen. Er wiederholt bis zum Überdruß, daß das Tao nicht benannt werden kann und daß ein Tao, das benannt wird, nicht das Tao ist. Die
Einheit und Geistigkeit der stofflichen Welt ist eine wichtige Bot-
schaft des Taoismus.

Ich habe den Fortschritt des wissenschaftlichen Denkens lange verfolgt und habe Grund zu der Annahme, daß der krasse Materialismus
des neunzehnten Jahrhunderts in allen Fugen kracht, weil er im
Lichte der modernen Physik unhaltbar geworden ist. Zu der Zeit, als
Karl Marx voll Begeisterung für die mechanistische Naturwissenschaft seine materialistische Dialektik entwickelte, schrieb ein Weiser
in Neuengland mit geradezu unheimlicher Voraussicht: »Fürchtet die
neue Verallgemeinerung nicht. Sehen die Tatsachen so kraß und materiell aus, als drohten sie deine Geistestheorie zu stürzen? Wider-
stehe ihr nicht; sie wird dennoch deine Theorie der Materie verfei-
nern und emportragen.«

Das wurde 1847 geschrieben. Inzwischen haben die Physiker die
Grundlage der Materie unterhöhlt. Eddington faßt ein Jahrhundert
der Forschung folgendermaßen zusammen: »Wir haben die feste
Substanz vom flüssigen Kontinuum in das Atom und vom Atom in
das Elektron gejagt; dort haben wir sie verloren[7].« Was nun das Elektron innerhalb des Atoms treibt, wird dann in folgenden Satz gefaßt:
»*Etwas Unbekanntes tut – wir wissen nicht, was*[8].« Irgendwo im
Lichtquantum trifft sich das Korpuskulare mit dem Nichtkorpuskula-
ren und verwirrt und ärgert den, der nach der Wahrheit forscht. Jetzt
ist ein Jahrhundert seit Emerson vergangen. Der Kreis hat sich ge-
schlossen. Eddington schreibt: »Es wird vielleicht einmal gesagt
werden, daß aus diesen Argumenten von der modernen Naturwissenschaft die Folgerung zu ziehen ist, daß für einen vernünftigen Wissenschaftler zum erstenmal um 1927 Religion möglich wurde. Wenn
wir aber dieses öde Wesen, den unentwegt vernünftigen Menschen,
schon betrachten wollen, möchten wir darauf hinweisen, daß nicht
nur die Religion, sondern die meisten gewöhnlichen Lebensaspekte
für ihn erst in diesem Jahr 1927 überhaupt möglich geworden sind.
Gewisse allgemeine Tätigkeiten (z. B. sich verlieben) sind ihm anscheinend noch immer verschlossen. Wenn sich also unsere Erwar-
tung, daß das Jahr 1927 den endgültigen Sturz der strengen Kausalität

durch Heisenberg, Bohr, Born und andere erlebt hat, als begründet erweisen sollte, wird dieses Jahr gewiß zu den größten Jahren in der Entwicklung der Naturphilosophie gezählt werden[9].«

Mystik pflegt rational veranlagte Menschen meistens zu erschrecken, besonders auch wegen der Extravaganzen mancher ihrer Anhänger. Aber bei der Mystik eines Laotse, Whitman oder Eddington braucht dies nicht der Fall zu sein. Die Mathematik, das Werkzeug der Naturwissenschaft, arbeitet mit Gleichungen und hat uns bisher nichts als Gleichungen geliefert, plus der neuen Erkenntnis von der wesentlichen Leere der Materie. Wenn Laotse und Tschuangtse in mystischer Ausdrucksweise vom »Ausweichen« des Tao sprachen, merken wir erst heute, daß sie keineswegs Mystiker waren, sondern lediglich gute Naturbeobachter. Denn es ist genau diese Eigenschaft des »Ausweichens«, auf die der denkende Physiker in seinem Laboratorium stößt. Der Forscher klopft an, und die Tür geht nicht auf. Sobald er sich anschickt, das Geheimnis des Lebens zu entdecken, verschließt sich ihm das Leben vollständig. Er jagte der Materie nach und verlor sie im Elektron. Er jagte dem Bewußtsein nach und verlor es in elektrischen Gehirnwellen. Über seinen Gleichungen und ihnen gegenüber steht klar, fest und ungebrochen die Sphäre der Schönheit, des Geistes, der Liebe und des Bewußtseins, für die es keine Forschungsmittel naturwissenschaftlicher Art gibt. Intuitive und mathematische Erkenntnis treffen sich nie, denn sie liegen offenbar auf verschiedenen Ebenen... Die Mathematik ist ein Werkzeug des menschlichen Geistes und ein Mittel, um auszudrücken, was der Geist von physikalischen Erscheinungen sehen und berechnen kann – nichts weiter. Intuitive Erkenntnis ist grundverschieden von mathematischer oder symbolischer Erkenntnis, wie sie sich in Gleichungen ausdrückt, und ist ihr keineswegs untergeordnet. Professor F. S. C. Northrop von der Yale-Universität macht auf die Wichtigkeit, die Rolle der intuitiven Erkenntnis des »undifferenzierten ästhetischen Kontinuums« anzuerkennen, und auf die Daseinsberechtigung dieser Art Erkenntnis aufmerksam, die aller Wahrscheinlichkeit nach der Wirklichkeit näher steht als die differenzierte Erkenntnis des denkenden Geistes, und die genau das ist, was Laotse gemeint hat, als er vor der Gefahr des »Zerschneidens« warnte. Tschuangtse ist darin besonders deutlich: »Der Nachteil, die Dinge als getrennte Teile zu betrachten, ist der, daß jeder, der zu zerschneiden und zu analysieren anfängt, versucht, erschöpfend zu sein. Der Nachteil des Versuches, erschöpfend zu sein, ist, daß er bewußt (mechanisch) erschöpfend ist. Man gräbt immer tiefer und tiefer, vergißt die Rückkehr und sieht ein Gespenst (nur das Äußere der Dinge). Oder man geht weiter und meint, man habe es – und was man dann hat, ist nur ein Leichnam. Denn ein Ding, das seine Substanz behält, aber die magische Eigenschaft des Lebens verloren hat, ist bloß ein Gespenst (der Wirklichkeit). Nur wer sich im Gestalteten das Gestaltlose vorzustellen vermag, kann zur Wahrheit gelangen[10].«

Notwendigerweise muß der Physiker sich sorgfältig auf beobachtbare Formen, Substanzen und Bewegungen beschränken, auf Erscheinungen, die mathematischer Berechnung zugänglich sind. Er verschließt, seinem Gegenstand getreu, die Augen vor Erscheinungen, die nicht mathematisch behandelt werden können. – Die Phänomene des Lebens, des Geistes, des Bewußtseins werden daher ewig Rückstände der Naturwissenschaft bleiben müssen.

»Bedeutungen« und »Werte« liegen glücklicherweise für uns noch weiter außerhalb des streng »verbotenen Gebiets« der Naturwissenschaft. In diesem Sinne zieht Eddington eine wichtige Trennungslinie zwischen der »symbolischen Erkenntnis« (der Naturwissenschaft) und der »inneren Erkenntnis« (der Alltagserfahrung). Eddington widerlegt geschickt die Kritiker, die seine mystischen Ansichten »Unsinn« oder sogar »verdammten Unsinn« nennen möchten. »Was ist denn die physikalische Grundlage des *Unsinns?*« fragt er. »Andere Kritiker mögen vielleicht das Recht haben, von ›Unsinn‹ zu reden, aber der Positivist hat dazu kein Recht, weil das Wort ›Unsinn‹ ein Werturteil enthält, das innerhalb der Logik der Naturwissenschaft unstatthaft ist. *Verdammter Unsinn* schließt noch mehr Werturteile ein.« »In einer Welt aus Äther und Elektronen können wir vielleicht auf *Unsinn* stoßen; wir können aber nie einem *verdammten Unsinn* begegnen[11].« Und so bleibt uns glücklicherweise die Welt der Werte und Bedeutungen dennoch erhalten. »Als Wissenschaftler verstehen wir, daß Farbe bloß eine Frage der Wellenlänge von Ätherschwingungen ist; aber das scheint dennoch das Gefühl nicht ausgeschaltet zu haben, daß Augen, die das Licht mit etwa Wellenlänge 4800 reflektieren, Gegenstand eines Liebesgedichts sind, während Augen, die die Wellenlänge 5300 reflektieren, unbesungen bleiben.«

Robert A. Millikan, der Altmeister der amerikanischen Naturforscher, machte in einem Vortrag vor der American Physical Society am 29. April 1947 eine treffende und meiner Ansicht nach höchst bedeutende Bemerkung über Religion: »Eine rein materialistische Philosophie ist für mich der Gipfelpunkt der Unintelligenz. Weise aller Zeiten haben immer genug gesehen, um wenigstens ehrfürchtig zu werden. Lassen Sie mich Einsteins bemerkenswerte Worte anführen: ›Mir genügt es, das Geheimnis bewußten Lebens zu betrachten, das sich durch alle Ewigkeit fortpflanzt; über das wunderbare Gefüge des Weltalls nachzusinnen, das wir nur undeutlich erschauen können; und demütig zu versuchen, bloß einen unendlich geringen Teil der Intelligenz zu erfassen, die sich in der Natur kundgibt.‹ – Das ist die Definition Gottes, die mir genügt. – Ich nehme einige weise Entscheidungen für mich in Anspruch – warum auch nicht? Denn während der Große Bauherr die Frühstadien des Entwicklungsprozesses allein lenken mußte, hat der Teil von Ihm, der Wir geworden ist – denn wir sind sicherlich inner- und nicht außerhalb des Schöpfungsplanes –, seit dem Augenblick, da uns unsere zugeteilte Aufgabe bewußt wurde, das Tempo der pflanzlichen, tierischen und menschlichen Evolution in erstaunlicher Weise beschleunigt. Unser Sinn für unsere Verantwortung, unsere Rolle nach bestem Können zu spielen, macht uns gottähnlich [12].«

Es scheint, daß die großen Wahrheiten der Welt von den Weisen aller Zeiten gesehen wurden, unabhängig von Land und Zeitalter. Millikan, Einstein, Eddington, Emerson, Laotse und Tschuangtse, die alle verschiedene Umwelten hatten und verschiedene Erkenntniswege einschlugen, gelangten zu beinahe gleichen Erkenntnissen. Das oben angeführte Glaubensbekenntnis ist wohl für die meisten denkenden Menschen annehmbar.

Was Emerson vor hundert Jahren schrieb, ist heute auch noch wahr. »Wir haben das gleiche Bedürfnis, die Weltreligion zu überschauen; wir können das Christentum niemals vom Katechismus her überblikken – auf Wiesen, aus einem Boot auf dem Weiher, mitten im Gesang der Waldvögel können wir es vielleicht.« Hier stehen wir heute, und das ist wohl alles, was wir brauchen. Und Laotse sagt dazu: »Wer nicht so denkt – dessen Tor zu göttlichem Verstand ist verschlossen [13].«

IV

Im vorliegenden Band habe ich eine Neueinteilung des *Buches vom Tao* in sieben Bücher versucht, die dem Leser helfen soll, die wesentlichen Gedanken jeder Gruppe zu erfassen. Im allgemeinen handeln die ersten vierzig Kapitel von den Prinzipien dieser Philosophie und die übrigen von deren Anwendung auf menschliche Verhältnisse. In meinen Kommentaren zu den ausgewählten Stellen aus Tschuangtse habe ich mich auf die Herausgeberaufgabe beschränkt, die Zusammenhänge klarzumachen und bisweilen einen Gedanken hervorzuheben, habe aber sonst meine Meinung nicht geäußert. Zur Einführung in die geistige Umwelt des Zeitalters von Laotse und Tschuangtse und besonders zur Charakterisierung des Denkens der beiden Philosophen durch Tschuangtse selber verweise ich auf das folgende Kapitel »Die Hauptströmungen des Denkens« von Tschuangtse.

Tschuangtse
DIE HAUPTSTRÖMUNGEN DES DENKENS

*Man muß, um Laotse recht zu verstehen, einiges über die geistigen
Strömungen Chinas zur Zeit Laotses und Tschuangtses und die verschiedenen Denkschulen wissen, aus denen ihre Philosophie hervor-
ging. Es sind bisher aber noch so wenig chinesische Gedanken dem
Abendlande erschlossen worden, daß eine Übersetzung der vorliegenden wertvollen Schrift des Tschuangtse wohl mehr Interesse finden dürfte, als eine von einem heutigen Schriftsteller verfaßte Übersicht. Diese (nach den beiden Anfangswörtern) »Die Welt« genannte
Abhandlung ist im glänzenden Stil Tschuangtses geschrieben, prä-
gnant, kritisch und gedankenreich. Sie gibt eine sehr gute Übersicht
über die hauptsächlichen damals bestehenden Schulen des Denkens.
Es fällt auf, daß in dieser Zusammenfassung des damaligen Denkens
die Konfuzianer und die Schule des Yang Tschu fehlen, und daß
Liehtse in den Werken des Tschuangtse zwar als eine mit Zauberkräf-
ten ausgestattete Persönlichkeit erscheint, aber in dieser Abhandlung
nicht als taoistischer Philosoph erwähnt wird. Ich habe zur Bequem-
lichkeit des Lesers eine Einteilung in Abschnitte vorgenommen und
diese mit Überschriften versehen.*

*Aus dem 3. Abschnitt geht insbesondere hervor, daß viele der von
Laotse und Tschuangtse ausgesprochenen Gedanken – wie das Kon-
zept eines unpersönlichen Tao, die Verwerfung des Wissens und das
Jasagen zu den Naturgesetzen – zur Zeit Tschuangtses bei der als die
»Philosophen des Korngott-Tempels« bekannten Gruppe verbreitet
waren, ein Name, der von einem Ort in Thschi abgeleitet ist, wo diese
Gruppe zusammenzukommen pflegte.*

*Daß Tschuangtse seinen eigenen Namen anführt und sich selber lobt,
ist, wenn man seinen Charakter kennt, kein Grund, daran zu zwei-
feln, daß die Abhandlung wirklich von ihm stammt.*

*Im allgemeinen stellen Gruppe 1, 2 und 6 die Motse-Anhänger dar;
die Neu-Motseaner werden in Gruppe 1 und 6 beschrieben, während
Gruppe 3, 4 und 5 die taoistische Gedankenwelt darstellen.*

Die Welt kennt heutzutage viele Lehrer der Ordnungs- und Staats-
philosophie. Jede Schule meint von sich, sie habe die beste Lehre

gefunden. Wenn wir fragen: In welcher Schule findet sich die Philosophie der Alten? ist die Antwort, daß sie sich in jedem System findet.
Man fragt weiter: Woher kommt der Geist und wie entstand das Bewußtsein? Die Weisheit des Weisen muß ja eine Quelle haben und die
Macht des Königs von irgend etwas abgeleitet sein. Die Quelle beider
ist das Eine (das All).

Der Gegenstand der alten Philosophie. Wer von der Quelle aller
Dinge nicht abweicht, ist ein Mann Gottes. Wer vom *Wesen* nicht
abweicht, ist eine göttliche Persönlichkeit. Wer von der Wahrheit
nicht abweicht, ist ein vollkommener Mensch. Wer den Himmel als
die Quelle, das *Teh* als die Grundlage und das *Tao* als die Pforte ansieht, eine Überzeugung, die in allen Wechselfällen des Lebens offenbar wird, ist ein Weiser. Wer sich selbst nach den Grundsätzen der
Menschlichkeit benimmt, indem er Taten der Güte vollbringt, dem
Grundsatz der Gerechtigkeit folgt, in seinem Benehmen die Sitte
beachtet, den Sinn für Harmonie durch Musik ausdrückt und dadurch
barmherzig und gütig wird – der ist ein Edler.

Gesetzliche Bestimmungen, Unterscheidung nach Rang und Titel,
Überprüfung durch Vergleichen der Beweisstücke und Beschlußfas-
sung nach gehöriger Erhebung, genau nach »erstens«, »zweitens«,
»drittens« und »viertens« – das sind (Verwaltungs-)Maßnahmen,
durch welche die Beamten ihre Obliegenheiten ordnungsgemäß erfüllen. Die Sorge für das tägliche Leben, dessen Hauptanliegen Nahrung und Kleidung sind, das Wachsen, Sichmehren und Sparen, damit
für die Alten, die Jungen, die Witwen und Waisen gesorgt sei – das
sind die Grundbedürfnisse des Volkes.

Die Alten sorgten für all das in gehöriger Weise. Vom Gottesdienst
und den Himmels- und Erdopfern bis zu der Kunst, alles wachsen zu
machen, das Volk friedlich leben zu lassen und ihm zu nützen, verstanden die Alten sowohl die Grundsätze als auch deren Anwendung.
Alle Punkte des Raumes und alle Zeitumstände, vom Kleinen zum
Großen, vom Feinen zum Groben, liegen im Bereich (ihrer Philosophie). Viele der Geschichtsbücher, welche die alten Satzungen und
Überlieferungen enthalten, sind noch vorhanden. Dichtung, Geschichte, Zeremoniell und Musik werden von vielen Gelehrten aus
Tsou und Lu (Bezirke des Menzius und Konfuzius) sowie von den
Literaten verstanden. Die Dichtung dient dazu, die Gefühle und Hoff-
nungen der Menschen mitzuteilen; die Geschichte vermerkt die Ereignisse, die Zeremonienkunde behandelt das Benehmen, die Musik

drückt Harmonie des Geistes aus; das »Buch der Wandlungen« unter-
richtet über *Yin* und *Yang*; und die »Frühling- und Herbst-Annalen«
behandeln Standesfragen und gesellschaftliche Pflichten. Dieser
ganze Wissenskörper, der über die Welt zerstreut ist und sich namentlich in China findet, wird von den verschiedenen Philosophenschulen
häufig aufgezeigt und besprochen.

(Jetzt) befindet sich die Welt in einem allgemeinen Chaos. Die Wege
des Weisen werden nicht verstanden und Tao und Teh auf unter-
schiedliche Arten gelehrt. Viele Philosophen stellen einen Einzel-
aspekt heraus und halten sich an ihn. Das ist wie bei einem Menschen,
dessen einzelne Sinne für sich ordentlich funktionieren, aber nicht
zusammenwirken, oder wie bei Handwerkern verschiedener Gewerbe, von denen jeder in seinem Berufe tüchtig ist und oft beschäftigt wird, die aber ohne entsprechendes Verständnis für das Ganze
einseitig bleiben. In ihrer Beurteilung der Schönheit der Welt, ihrer
Analyse der Schöpfungsprinzipien und in ihrem Studium der Ganzheit des Denkens der Alten erfassen sie eigentlich nur selten die
Schönheit des Alls und die Wege des Geistes. Daher bleiben die
Grundsätze derjenigen, die das Denken und die Politik bestimmen,
dunkel und finden keinen richtigen Ausdruck. Jeder denkt, was er
will, und schafft sich sein eigenes System. Ach, die Philosophen sind
in die Irre gegangen und finden nicht mehr zurück! Sie werden nie die
Wahrheit finden. So werden die Gelehrten der Nachwelt leider nicht
imstande sein, die ursprüngliche Einfachheit des Alls und die Haupt-
grundlagen des Denkens der Alten zu sehen. Dadurch wird die Philosophie zersplittert und zerfällt.

1. *Die Asketen, Anhänger des Mo Ti (oder Motse)* [14]. Manche Lehren
der Alten bestanden in folgendem: Nicht nach Nachruhm streben, die
Dinge der Erde nicht verschwenden, sich von Gesetzen und Staatseinrichtungen nicht blenden lassen, aber mit sich selber streng sein und
sich bereithalten, anderen in der Not zu helfen. Mo Ti und Thschin
Huali hörten von diesen Lehren und liebten sie. (Sie) neigten dazu, sie
zu übersteigern, und empfanden das als große Befriedigung. (Motse)
schrieb die Abhandlung »gegen die Musik« und lehrte: »Seid spar-
sam. Singet nicht im Leben und trauert nicht im Tod.« Motse lehrte
die allumfassende Liebe, den Grundsatz, allen Menschen Gutes zu
tun, und predigte gegen den Krieg. Zorn ist in seiner Lehre unbekannt. Außerdem liebte er das Studium und war, ebenso wie die ande-

ren, äußerst belesen. Er wollte sich (die Tradition der) alten Könige
nicht zu eigen machen und wollte das Zeremoniell und die Musik der
Alten abschaffen, wie das *Hsienthschih* (Name der Opfermusik) des
Gelben Kaisers, das *Tatschang* des Yao, das *Taschao* des Schun, das
Tahsia des Yü, das *Tahu* der Thang, das *Phiyung* des Königs Wen und
das *Wu* des Herzogs Tschou. Im alten Bestattungszeremoniell gab es
genaue Standes- und Rangunterschiede. Die Leiche eines Kaisers
wurde in einen siebenfachen Sarg gelegt, die der Fürsten und Herzöge
in einen fünffachen, die eines Adligen in einen dreifachen und die eines
nichtadligen Gelehrten in einen doppelten. Motse lehrte, man solle im
Leben nicht singen und im Tode nicht trauern, und schrieb als Regel für
alle gleicherweise einen einzigen, drei Zoll starken Sarg vor. Solche
Lehren sind hart für den Lehrer und für die, welche sie befolgen; sie
sind aber darum nicht weniger beliebt.

Aber was ist denn das für eine Lehre, die einem verbietet, zu singen,
wenn man singen möchte, zu weinen, wenn man weinen möchte, und
Musik zu genießen, wenn man sich glücklich fühlt? Sie läßt den Menschen angestrengt leben und ärmlich sterben und ist wohl allzu streng.
Sie macht die Menschen traurig und sauertöpfisch und ist praktisch
schwer zu befolgen. Das scheint mir nicht die Lehre der Weisen zu sein.
Denn sie ist gegen die Menschennatur und nur wenige können sie
ertragen. Wenn auch Motse selber dieser Lehre nachleben konnte, wie
steht es mit der großen Mehrzahl der Menschen? Wenn eine Lehre sich
von der allgemeinen Menschheit absetzt, muß sie als fern vom Wege,
der die Welt in Ordnung bringt, angesehen werden.

Motse pflegte zu sagen: »Als Kaiser Yü gegen die Sintflut kämpfte,
indem er die Wasser ableitete und ihren Lauf durch die vier Barbaren-
gebiete und neun Festländer lenkte, gab es dreihundert Berge und
dreitausend Nebenflüsse im ganzen Reichsgebiet, dazu noch unzählige
kleinere. Mit eigener Hand führte er Spaten und Harke, um alle Flüsse
in die großen Ströme zu leiten, bis die Haare auf seinen Waden und
Schienbeinen abgewetzt waren. Sein Leib war im schweren Regen
gebadet, sein Haar von starken Winden gekämmt; dennoch bezeich-
nete er die (Grenzen der) Bezirke. Yü war ein großer Weiser; dennoch
tat er schwere Arbeit für die Welt.« Wegen solcher Lehren tragen die
Motse-Anhänger späterer Zeiten Lederjacken und Holz- oder Stroh-
sandalen und arbeiten Tag und Nacht, um sich zu kasteien, und sagen:
»Wenn ich das nicht tue, folge ich der Lehre des Yü nicht und bin nicht
wert, ein Motseaner zu sein.«

Die Jünger des Hsiangli Thschin und die Anhänger der fünf Grafen
sind die Motseaner des Südens. Männer wie Khu Huo, Tschi Thschih
und Teng Lingtse studierten alle den Kanon des Motse, unterscheiden
sich aber voneinander und nennen sich »Neu-Motseaner«. Sie (die
Sophisten) streiten untereinander über (das Wesen der) Härte,
Weiße, Gleichheit und Verschiedenheit und reden in seltsamen, wi-
derspruchsvollen Ausdrücken. Sie betrachten Tschütse als ihren Meister und wünschen alle, seine geistigen Nachfolger zu sein, um die
Herrschaft über seine Anhänger zu gewinnen. Auch jetzt ist die Frage
noch nicht entschieden. Mo Ti und Thschin Huali haben zwar mit
ihrer Lehre nur Gutes gewollt, aber die Folgen sind beklagenswert. Es
ist unvermeidlich, daß seine späteren Nachfolger alle versuchen, sich
zu kasteien und im Wetteifer um Verdienste die Haare ihrer Waden
und Schienbeine abzuwetzen. Aber das Gute, das sie getan haben,
übertrifft den von ihnen angerichteten Schaden. Jedenfalls kann nicht
geleugnet werden, daß Motse ein ausgezeichneter Charakter war, deren es auf der Welt allzu wenige Beispiele gibt. Trotz aller Beschwer-
den lebte er seine Lehre vor. Er war wirklich ein hervorragender
Mensch.

2. *Lehrer der Barmherzigkeit: Sung Hsing*[15] *und Yin Wen*. Manche
Lehren der Alten bestehen in folgendem: Nicht von materiellen Besitztümern belastet sein, sich nicht vor den Menschen hervortun,
nicht gegen andere gleichgültig sein, nicht kritisch gegen die Masse
sein, vom Wunsch beseelt sein, daß alle Menschen in Frieden leben
und daß ihr Leben bewahrt werde, mit dem einzigen Ziel, darauf zu
sehen, daß für alle Menschen gesorgt werde. Sung Hsing und Yin
Wen hörten von solchen Lehren und liebten sie. Sie tragen die »Hu-
aschan« (oben flache Mütze), um sich von anderen zu unterscheiden.
In allen ihren Beziehungen zu Menschen üben sie in erster Linie
Rücksicht auf andere und Verzeihung. Sie sprechen von der Duldsamkeit des Menschenherzens und nennen es »vom Herzen kommendes
Verhalten«. Sie zeigen ein gütiges, friedliches Gehaben und wandern
predigend in der Welt umher, wobei sie sagen, ihre Lehre müsse die
herrschende werden. Wenn sie beleidigt werden, sind sie nicht ge-
kränkt und versuchen die Leute vom Streiten abzuhalten. Sie sind
gegen Angriffskriege, treten für Abrüstung ein und hoffen damit die
Kriege abzuschaffen. Mit solchen Lehren durchwandern sie die Welt,
reden zu den Beamten und gewöhnlichen Menschen und sprechen

unaufhörlich auf die Leute ein, obwohl man ihnen nicht zuhören will. Darum heißt es, daß sie allen Leuten lästig sind; dennoch bestehen sie darauf, mit ihnen ins Gespräch zu kommen. Aber sie leben zu wenig für sich und zu viel für andere. (Indem sie sich selbst als »Schüler« und den anderen als »Meister« bezeichnen) sagen sie etwa: »Meister, gebt uns nur fünf Schalen Reis; das wird genügen. Wir sind besorgt, daß Euch sonst nicht genug für Euch selber bleibt. Es macht uns nichts aus, zu hungern, denn wir müssen ja an die Welt denken.« So ziehen sie Tag und Nacht umher und sagen: »Irgendwie kommen wir schon durch.« Sie scheinen beinahe die Welterlöser beschämen zu wollen. Sie lehren, ein Edler dürfe nicht über andere Menschen urteilen, dürfe nicht selbst Sklave seines Besitzes sein und sich nicht um Dinge kümmern, die der Welt keinen Nutzen bringen; dadurch lassen sie die Lebensweise der anderen in ungünstigem Lichte erscheinen. Sie betrachten die Verfemung von Angriffskriegen und die Entlassung aller Soldaten als die Forderung des Tages und meinen, die Grundlage der Selbstbildung bestehe darin, nur einfache Wünsche zu hegen. Das sind im allgemeinen die Einzelheiten ihres Glaubens und ihres Verhaltens.

3. *Die Taoisten von Thschi (die »Gruppe des Korngott-Tempels«), Pheng Meng, Thien Phien und Schen Tao.* Manche Lehren der Alten bestanden in folgendem: Seid unparteiisch und gehört keinem Lager an, seid natürlich und selbstlos, macht euch völlig frei und seid an keinerlei Zweck gebunden, nehmt die Dinge, wie sie kommen, seid ohne Sorge und Kümmernis und vertraut nicht auf Klugheit. Findet euch mit allem ab und pflegt Umgang mit allen. Pheng Meng, Thien Phien und Schen Tao hörten von diesen Lehren und liebten sie. Ihr Grundgedanke ist die Einebnung aller Dinge. Sie lehren: Der Himmel schirmt, kann aber nicht stützen. Die Erde stützt, kann aber nicht schirmen. Das große Tao umfaßt alles, aber dieses Tao kann nicht erklärt werden. Sie begreifen, daß alle Dinge ihre Eigenschaften sowie ihre Begrenzungen haben. Daher »sei das Nennen eines Besonderen immer ein Verfehlen des Ganzen, und das Belehren könne die endgültige Wahrheit niemals erklären; das Tao allein enthalte alles«. Darum verwirft Schen Tao das Wissen und das Selbst und tut nur das Unvermeidliche, wobei sein Leitsatz ist, von allen Dingen losgelöst zu sein. Wer weiß, weiß nicht wirklich, sagt er, und ein bißchen Wissen ist der Anfang der Verletzung (der Ganzheit des eigenen Wesens). Weil er

schweifend und unverantwortlich ist, verlacht er den Wert, den man
den Weisen dieser Welt zumißt, und weil er sorglos und unbeschränkt
ist, beschimpft er die großen Weisen. In beiläufig-zufälliger Weise
begegnet er den Dingen, wie sie gerade kommen. Da er in keiner
Sache Partei ergreift, gelingt es ihm, zu überleben. Weil er nicht daran
denkt, was vorher und nachher kommt, und kein Vertrauen in das
Planen oder Durchsetzen hat, bleibt er durchaus er selbst. Man muß
ihn stoßen, ehe er sich regt, und muß ihn zerren, ehe er einen Schritt
tut. Er scheint bloß herumzuschweben, zu kreisen wie ein Wirbelwind oder eine Feder im Wind oder sich wie ein Mühlstein um sich
selbst zu drehen. Dennoch versteht er dem Tadel zu entgehen und
macht anscheinend niemals einen Fehltritt oder begeht eine Gesetzes-
verletzung. Warum ist das so? Vernunftlose Tiere stehen niemals
still, um selbständig nachzudenken oder ihren Geist mit Überlegun-
gen zu belasten; sie handeln stets im Einklang mit der Natur und sind
dadurch frei von Vorwurf. Darum lehrt er: »Seid wie die Tiere ohne
Vernunft, habt keine Verwendung für Weise und Kluge; sogar ein
Erdklumpen verhält sich dem Tao gemäß.« Die kundigen Kritiker
sagen da: »Die Lehre des Schen Tao paßt für Tote, aber nicht für
Lebende. Ihr einziges Ergebnis ist, einen zum Sonderling zu
machen.«
Thien Phien ist ebenso. Er studierte unter Pheng Meng und lernte,
was nicht gelehrt werden kann. Pheng Mengs Lehrer pflegte zu sagen: »Alles, was die alten Anhänger des Tao zu tun versuchen, war,
den Zustand jenseits von Lob und Tadel zu erreichen. Solche subtile
Wahrheiten lassen sich aber nicht in Worte fassen.« Sie drücken oft
Meinungen aus, die denen der anderen zuwiderlaufen, was selten Anerkennung findet. Sie können aber nur solche Urteile fällen. Was sie
als das Tao ansehen, ist nicht das Tao, und was sie für richtig halten, ist
oft falsch. Pheng Meng und Schen Tao verstehen Tao (als philo-
sophisches Prinzip) zwar nicht wirklich, sie verstehen aber doch einiges davon.

4. *Laotse (Lao Tan) und Kwan Yin* [16]. Manche Lehren der Alten bestanden in folgendem: Die Wurzel aller Dinge ist fein, während die
stofflichen Dinge grobe (Erscheinungen der Wirklichkeit) sind; alle
meßbaren Mengen bleiben hinter der echten Wirklichkeit zurück;
lebet still und leidenschaftslos, allein mit den Geistern. Laotse und
Kwan Yin hörten von solchen Lehren und liebten sie. Ihre Grund-

these ist, daß das Nichtsein der ständige Zustand (des Lebens) ist und alle Dinge auf das große Eine zurückgeführt werden können. Sie lehren Sanftmut und Demut im Auftreten und daß man die Dinge des Alls nicht (durch Eingreifen) als die Substanz (ihres Glaubens) zerstören soll. Kwan Yin sagt: »Wenn ihr euch von eurem (subjektiven) Standpunkt losmacht, werden Dinge und Gestalten von selbst im rechten Lichte erscheinen. Unsere Bewegungen sollen wie die des Wassers sein, unser Ruhezustand wie der (passive) Spiegel und unsere Antwort auf unsere Umwelt wie das Echo eines Tones. Seid ausweichend, scheint, als wäret ihr nicht; seid still, erscheint wie klares Wasser. Wer Dinge empfängt, verfließt mit ihnen; wer Dinge macht, zerbricht. Drängt euch nie nach vorne, sondern folgt immer hinten nach.« Lao Tan (Laotse) sagt: »Seid euch das Männlichen bewußt, aber haltet euch an das Weibliche und seid das (hohle) Tal der Erde. Seid euch des Weiß bewußt, doch haltet euch an das Geschwärzte und seid die Schlucht der Welt [17].« »Andere greifen nach dem ersten Platz, ich nehme den letzten [18].« Wiederum sagt er: »Nehmt die Verleumdung der Welt auf euch [19].« »Andere streben nach der Substanz, ich wähle lieber die passive Leere.« »Weil man nicht aufstapelt, hat man Überfluß, wahrlich, groß ist der Überfluß [20].« Sein Verhalten war gemessen, leicht und ohne Energieverschwendung. Er glaubte an das Nicht-Tun und verlachte die, welche Dinge tun. Andere beten um Glück, er allein war es zufrieden, wenn ihm Unrecht geschah, und sagte: »So kann ich hoffen, frei von Vorwurf zu sein.« Er glaubt an die Tiefe als Grundlage und an Schlichtheit als die Hauptlehre des Betragens. Er sagt: »Das Harte wird zerbrechen und das Scharfe stumpf werden. Seid duldsam gegen alles und ihr werdet nicht verletzt werden [21].« Solche Lehren können wahrlich als der Höhepunkt aller Erkenntnis betrachtet werden. Kwan Yin und Laotse waren die großen Reinen der Vorzeit.

5. *Tschuang Tschou (Tschuangtse).* Manche Lehren der Alten bestanden in folgendem: Die Wirklichkeit ist stets fliehend und gestaltlos und alles Leben ist ständiger Wechsel. Was sind Leben und Tod? Bin ich eins mit dem All? Wo bewegen sich die Geister? Wohin gehen sie und wohin verschwinden sie so plötzlich und geheimnisvoll? Die Schöpfung liegt vor mir ausgebreitet, aber in keinem dieser Dinge findet sich die wahre Quelle. Tschuang Tschou hörte von solchen Lehren und liebte sie. Mit ungezügelter Phantasie, schalkhafter Spra-

che und süßem, romantischem Unsinn läßt er seinem Geist unbeschränkt freies Spiel. Er kann nicht aus irgendwelchen Einzelaussprüchen verstanden werden. Er sieht die Welt als hoffnungslos in Verwirrung befindlich an, nicht wert, mit Tschou (ihm selbst) zu sprechen. Seine »Becherworte« sind ein ständiges Hervorsprudeln, seine »ernsten Worte« sind wahrhaft und seine »Gleichnisse« voll versteckter Bedeutung. Er steht allein mit Himmel und Erde und wandelt als Gefährte der Geister. Dabei verachtet er aber die Dinge des Alls nicht, noch streitet er über das, was andere für richtig oder falsch halten, und verkehrt mit der entsprechenden Gesellschaft. Seine Bücher sind blendend geschrieben und ergehen sich in langen Abhandlungen, was aber bloß ein kleiner Mangel ist. Seine Sprache ist zwar sprunghaft (sie springt gerne vom Ernsthaften zum Scherzhaften über), aber lebendig und angenehm zu lesen, denn sie strömt fröhlich von Gedankenfülle über – er kann sich einfach nicht zurückhalten. Oben wandelt sein Geist mit dem Schöpfer und unten befreundet er sich mit denen, die über Leben und Tod, Anfang und Ende hinausgelangt sind. Die Grundlage seines Denkens ist groß und weit, tief und grenzenlos. Der Kern seiner Lehre umfaßt alle Erscheinungen und reicht in die göttliche Ordnung hinauf. Aber in der Anpassung an das wechselnde Leben und im Verstehen körperhafter Dinge ist seine Grundlehre unerschöpflich, spurlos, dunkel, gestaltlos und schwer zu fassen.

6. *Huei Schih* [22] *und die Sophisten.* Huei Schih war ein Mann von vielseitigem Wissen; seine Bücher füllen fünf Karren. Seine Lehren sind seltsam und seine Aussprüche gehen an der Wahrheit vorbei. Über das Wesen der Körperwelt sagt er: »Das Äußerste an Größe hat keine Grenze; es heißt das Unendliche. Das Äußerste an Kleinheit hat keinen Kern; es heißt das unendlich Kleine. Es gibt keine Grenze der Ferne, die sich auf tausend Meilen erstreckt. Der Himmel ist ebenso niedrig wie die Erde; Berge und Seen liegen auf gleicher Ebene. Wenn die Sonne im Zenit steht, geht sie (anderswo) unter; wenn etwas lebendig ist, stirbt es (setzt sein Sterben ein). Die Unterschiede zwischen den Unterklassen einer Klasse heißen: die geringeren Unterschiede und Gleichartigkeiten. Alle Dinge sind verschieden und dennoch gleich, das heißt: die größeren Unterschiede und Gleichartigkeiten. In der Richtung nach Süden gibt es keine Begrenzung und gibt es doch eine Begrenzung (*Relativität des Raumes*). Man bricht heute nach Yüeh auf und kommt gestern dort an (*Relativität der Zeit*). In-

einander verflochtene Ringe können getrennt werden (*denn sie sind ja getrennt*). Ich kenne den Mittelpunkt des Weltalls. Nördlich von Yen (*in Nordchina*) ist südlich von Yüeh (*in Südchina*); (infolge der Kugelgestalt der Erde).« Das sind Beispiele seiner Lehre. Er liebt die gesamte Schöpfung und betrachtet das Weltall als Eines.

Huei Schih versucht, die Logiker mit seiner Weltschau aufzuklären, und die heutigen Logiker lieben sie. *Es folgen einige Beispiele seiner Sophismen:* Das Ei enthält Haare (*die im Embryo latent sind*). Ein Huhn hat drei Beine (*zwei plus dem bewegenden Willen*). Ying (*ein kleines Land*) besitzt die Welt (*da es mit allen anderen Ländern im Wesen identisch ist*). Ein Hund kann ein Schaf sein und ein Pferd Eier legen (*alles das sind nur Fragen der Benennung*). Der Frosch hat einen Schwanz (*der zwar verkümmert ist*), Feuer ist nicht heiß (*weil Hitze subjektiv ist*), Berge haben Münder (*weil sie den Schall zurückwerfen*). Das Rad berührt nie den Boden (*außer an einem Punkt*). Das Auge sieht nicht (*nur das Gehirn sieht*). Der Finger zeigt nicht auf ein Ding (*sondern in die Unendlichkeit hinter dem Ding*). Die Schildkröte ist länger als die Schlange (*Relativität der Größenbegriffe*). Des Zimmermanns Winkelmaß »macht« nicht das Rechteck und sein Zirkel »macht« nicht den Kreis (*weil Kreis und Rechteck von der Zeichnung unabhängig sind*). Der Schatten eines fliegenden Vogels bewegt sich nicht (*da er eine Folge von Einzelschatten ist*). Es gibt einen Augenblick, an dem die Spitze eines fliegenden Pfeiles sich weder bewegt noch stillsteht. Ein Wachhund ist kein Hund (*weil beide Begriffe nicht den gleichen Bereich haben*). Ein fuchsrotes Pferd und eine rote Kuh sind drei (*zwei plus die Farbe*). Ein weißer Hund ist schwarz (*es kommt darauf an, was man unter weiß und schwarz versteht*). Ein mutterloses Füllen hatte nie eine Mutter (*als es eine Mutter hatte, war es nicht mutterlos*). Wenn man einen Stab von einer Elle Länge täglich in Hälften schneidet, kommt man auch nach zehntausend Jahren nie zu Ende.

Die Logiker verbringen ihr Leben damit, solche Dinge mit Huei Schih zu besprechen. Diese Logiker, wie Huan Thuan und Kungsun Lung, unterhalten die Menschen und beeinflussen ihr Denken. Sie können andere durch ihre Gegengründe zwar widerlegen, können aber ihre Herzen nicht überzeugen, da sie eigentlich nur mit Worten spielen. So übt Huei Schih täglich seinen Geist, um mit den Leuten zu streiten, und macht, zusammen mit den anderen Sophisten des Tages, daraus ein Schauspiel. Das Obige ist eine kurze Zusammenfassung.

Huei Schih ist jedoch auf seine Beredsamkeit sehr stolz. Er sagt:
»Groß ist das Weltall!« Schih liebt es, andere zu übertreffen, es man-
gelt ihm aber eine Grundüberzeugung. Es war einmal ein Mann aus
dem Süden, der hieß Huang Liao; der fragte ihn, warum der Himmel
nicht herunterfiele und warum die Erde nicht herabstürze und stellte
weitere Fragen über die Ursachen des Windes, des Regens und des
Donners; Huei Schih vermochte ihm jedesmal zu antworten, ohne
auch nur einen Augenblick nachzudenken. Er spricht über alles auf
der Welt ohne Ende und ohne Grenze, glaubt aber dabei immer noch,
nicht genug gesprochen zu haben, und sagt immer seltsamere Dinge.
Weil er dem widerspricht, was andere für wahr halten, und sie mit
Worten überwindet, werden seine Ansichten nicht von vielen geteilt.
Schwach in seinem Verständnis für das Teh (Charakter oder geistige
Anlage) und in stoffliche Dinge verstrickt, verliert er sich auf Ab-
wege. Vom Standpunkt des Alls sind Huei Schihs geistige Übungen
nichts als die Tätigkeit einer summenden Mücke oder einer brum-
menden Bremse. Was nützen seine Lehren der Welt? Es müßte genügen, das eine zu erkennen und ein bißchen weniger zu reden, um dem
Tao näherzukommen. Huei Schih kann sich damit nicht zufrieden
geben, sondern verstreut seinen Geist unermüdlich über die äußeren
Dinge und gilt schließlich als tüchtiger Logiker. Leider verschwendet
Huei Schih seine Begabung und hält schließlich nichts fest. Er ver-
gräbt sich in äußere Dinge und findet nicht den Rückweg, wie einer,
der versucht, ein Echo mit seiner Stimme zu übertönen, oder einer,
der vor dem eigenen Schatten davonläuft. Und das ist wirklich
schade!

Das Buch vom Tao

ERSTES BUCH
DAS WESEN DES TAO

1. Über das absolute Tao

Das Tao, über das ausgesagt werden kann,
Ist nicht das absolute Tao.
Die Namen, die gegeben werden können,
Sind keine absoluten Namen.

Das Namenlose ist der Ursprung des Himmels und der Erde,
Das Benannte ist die Mutter aller Dinge.

Darum:
Oftmals entblößt man sich der Leidenschaft,
Um das Geheimnis des Lebens zu sehen;
Oftmals betrachtet man das Leben mit Leidenschaft,
Um dessen offenbare Gestalten zu sehen.

Diese beiden (das Geheimnis und seine Offenbarungen)
Sind (in ihrem Wesen) dasselbe;
Man gibt ihnen verschiedene Namen,
Wenn sie offenbar werden.

Sie können beide das Weltgeheimnis genannt werden[23].
Vom Geheimnis in das tiefere Geheimnis reichend
Ist die Pforte des Geheimnisses allen Lebens[24].

Die folgenden numerierten Abschnitte 1.1, 1.2, 1.3, 1.4 usw. sind ausgewählte Stellen aus Tschuangtse, die auf dieses Kapitel Bezug haben.

1.1. *Das Tao, das nicht genannt, behandelt oder besprochen werden kann.* Äther fragte darum Unendlich: Kennt Ihr das Tao?
»Ich weiß nicht«, erwiderte Unendlich.
Er fragte Tatenlos das gleiche; und Tatenlos erwiderte:
»Ich kenne das Tao.«
»Also kennt Ihr das Tao. Könnt Ihr es näher bestimmen?«
»Gewiß.«

»Ich weiß, daß das Tao hoch, niedrig, zusammengefaßt oder zerstreut sein kann. Das sind einige Einzelheiten, die ich weiß.«

Äther berichtete Anfanglos von Tatenlos' Worten und fragte: »So sagt also Unendlich, daß er nicht wisse, und Tatenlos sagt, daß er wisse. Wer hat recht?«

»Wer meint, er wisse nicht, ist tief; wer meint, er wisse, ist seicht. Jener hat es mit der inneren Wirklichkeit zu tun, dieser mit der äußeren Erscheinung.« Äther erhob das Haupt und seufzte: »Dann weiß einer, der nicht weiß, in Wirklichkeit doch, und einer, der weiß, weiß in Wirklichkeit nicht. Wer kennt dieses Wissen ohne Wissen?«

»Das Tao kann nicht gehört werden«, sagte Anfanglos; »was gehört werden kann, ist nicht das Tao. Das Tao kann nicht gesehen werden; was gesehen werden kann, ist nicht das Tao. Vom Tao kann nichts gesagt werden; was gesagt werden kann, ist nicht das Tao. Begreift Ihr das, was in allen sichtbaren Dingen unsichtbar ist? Das Tao sollte nicht genannt werden.«

Und Anfanglos sagte: »Wenn einer auf eine Frage über das Tao antwortet, kennt er das Tao nicht. Sogar wer über das Tao fragt, hat das Tao nicht gehört. Über das Tao kann nichts gefragt werden und auf diese Frage gibt es keine Antwort. Über das zu fragen, über das nicht gefragt werden sollte, heißt zu weit gehen. Eine Frage beantworten, die nicht beantwortet werden sollte, heißt die innere Wirklichkeit nicht erkennen. Wenn also diejenigen, welche die innere Wirklichkeit nicht erkennen, versuchen, Fragern zu antworten, haben solche Leute weder das Wirken des Alls beobachtet, noch begreifen sie die letzte Quelle. Darum können sie das Kunlun-Gebirge nicht übersteigen und wandern im Reiche der großen Leere.«

1.2. *Das Bedingte und das Unbedingte.* Die Erkenntnis der Männer des Altertums erreichte letzte Höhen. Was war die letzte Höhe der Erkenntnis? Sie erkannten, daß es nichts gibt, außer dem Nichts. Das ist die Grenze, über die nicht hinausgegangen werden kann. Dann gab es solche, die meinten, die Materie existiere, aber nur die unbedingte (unbestimmte) Materie. Als nächste kamen diejenigen, welche an eine bedingte (bestimmte) Materie glaubten, aber die Unterscheidungen von Wahr und Falsch nicht anerkannten. Als die Unterscheidungen von Wahr und Falsch erschienen, verlor das Tao seine Ganzheit. Als das Tao seine Ganzheit verlor, setzten Sonderneigungen ein.

1.3. *Alle Dinge sind eins. Das Auge der Sinne ist das Auge des Geistes.* Im Staate Lu war ein Mann namens Wang Thai, dem war ein Bein abgenommen worden. Seine Jünger waren so zahlreich wie die des Konfuzius.

Thschang Tschi fragte den Konfuzius und sprach: »Dieser Wang Thai ist verstümmelt, dennoch hat er ebenso viele Anhänger im Staate Lu wie Ihr. Er stellt sich weder hin, um zu predigen, noch setzt er sich hin, um zu diskutieren; und doch gehen die, welche leer zu ihm kommen, voll weg. Gehört er zu den Menschen, die ohne Worte lehren und ohne äußere Mittel den Geist der Menschen beeinflussen können? Was für eine Art Mensch ist er?«

»Er ist ein Weiser«, antwortete Konfuzius. »Ich wollte zu ihm gehen, aber bloß hinter den anderen. Selbst ich will hingehen und ihn zu meinem Lehrer machen – warum also nicht die, welche geringer sind als ich? Und ich will nicht nur den Staat Lu, sondern die ganze Welt dazu bringen, ihm zu folgen.«

»Dieser Mensch ist verstümmelt«,sagte Thschang Tschi, »und doch nennen die Leute ihn ›Meister‹. Er muß ganz anders sein als gewöhnliche Menschen. Wenn das so ist, wie bildet er seinen Geist aus?«

»Leben und Tod sind wohl sehr gewichtige Veränderungen«, antwortete Konfuzius, »sie können aber seinem Geist nichts anhaben. Sein Geist vermag nämlich über die Wandlung der Dinge Herr zu sein und dabei deren Quelle unverletzt zu bewahren.«

»Wie ist das?« fragte Thschang Tschi. »Vom Standpunkt der Verschiedenheit der Dinge«, erwiderte Konfuzius, »unterscheiden wir zwischen der Leber und der Galle, zwischen dem Staat Thschu und dem Staat Yüeh. Vom Standpunkt ihrer Gleichheit sind aber alle Dinge eines. Wer die Dinge in diesem Licht betrachtet, kümmert sich nicht darum, was ihn durch den Gesichts- und Gehörsinn erreicht, sondern läßt seinen Geist im Einklang mit der Welt umherschweifen. Er schaut die Einheit der Dinge, ohne den Verlust einzelner Gegenstände zu bemerken. Und daher ist der Verlust seines Beines für ihn wie der Verlust von ebensoviel Erde.«

Daher war das, worum er (der reine Mensch) sich kümmerte, das Eine, und das, worum er sich nicht kümmerte, ebenfalls das Eine (Teile, äußere Erscheinungen des Einen). Was er als Eines sah, war Eins, und was er nicht als Eines sah, war ebenfalls Eins. Insofern er die Einheit sah, war er von Gott, insofern er die Verschiedenheit sah, war er vom Menschen. Das Nichtzulassen einer Verwechslung des Menschlichen und des Göttlichen: darin zeigt sich der reine Mensch.

Leben und Tod sind ein Teil des Schicksals. Ihre Aufeinanderfolge, wie die von Tag und Nacht, stammt von Gott und liegt jenseits des menschlichen Eingreifens. Alles das liegt im unvermeidlichen Wesen der Dinge. Er sieht einfach Gott als seinen Vater an; wenn er ihn schon mit dem liebt, was aus dem Leibe stammt, soll er ihn nicht auch mit dem lieben, was größer ist als der Leib? Man sieht einen Menschenherrscher als einen an, der höher ist als man selbst; wenn man also bereit ist, den Leib (für seinen Herrscher) zu opfern, soll man da nicht auch seinen reinen (Geist) opfern? Wenn der Teich austrocknet und die Fische auf dem Trockenen bleiben, wäre es besser, sie in ihre Flüsse und Seen freizulassen, statt sie einander mit dem eigenen Schleim befeuchten zu lassen. Statt Yao zu loben und Tschieh zu tadeln, wäre es besser, beide (die Guten und die Bösen) zu vergessen und sich im Tao zu verlieren.

Das Große (All) gibt mir diese Gestalt, diese Arbeit im Mannesalter, dieses Rasten im Greisenalter, diese Ruhe im Tode. Sicherlich wird das, was im Leben so gütig für mich entscheidet, auch über meinen Tod am besten entscheiden.*

1.4. *Die Pforte zum Geheimnis allen Lebens.* Wenn (das Tao) erscheint, kann man seine Wurzel nicht sehen; wenn (das Tao) verschwindet, kann man seine konkreten Formen nicht sehen. Es besitzt Substanz, ist aber nicht räumlich begrenzt; es besitzt Länge, aber sein Ursprung kann nicht festgestellt werden. Da es sich kundgeben und dennoch ohne bestimmte Form verschwinden kann, muß es Substanz besitzen. Substanz besitzen und dennoch nicht begrenzt sein – das ist Raum. Länge besitzen und dennoch ohne Quelle sein – das ist Zeit. So gibt es Leben und Tod, Werden und Vergehen. Werden und Vergehen, ohne seine Gestalt zu zeigen – das ist die Pforte des Himmels. Die Pforte des Himmels bedeutet Nichtsein. Alle Dinge kommen aus dem Nichtsein.

* Vgl.: »Und so bleiben wir wegen der Zukunft unbekümmert! In meines Vaters Reiche sind viele Provinzen, und da er uns hierzulande ein so fröhliches Ansiedeln bereitete, so wird drüben gewiß auch für uns beide gesorgt sein; ...« (letzter Brief Goethes an Auguste von Stolberg). – Anm. d. Übers.

2. Die Entstehung der Gegensätze

Wenn die Menschen der Erde alle die Schönheit als Schönheit erkennen,
Entsteht (die Erkenntnis der) Häßlichkeit.
Wenn die Menschen der Erde alle das Gute als gut erkennen,
Entsteht (die Erkenntnis des) Bösen.

Darum:
Sein und Nichtsein hängen im Werden voneinander ab;
Schwierig und Leicht hängen in der Durchführung voneinander ab;

Lang und Kurz hängen im Gegensatz voneinander ab;
Hoch und Niedrig hängen in der Lage voneinander ab;
Töne und Stimmen hängen im Zusammenklang voneinander ab;
Vorne und Hinten hängen im Zusammensein voneinander ab.

Darum der Weise:
Führt die Geschäfte ohne Tun;
Predigt die Lehre ohne Worte;
Alle Dinge steigen auf, aber er wendet sich von ihnen nicht ab;
Er gibt ihnen Leben, ergreift aber nicht Besitz von ihnen;
Er handelt, eignet sich aber nicht an;
Vollbringt, beansprucht aber keine Anerkennung;
Und weil er keinen Anspruch auf Anerkennung erhebt,
Kann die Anerkennung ihm nicht genommen werden.

Der Grundsatz vom Ausgleich aller Gegensätze und die Theorie vom Kreislauf und der allgemeinen Rückkehr zum Gegenteil (siehe Kap. 40) sind grundlegend zum Verständnis der Laotseischen und Tschuangtseischen Philosophie und ihrer praktischen Lehren. Alle Laotseischen Paradoxe kommen von da her.

2.1. *Die Relativität der Gegensätze, die Angleichung aller Dinge und Eigenschaften in Eines.* Denn die Sprache ist nicht nur Aushauchen des Atems. Sie beabsichtigt, etwas zu sagen – nur läßt sich noch nicht feststellen, was gesagt werden soll. Gibt es nun Sprache oder nicht? Können wir sie vom Gezwitscher junger Vögel unterscheiden oder nicht?

Wie kann das Tao so sehr verdunkelt werden, daß es eine Unterscheidung zwischen wahr und falsch geben kann? Wie kann die Sprache so
verdunkelt werden, daß es eine Unterscheidung zwischen Recht und
Unrecht geben kann[25]? Wohin kann man gehen und finden, daß
Worte nicht bewiesen werden können? Das Tao wird durch ungenü-
gendes Verständnis, Worte werden durch blumige Ausdrücke verdunkelt. Daher die Behauptungen und Leugnungen der Konfuzianischen und Motseanischen Schulen[26], von denen eine jede behauptet,
was die andere leugnet, und leugnet, was die andere behauptet. Daß
die eine leugnet, was die andere behauptet, und behauptet, was die
andere leugnet, bringt uns nichts als Verwirrung.

Es gibt nichts, was nicht *Dieses* ist; es gibt nichts, was nicht *Jenes* ist.
Was von *Jenem* (dem Anderen) nicht gesehen werden kann, kann von
mir erkannt werden. Daher sage ich: *Dieses* geht aus *Jenem* hervor;
und *Jenes* ist von *Diesem* abgeleitet. Das ist die Lehre von der gegenseitigen Abhängigkeit von *Diesem* und *Jenem* (Relativität der Maßstäbe).

Das Leben kommt vom Tode; der Tod vom Leben; Möglichkeit entsteht aus Unmöglichkeit; und Unmöglichkeit aus Möglichkeit. Bejahung gründet sich auf Verneinung; Verneinung auf Bejahung. Da
dies so ist, verwirft der wahre Weise alle Unterscheidungen und
nimmt seine Zuflucht zum Himmel. Denn man kann ihn auf Dieses
gründen oder auf Jenes, aber Dieses ist zugleich Jenes und Jenes ist
zugleich Dieses, *Dieses* hat auch sein »recht« und »unrecht« und *Jenes* hat auch sein »recht« und »unrecht«. Gibt es also die Unterscheidung zwischen *Diesem* und *Jenem* wirklich? Wenn *Dieses* (das Subjektive) und *Jenes* (das Objektive) beide ohne ihre Korrelate sind, ist
das gerade die »Achse des Tao«. Und wenn diese Achse durch den
Mittelpunkt geht, in dem alle Unendlichkeiten zusammenkommen,
verfließen sowohl Bejahungen wie Verneinungen im Unendlichen
Einen. Daher heißt es, es gäbe nichts, das dem Gebrauch des *Lichtes*
gleichkomme.

Einen Finger zum Beweis dessen zu nehmen, daß ein Finger kein Finger sei, ist nicht so gut, wie etwas zu nehmen, was kein Finger ist, um
zu beweisen, daß ein Finger kein Finger sei. Ein Pferd zum Beweis zu
nehmen, daß ein Pferd kein Pferd sei, ist nicht so gut, wie etwas zu
nehmen, was kein Pferd ist, um zu zeigen, daß ein Pferd kein Pferd
ist.[27] Dasselbe gilt vom Weltall, welches nur ein Finger oder nur ein
Pferd ist. Das Mögliche ist möglich, das Unmögliche ist unmöglich.

Das Tao wirkt und die entsprechenden Ergebnisse folgen; die Dinge erhalten Namen und werden als das angesehen, was sie sind. Warum sind sie so? Weil gesagt wird, sie seien so! Warum sind sie nicht so? Weil gesagt wird, sie seien nicht so! Die Dinge sind durch sich selbst so und haben durch sich selbst Möglichkeiten. Es gibt nichts, das nicht so ist, und es gibt nichts, das nicht so werden kann.

Man nehme z. B. einen Zweig und einen Pfeiler, oder einen häßlichen Menschen und eine große Schönheit, und alle seltsamen und ungeheuerlichen Verwandlungen. Sie alle sind durch das Tao zu Einem eingeebnet. Entzweiung ist dasselbe wie Schöpfung, Schöpfung dasselbe wie Zerstörung. Es gibt eigentlich keine Schöpfung und keine Zerstörung, denn beide werden wiederum durch das Tao auf Eines zurückgeführt.

Nur die wahrhaft Klugen verstehen diesen Grundsatz der Einebnung aller Dinge zu Einem. Sie lassen die Unterscheidungen beiseite und nehmen zu den gewöhnlichen, alltäglichen Dingen Zuflucht. Die gewöhnlichen, alltäglichen Dinge erfüllen bestimmte Funktionen und bewahren dadurch die Ganzheit ihres Wesens. Durch diese Ganzheit begreift man sie, und durch dieses Begreifen kommt man dem Tao näher. Dort steht man still. Stillestehen ohne zu wissen, wie man stillesteht – das ist das Tao.

2.2. *Die Relativität der Maßstäbe. Abhängigkeit vom subjektiven Standpunkt.* »Aber wie«, fragte der Geist des Flusses, »entstehen denn dann die Unterscheidungen zwischen Hoch und Niedrig, Groß und Klein, zwischen der stofflichen und der nichtstofflichen Schau der Dinge?«

»Vom Standpunkt des Tao aus«, erwiderte der Geist des Ozeans, »gibt es keine solchen Unterscheidungen von Hoch und Niedrig. Vom Standpunkt des Einzelnen hält jeder sich für hoch und den andern für niedrig. Vom gemeinen Blickpunkt aus sind hoch und niedrig (Ehre und Unehre) Dinge, die vom Anderen verliehen werden.

Betreffs der Unterscheidungen: wenn wir sagen, daß etwas seinem eigenen Maßstab gemäß groß oder klein ist, dann gibt es in der gesamten Schöpfung nichts, was nicht groß, und nichts, was nicht klein wäre. Wissen, daß das Weltall bloß wie ein Senfkorn ist und eine Haarspitze (so groß wie) ein Berg – das ist der Ausdruck der Relativität der Maßstäbe.

Betreffs der Funktion: wenn wir sagen, daß etwas nach seinem eige-

nen Maßstab der Existenz oder Nichtexistenz existiert oder nicht existiert, dann gibt es nichts, was nicht existierte, und nichts, was nicht
aus der Existenz entschwände. Wenn wir erkennen, daß Osten und
Westen auswechselbare und dennoch notwendige Ausdrücke sind –
aufeinander bezüglich –, dann läßt sich eine solche relative Funktion
feststellen.

Bezüglich der Wünsche und Belange der Menschen: Wenn wir sagen,
daß etwas gut oder schlecht ist, weil es nach unseren individuellen
(subjektiven) Maßstäben gut oder schlecht ist, dann gibt es nichts,
was nicht gut, und nichts, was nicht schlecht wäre. Wenn wir erkennen, daß Yao und Tschieh je sich selbst als gut und den Anderen als
schlecht betrachtet haben, dann wird (die Richtung ihrer) Interessen
offenbar...

Daher begreifen diejenigen, welche sagen, sie möchten das Recht
ohne seine Entsprechung, das Unrecht, haben, oder eine gute Regierung ohne deren Entsprechung, die Mißregierung, weder die großen
Prinzipien des Alls noch das Wesen der ganzen Schöpfung. Ebensogut
könnte man von der Existenz des Himmels ohne die Existenz der Erde
reden, oder von der des negativen Prinzips ohne das positive, was
offenbar unmöglich ist. Dennoch reden die Leute fortwährend davon;
solche Menschen müssen entweder Narren oder Schurken sein.«

»Gut«, erwiderte der Geist des Flusses, »soll ich also das Weltall als
groß betrachten und eine Haaresspitze als klein?«

»Keineswegs«, sagte der Geist des Ozeans, »Ausdehnungen sind
grenzenlos, die Zeit ist endlos. Daseinsbedingungen sind nicht beständig, äußere Begrenzungen sind nicht beständig, äußere Begrenzungen sind nicht endgültig. Daher blickt der weise Mensch in den
Raum und betrachtet das Kleine als nicht zu gering noch das Große als
zu groß; denn er weiß, daß es keine Begrenzung der Ausdehnung
gibt. Er schaut in die Vergangenheit zurück und trauert nicht dem
Längstvergessenen nach, noch freut er sich über das zeitlich Nahe,
denn er weiß, daß die Zeit ohne Ende ist. Er erforscht die Fülle und
den Verfall und freut sich daher nicht über Erfolg, noch klagt er über
Mißerfolg; denn er weiß, daß die Daseinsbedingungen unbeständig
sind. Wer die Planung des Daseins klar erfaßt, freut sich nicht über
das Leben, noch trauert er über den Tod; denn er weiß, daß äußere
Grenzen nicht endgültig sind.«

2.3. *Die Nichtigkeit der Sprache. Über das Predigen der Lehre oh*
Worte. Nehmen wir an, wir hätten eine Aussage und wüßten nicht,
sie zu der einen Kategorie gehört oder zu der anderen. Wenn wir aber
alle verschiedenen Kategorien in eins zusammenfassen, hören die Ka-
tegorieunterschiede zu bestehen auf. Das muß ich jedoch näher erklären. Wenn es einen Anfang gegeben hat, dann hat es auch eine Zeit
vor diesem Anfang gegeben, und eine Zeit, welche vor der Zeit gewesen ist, welche diesem Anfang voranging. Wenn es ein Vorhandensein gibt, muß es ein Nichtvorhandensein gegeben haben. Und wenn
es eine Zeit gegeben hat, in der nichts vorhanden war, muß es auch
eine Zeit gegeben haben, in der nicht einmal dieses Nichts vorhanden
war. Plötzlich entstand also dieses Nichts. Kann man darum wirklich
sagen, ob es zur Kategorie des Seins oder des Nichtseins gehört? Sogar
die Worte, die ich soeben ausgesprochen habe – ich kann nicht sagen,
ob sie etwas besagen oder nicht.

Unter dem Himmelsbaldachin gibt es nichts Größeres als die Spitze
einer Flaumfeder im Herbst, während der Thai-Berg klein ist.
Ebensowenig gibt es ein Leben, das länger wäre, als das eines im Säug-
lingsalter Getöteten, während Pheng Tsu selbst jung gestorben ist.
Das Weltall und ich sind zugleich entstanden; die zehntausend Dinge
der Schöpfung und ich sind Eines.

Wenn also alle Dinge Eines sind, was bleibt da für die Sprache übrig?
Andererseits, da ich das Wort »Eines« aussprechen kann, wie könnte es
keine Sprache geben? Wenn es sie aber gibt, haben wir Eines und die
Sprache, also zwei; und zwei und eins, also drei[28], von welchem Punkt
aus sogar die besten Mathematiker kein Ende erreichen können; wieviel weniger können es also gewöhnliche Menschen?

Wenn man somit von Nichts zu Etwas gelangt ist und hierauf sogar
Drei erreichen kann, folgt daraus, daß es noch einfacher wäre, gleich
vom Etwas auszugehen. Da das aber zu nichts führt, kann man sich
gleich beruhigen.

Nun kann aber das Tao schon seinem Wesen nach nicht definiert werden. Die Sprache kann ihrem Wesen zufolge das Absolute nicht ausdrücken. Daher entstehen die Unterscheidungen. Solche Unterscheidungen sind: »rechts« und »links«, »Beziehungen« und »Pflicht«,
»Teilung« und »Unterscheidung«, »Nacheiferung« und »Streben«.
Diese heißen die acht Bezeichnungen.

Über die Grenzen der Außenwelt hinaus weiß der Weise nur, daß
etwas existiert, spricht aber nicht davon. Innerhalb der Grenzen der

Außenwelt spricht der Weise zwar davon, doch beurteilt er es nicht. Bezüglich der in den *Frühlings- und Herbst-Annalen* niedergelegten Weisheit der Alten beurteilt der Weise sie zwar, erweitert sie aber nicht. Und so gibt es unter den Unterscheidungen, die getroffen werden, solche, die nicht getroffen werden können, und unter den Dingen, die erklärt werden, solche, die nicht erklärt werden können. Wie kann das sein? wird gefragt. Der echte Weise behält seine Erkenntnis für sich, während die gewöhnlichen Leute ihre Einsichten im Wortstreit vorbringen, um einander zu überzeugen. Daher heißt es, daß, wer streitet, das deshalb tut, weil er seiner Sache nicht sicher ist.

Nun kann man dem vollkommenen Tao keinen Namen geben. Eine vollkommene Überzeugung gebraucht keine Worte. Vollkommene Güte kümmert sich nicht um (einzelne Handlungen der) Güte. Vollkommene Redlichkeit tadelt andere nicht.[29] Vollkommene Tapferkeit drängt sich nicht vor.

Denn das Tao, das offenbar ist, ist nicht das Tao. Rede, die streitet, erreicht ihr Ziel nicht. Güte, die auf bestimmte Gegenstände abzielt, verliert ihr Wirkungsfeld. Redlichkeit, die sich zur Schau stellt, findet keinen Glauben. Tapferkeit, die sich vordrängt, vollbringt nichts. Diese Fünf sind gleichsam rund (geschmeidig), mit starker Abneigung gegen Kantigkeit (Schärfe). Darum ist Wissen, das anhält, wo es nicht weiß, das höchste Wissen.

Wer kennt die Überzeugung, die ohne Worte verteidigt werden kann, und das Tao, das sich nicht selbst als Tao erklärt? Wer es weiß, von dem kann gesagt werden, er sei in das Reich des Geistes eingetreten.[30]

Tschuangtses Theorie von der Nichtigkeit der Sprache ist eng mit seiner Theorie der Erkenntnis der Wirklichkeit verbunden. »Wer weiß, redet nicht, und wer redet, weiß nicht. Darum predigt der Weise die Lehre ohne Worte.« (Siehe Kap. 56.) Die folgende Stelle richtete sich gegen die rechthaberischen Philosophen der Zeit Tschuangtses, besonders die Neu-Motseaner, wie Hwei Schih und Kungsun Lung.

2.4. *Die Müßigkeit des Diskutierens.* Angenommen, Sie und ich diskutieren. Wenn Sie recht behalten und ich nicht, haben Sie dann unbedingt recht und ich unrecht? Oder wenn ich über Sie siege und nicht Sie über mich, habe ich dann notwendigerweise recht und Sie unrecht? Oder haben wir beide teils recht und teils unrecht? Oder haben wir beide zur Gänze recht und zur Gänze unrecht? Da Sie und ich das nicht wissen können, leben wir beide im Dunkeln.

Wen soll ich bitten, zwischen uns Richter zu sein? Wenn ich jemand bitte, der Ihrer Ansicht ist, wird er für Sie Partei ergreifen. Wie kann ein solcher zwischen uns Schiedsrichter sein? Wenn ich jemand bitte, der meiner Ansicht ist, wird er für mich Partei ergreifen. Wie kann so einer zwischen uns Schiedsrichter sein? Wenn ich jemand bitte, der mit keinem von uns beiden übereinstimmt, wird er ebenfalls nicht imstande sein, zwischen uns zu entscheiden, da er ja keinem von uns zustimmt. Und wenn ich jemand bitte, der uns beiden beistimmt, wird er gleicherweise unfähig sein, zwischen uns zu entscheiden, da er ja uns beiden zustimmt. Da also weder Sie noch ich noch andere entscheiden können, wie können wir uns da aufeinander verlassen? Die Worte, die wir in der Diskussion gebrauchen, sind also relativ; wenn wir das Absolute erreichen wollen, müssen wir sie mittels der Einheit Gottes in Einklang bringen und ihrer natürlichen Entwicklung bis ans Ende unserer Tage folgen.

Aber was heißt sie mittels der Einheit Gottes in Einklang zu bringen? Folgendes: Das Recht könnte vielleicht nicht wirklich Recht sein. Was so scheint, könnte vielleicht nicht wirklich so sein. Sogar wenn das, was Recht ist, wirklich Recht ist, kann durch Vernunftgründe nicht klargemacht werden, worin es sich vom Unrecht unterscheidet. Sogar wenn das, was so erscheint, wirklich so ist, kann dennoch durch Vernunftgründe nicht klargemacht werden, worin es sich von dem, was nicht so ist, unterscheidet.

Laßt also Zeit oder Recht oder Unrecht beiseite, geht in das Reich des Unendlichen ein und findet dort eure endgültige Ruhe.

Über die Lehre vom Nicht-Tun siehe Kap. 3.
Über das Nicht-Besitzergreifen, sich Nicht-Aneignen und kein Verdienst in Anspruch-Nehmen siehe Kap. 51. Identische oder beinahe identische Stellen kommen in Kap. 10, 34, 51 und 77 vor. Solche Lehren folgen natürlich aus der Auffassung von einem großen, allumfassenden, schweigenden, unpersönlichen Tao und aus der Einebnung aller Unterscheidungen zu einem Eins.

3. Handeln ohne Taten

Erhöhet die Weisen nicht[31],
So daß die Leute keine Ränke spinnen und nicht streben;
Schätzet seltene Gegenstände nicht,
So daß die Leute nicht stehlen;
Entfernt aus der Sicht die Dinge des Begehrens,
So daß die Herzen der Leute nicht verwirrt werden.

Darum:
Wo der Weise regiert,
Hält er ihre Herzen leer[32],
Macht ihre Bäuche voll,
Schwächt ihr Begehren,
Stärkt ihre Leiber:
So daß die Leute frei von Wissen und von Begierden sind,
Und die Listigen nicht versuchen einzugreifen[33].
Durch Handeln ohne Taten
Mögen alle in Frieden leben.

3.1. *Erhöhet die Weisen nicht. Eine Welt unbewußter Güte.* »War die Welt in Frieden, als Kaiser Schun kam, um sie zu regieren, oder war sie in Unordnung und er kam, um ihr eine ordentliche Regierung zu geben?« fragte Men Wu-Kwei.
»Wenn die Welt in Frieden gewesen wäre«, erwiderte Thschitschang Mantschi, »wäre der Wunsch des Volkes erfüllt gewesen und es wäre kein Ruf an Kaiser Schun ergangen, die Regierung zu übernehmen. Er kam wie ein Arzt, um einen erkrankten Patienten zu behandeln, und die Welt glich einem Kahlköpfigen, der eine Perücke anlegt, oder einem Kranken, der einen Arzt sucht. Schun kam wie ein guter Sohn, der mit trauriger Miene seinem (infolge Vernachlässigung) erkrankten Vater Arznei darbietet, eine Handlungsweise, deren der Weise sich schämen sollte. Denn in einer Welt vollkommenen Friedens wurde kein Wert auf eine Erhöhung des Weisen oder die Verwendung fähiger Männer in entsprechenden Stellungen gelegt. Der Herrscher glich dem Wipfel eines Baumes (der unbewußt oben ist), und das Volk lebte wie das Wild im Walde. Die Leute taten das Rechte und wußten nicht, daß das Gerechtigkeit heißt. Sie waren gut zueinander und wußten nicht, daß das Menschlichkeit heißt. Sie waren redlich und wußten nicht, daß das

Treue heißt. Sie waren rechtschaffen und wußten nicht, daß das Ehrlichkeit heißt. Sie baten einander um Hilfe und wußten nicht, daß das
Hilfsbereitschaft heißt. Darum ließ ihr Tun keine Spuren zurück, und
ihre Geschehnisse wurden nicht verzeichnet.«

3.2. *Wissen ist das Werkzeug des Strebens. Konfuzius sprach zu
seinem Jünger Yen Huei:* »Begreift ihr, wie man seinen Charakter
verliert und wohin das Wissen führt? Der Mensch verliert seinen
Charakter durch Ruhmbegierde und das Wissen führt zu Streben. In
ihrem Kampf um den Ruhm erdrücken die Menschen einander, während ihr Wissen bloß ein Werkzeug zum Ränkespinnen und Streben
ist. Beide sind Werkzeuge des Bösen und führen einen vom sittlichen
Leben fort.«

3.3. *Wie die Vermehrung des Wissens und die Lehre der Philosophen
die Menschennatur verdarben.* Wer sich auf Bögen, Zirkel, Lineal und
Winkelmaß verläßt, um richtige Formen zu machen, verletzt das natürliche Gefüge der Dinge. Wer Stricke zum Binden und Leim zum
Zusammenfügen verwendet, greift in die Natur der Dinge ein. Wer
den Menschengeist dadurch zu befriedigen versucht, daß er ihn durch
Zeremoniell und Musik beschäftigt, und Menschlichkeit und Gerechtigkeit zu üben vorgibt, hat die ursprüngliche Menschennatur verloren. Es gibt ein ursprüngliches Wesen der Dinge. Dinge in ihrem Urzustand sind ohne Bogen gekrümmt, ohne Lineal gerade, ohne Zirkel
rund und ohne Winkelmaß eckig; sie sind ohne Leim zusammenge-
fügt und halten ohne Stricke fest. Auf diese Weise wächst alles voll
überquellenden Lebens und weiß nicht einmal, wieso das so ist. So
haben alle Dinge im Weltgefüge ihren rechten Ort und wissen nicht
einmal, wieso sie ihren rechten Ort haben. Das ist seit unvordenk-
lichen Zeiten so und sollte nicht gestört werden. Warum sollen also
die Gerechtigkeit und die Menschlichkeit[34] weiterhin wie Leim und
Stricke im Bereich des Tao beibehalten werden, um bei der Menschheit Verwirrung und Zweifel hervorzurufen?
Kleinere Zweifel verändern die Ziele des Menschen, größere Zweifel
verändern seinen Charakter. Woher wissen wir das? Seit Schun
Menschlichkeit und Gerechtigkeit forderte und die Welt in Verwirrung brachte, sind die Menschen betriebsam umhergelaufen und haben sich im Streben danach erschöpft. Haben also Menschlichkeit und
Gerechtigkeit nicht die Menschennatur verändert?

Menschen mit übermäßiger Sehschärfe bringen die fünf Farben in Verwirrung und verlieren sich in Formen und Mustern und in den Abstufungen von Grün und Gelb an den Opfergewändern. Ist das nicht so? So einer war Li Tschu (der Klarsichtige). Menschen mit übermäßiger Hörschärfe verwirren die fünf Töne und übertreiben die Tonunterschiede der sechs Stimmpfeifen und die Klangfarbenunterschiede der Metalle, Steine, Saiten und des Bambus, des Huang-Tschung und des Ta-Lü.[35] Ist das nicht so? So einer war Schih Khuang (der Musikmeister). Menschen, die die Menschlichkeit übermäßig ausbilden, die Tugend hervorheben und die Natur unterdrücken, um einen guten Ruf zu erwerben, lassen die Welt von ihren Diskussionen widerhallen und bringen sie dazu, unpraktischen Lehren zu folgen. Ist das nicht so? Solche Menschen waren Tseng und Schih.[36] Menschen, welche übermäßig diskutieren, wie wenn sie Ziegel aufeinanderlegen und Knoten knüpfen wollten, wobei sie alles analysieren und den Unterscheidungen zwischen hart und weich, Gleichartigkeit und Verschiedenheit nachgehen, erschöpfen sich in müßigen, nutzlosen Ausdrücken. Ist das nicht so? Solche Menschen waren Yang und Mo.[37] Alles das sind überflüssige, abwegige Auswüchse des Wissens und nicht die richtige Lenkung der Welt.

Wer der höchste Lenker der Welt sein möchte, muß darauf achten, die ursprüngliche Menschennatur zu bewahren. Für ihn ist daher das Verbundene nicht wie aneinandergelegte Zehen und das Getrennte nicht wie zusätzliche Finger, das Lange wird nicht als übermäßig, noch das Kurze als mangelhaft betrachtet. Denn Entenfüße sind zwar kurz, können aber ohne Schaden für die Ente nicht gedehnt werden; Kranichbeine sind zwar lang, können aber auch nicht gekürzt werden, ohne dem Kranich Leiden zu verursachen. Das, was seiner Natur nach lang ist, darf nicht abgeschnitten, und das, was seiner Natur nach kurz ist, nicht verlängert werden. Man soll sich nicht bemühen, es zu verändern. Es scheint ja, als wären Menschlichkeit und Gerechtigkeit nicht Teile der Menschennatur! Wie sich diese Barmherzigkeitslehrer anstrengen!... Die Barmherzigen unserer Zeit gehen mit sorgenvollen Mienen herum, betrübt über die Übel der Zeit, während die Unbarmherzigen den Begierden ihrer Natur und ihrer Gier nach Stellung und Reichtum freien Lauf lassen. Daher scheint es beinahe, als wären Menschlichkeit und Gerechtigkeit gar kein Teil der Menschennatur! Und doch – welch ein Aufhebens ist seit der Zeit der drei Dynastien von ihnen gemacht worden!

3.4. Die Lehre vom Nicht-Tun (Laisser-Faire, Nicht-Eingreifen) als die Lehre, die Menschen »ihre natürlichen Instinkte friedlich erfüllen« zu lassen. Es hat schon einmal einen Zustand gegeben, in dem die Menschheit in Ruhe gelassen wurde und Duldsamkeit herrschte; es hat aber noch nie einen Zustand gegeben, in welchem die Menschheit regiert worden wäre. Das Inruhelassen kommt von der Furcht, die natürlichen Anlagen des Menschen könnten verkehrt werden, und die Duldsamkeit kommt von der Furcht, ihr Charakter könnte verdorben werden. Aber wenn ihre natürlichen Anlagen nicht verkehrt noch ihr Charakter verdorben wird, wozu braucht man da eine Regierung?

Vor Zeiten, als Yao das Reich regierte, machte er das Volk glücklich; infolgedessen strebten die Leute danach, glücklich zu sein, und wurden unruhig. Als Tschieh das Reich regierte, machte er das Volk elend: infolgedessen betrachteten die Leute das Leben als Last und waren unzufrieden. Unruhe und Unzufriedenheit unterhöhlen den Charakter des Menschen; und ohne Charakter hat es niemals Beständigkeit gegeben.

Wenn sich der Mensch sehr freut, neigt er nach dem *Yang* (dem positiven Pol). Wenn er in großen Zorn gerät, neigt er nach dem *Yin* (negativer Pol). Wenn das Gleichgewicht zwischen dem positiven und dem negativen Pol gestört ist, geraten die vier Jahreszeiten durcheinander und das Gleichgewicht zwischen Wärme und Kälte wird zerstört. Dadurch leidet der Mensch körperlich. Das hat zur Folge, daß der Mensch sich unmäßig freut und unmäßig trauert, ein unordentliches Leben führt, in seinem Denken verwirrt wird und Norm und Vorbild seines Verhaltens verliert. Wenn das geschieht, siedet die Welt vor Aufruhr und Unzufriedenheit, und Männer, wie der Räuber Tscheh und (die konfuzianischen Lehrer) Tseng und Schih treten auf. Bietet die ganze Welt als Lohn für die Guten oder drohet den Bösen mit den ärgsten Strafen – das ist dennoch ungenügend (um sie zu bessern). Infolgedessen kann man auf der ganzen Welt keine ausreichenden Verlockungs- oder Abschreckungsmittel finden. Seit den drei Dynastien hat die Welt in einem ständigen Wechsel von Belohnungen und Bestrafungen gelebt. Welche Möglichkeit blieb da dem Volke, seinen natürlichen Lebensinstinkten friedlich nachzugehen?

Wenn daher ein Edler unausweichlich genötigt wird, die Regierung des Reiches zu übernehmen, gibt es nichts Besseres als das Nicht-Tun (das Sich-selbst-Überlassen). Nur durch Nicht-Tun kann er bewirken, daß das Volk seine Lebensinstinkte friedlich auslebt. Darum kann dem, der die Welt wie sein eigenes Selbst schätzt, die Weltregierung anvertraut, und dem, der die Welt wie sein eigenes Selbst liebt, die Sorge um die Welt übertragen werden.[38] Wenn darum der Edle es unterläßt, das innere Gleichgewicht der Menschen zu stören und die Kräfte des Sehens und Hörens zu rühmen, kann er stillsitzen wie ein Leichnam oder aufspringen wie ein Drache, schweigen wie die Tiefe oder mit Donnerstimme reden, weil die Regungen seines Geistes das natürliche Räderwerk des Himmels spielen lassen. Er kann ruhig und müßig bleiben und nichts tun, während alle Dinge reifen und ihrer Vollendung entgegengehen. Was brauchte ich mich dann um die Regierung der Welt zu kümmern?

Die Lehre vom Nicht-Tun als Nachfolge des Tao wird in 6.1. und 37.1. entwickelt.

4. Das Wesen des Tao

Das Tao ist ein Hohlgefäß;
Und sein Gebrauch ist unerschöpflich!
Unauslotbar!
Wie der Urquell aller Dinge,
Seine Kanten abgerundet,
Seine Schlingen aufgelöst,
Sein Licht abgeblendet,
Sein Wirbel untergetaucht,
Scheint es dennoch dunkel wie tiefes Wasser zu verharren.
Ich weiß nicht, wessen Sohn es ist,
Ein Bildnis dessen, was früher als Gott vorhanden war.

5. Die Natur

Die Natur ist ungütig:
Sie behandelt die Schöpfung wie stroherne Opferhunde.
Der Weise ist ungütig:
Er behandelt die Menschen wie stroherne Opferhunde.[39]

Wie ist doch das Weltall wie ein Blasebalg!

Leer, doch gibt es unerschöpflich Luft –
Je mehr man es betätigt, desto mehr bringt es hervor.
Durch viele Worte wird der Geist erschöpft.
Besser ist es daher, sich an das Innerste zu halten.[40]

6. Der Geist des Tales

Der Geist des Tales stirbt nie.[41]
Er heißt das »Geheimnisvoll Weibliche«.
Die Pforte des Geheimnisvoll-Weiblichen
Ist die Wurzel von Himmel und Erde.

Beständig, beständig
Scheint es zu verharren.
Schöpfe daraus
Und es dient dir mit Leichtigkeit.[42]

Die folgende Beschreibung des Wesens des Tao als einer schweigen-
den, geheimnisvollen, lebenspendenden Kraft ist in einem erdachten
Gespräch zwischen Laotse und Konfuzius enthalten. Dort ist auch
das Prinzip der Wiederkehr in einem ewigen Kreislauf erwähnt, ein
Grundgedanke bei Laotse und Tschuangtse.

4.1. *Das Tao ist wie das Meer.* »Wir haben heute ein bißchen Zeit«,
sagte Konfuzius zu Laotse. »Darf ich fragen, was das Große Tao
ist!«
Laotse erwiderte: »Gönnt Eurem Geist ein Feierbad! Reinigt Euren
Geist! Tut ab Eure Bücherweisheit! Das Tao ist dunkel und ungreifbar,
schwer zu beschreiben. Ich will dennoch versuchen, es für Euch zu
umreißen. Das Licht kommt von der Finsternis und das Aussagbare
kommt aus dem Gestaltlosen. Die Lebenskraft kommt vom Tao und
die Körperformen kommen aus der Lebenskraft und solcherart entwickeln sich alle Dinge der Schöpfung zu verschiedenen Formen.
Darum pflanzen sich die Lebewesen mit neun Leibesöffnungen durch
Säugen ihrer Jungen fort und die mit acht Leibesöffnungen durch das
Ausbrüten von Eiern. Das Leben tritt ohne sichtbare Quelle auf und
vergeht wieder im Unendlichen. Es steht mitten in einem weiten Aus-
gedehnten, ohne sichtbaren Ausgang, Eingang oder Bedachung. Wer

dem Tao folgt, ist stark an Körper, klar an Geist, von scharfer Sicht und scharfem Gehör. Er verlegt seinen Geist nicht mit Sorgen und paßt sich geschmeidig den äußeren Umständen an. Der Himmel kann nicht anders als hoch sein, die Erde kann nicht anders als weit sein und der Mond kann nicht anders als kreisen. Alle Dinge der Schöpfung können nicht anders als leben und wachsen. Vielleicht ist das das Tao. Übrigens ist der Gelehrte nicht unbedingt weise und der Schönredner nicht unbedingt klug. Der Weise meidet solche Dinge. Aber was der Weise bewahren möchte, ist das, dem hinzugefügt werden kann, ohne daß es zunimmt, und von dem fortgenommen werden kann, ohne daß es abnimmt. Unauslotbar, gleicht es dem Meer. Ehrfurchtgebietend, beginnt es den Kreislauf wieder dort, wo er endet. Es erhält die gesamte Schöpfung und erschöpft sich nie. Im Vergleich dazu handeln die Lehren des Edlen von den oberflächlichen Äußerlichkeiten. Das, was aller Schöpfung Leben verleiht und selber unerschöpflich ist – das ist das Tao.«

»Seine Kanten abgerundet, seine Schlingen aufgelöst« usw. Diese Zeilen werden in Kap. 56 wiederholt. Siehe auch Kap. 52.

»Die Natur ist ungütig« – »Der Weise ist ungütig«. – Diese zunächst unverständlichen Feststellungen werden von Tschuangtse an mehreren Stellen verdeutlicht. Es muß hier erklärt werden: Erstens: Laotse hat eine in sich geschlossene Auffassung vom Großen Tao – der Quelle der ganzen Schöpfung –, das sich über alle Dinge und Personen erhebt. Besonders wichtig ist, daß das Tao vollkommen unpersönlich und in seinem Wirken unparteiisch ist. Dies ist einer der entscheidenden Unterschiede zwischen dem Tao und dem christlichen Gottesbegriff. In dieser Auffassung von Unparteilichkeit ähnelt das Tao der Auffassung des Wissenschaftlers von einem unpersönlichen Naturgesetz, das keinerlei Ausnahmen für Einzelne kennt. Zweitens: Sowohl Laotse wie Tschuangtse betonen, daß das Tao allen ohne bewußte Güte zugute kommt. Bei Tschuangtse wird die konfuzianische Lehre von Jen (Menschlichkeit) ständig bekämpft, da sie eine Lehre sei, welche zu bewußter Affektation führe. In der Welt unbewußter Güte seien alle Menschen »gut« gewesen, aber sie hatten »nicht gewußt, daß das Menschlichkeit heißt«, sie »taten das Rechte«, aber »sie wußten nicht, daß das Gerechtigkeit heißt« (siehe 3.1.). Drittens: Tschuangtse betont, daß die wahre Liebe zur Menschheit die konfuzianische Teil-Liebe zu den Angehörigen übersteigt.

5.1. *Die Natur ist ungütig. Der Weise ist ungütig.* (Hsü Yu schilderte das Tao als seinen Meister.) »Ach, der Meister, mein Meister! Er stutzt alles Geschaffene und betrachtet das nicht als ungerecht. Er läßt alles Geschaffene gedeihen und betrachtet das nicht als Güte. Er reicht weiter zurück als die früheste Vorzeit und betrachtet sich dennoch nicht als alt. Er deckt den Himmel, stützt die Erde und gestaltet die verschiedenen Formen der Dinge, aber betrachtet sich dennoch nicht als kunstfertig. Ihn sollt Ihr suchen.

So kommt es, daß ein Weiser, der Krieg führt, ein Reich zerstören kann, ohne die Zuneigung von dessen Volk zu verlieren; er verbreitet Segen über alle Dinge, ohne es als Liebe zu seinen Mitmenschen zu betrachten... Wer persönliche Bindungen hat, zeigt keine Menschlichkeit.

Nun kann man dem vollkommenen Tao keinen Namen geben. Eine vollkommene Überzeugung gebraucht keine Worte. Vollkommene Güte kümmert sich nicht um (Einzelhandlungen der) Güte... Denn das Tao, welches offenbar wird, ist nicht das Tao. Rede, welche streitet, erreicht ihr Ziel nicht. Güte, die bestimmte Ziele hat, verliert ihre Reichweite.«

Kanzler Tang von Schang befragte Tschuangtse über die Liebe. »Tiger und Wölfe sind liebende Wesen«, sagte Tschuangtse.
»Wie meint Ihr das?«
»Der Tiger liebt sein Junges. Weshalb sollte er kein liebendes Wesen sein?«
»Was ist's mit der vollkommenen Güte?« fragte der Kanzler.
»Vollkommene Güte kümmert sich nicht um besondere Verwandtschaftsbeziehungen.«
»Ich habe sagen hören«, erwiderte Tang, »daß man ohne Verwandte keine Liebe hat und ohne Liebe keine Kindesliebe. Wie könnt Ihr also sagen, daß der vollkommen gütige Mensch keine Kindesliebe habe?«
»Das versteht Ihr nicht«, sprach Tschuangtse; »vollkommene Liebe ist wirklich das Ideal. Sie steht viel höher als Kindesliebe. Die Kindesliebe, von der Ihr sprecht, genügt nicht; sie bleibt hinter der (echten) Kindesliebe zurück.«

Einem Menschen, der schön geboren wurde, geben die Leute einen Spiegel. Aber wenn ihm die Leute nicht sagen würden, daß er schön

ist, wüßte er es nicht. Er scheint sich dessen bewußt und doch nicht
bewußt zu sein, davon gehört und doch nicht gehört zu haben. Solcherart verliert er seine Schönheit nie und die Leute bewundern ihn
immer. Einem Menschen, der seine Mitmenschen liebt, geben die
Leute einen Namen (Menschlichkeit). Aber wenn es ihm die Leute
nicht sagen würden, wüßte er nicht, daß er gütig ist. Er scheint sich
seiner Güte bewußt und doch nicht bewußt zu sein, von ihr gehört
und doch nicht gehört zu haben. Solcherart verliert er seine Güte nie,
und die Leute fühlen sich in seiner Gegenwart stets wohl.

5.2. *Das Tao ist wie ein Blasebalg.* Tschuangtse sagt: »Das Tao ist tief
und profund im Ruhezustand, kristallklar wie ein Teich. – Mächtig
springt es ins Leben, plötzlich bewegt es sich und die ganze Schöpfung
folgt... Wenn man es ansieht, ist es dunkel. Aber in der Dunkelheit
erscheint ein Licht; und in der Stille ertönt ein Akkord.«

Empfangen, ohne voll zu werden, vergossen werden, ohne leer zu
werden, und nicht wissen, wie einem geschieht – das ist die Kunst der
Bewahrung des Lebens.

6.1. *Das schweigende, schöne All. Die* »*Wurzel*« *aller Dinge.* Im
schweigenden All liegt eine große Schönheit. Es gibt offenbare Gegensätze, welche wortlos die vier Jahreszeiten beherrschen. Es gibt
ein dem Geschaffenen innewohnendes, nicht ausgedrücktes Prinzip.
Der Weise schaut auf die Schönheit des Alls zurück und dringt in das
den geschaffenen Dingen innewohnende Prinzip ein. Darum tut der
vollkommene Mensch nichts, der große Weise vollbringt keine Taten.
Indem er so handelt, folgt er dem Beispiel des Alls. Der Geist des Alls
ist zart und gestaltet alles Leben. Die Dinge leben und sterben und
wechseln ihre Form, ohne die Wurzel zu kennen, aus der sie alle her-
vorgehen. Überquellend vermehrt es sich; ewig besteht es für sich.
Die größten Bereiche des Raumes verlassen seine Grenzen nicht, und
die kleinste Flaumfeder im Herbst erwartet seine gestaltende Macht.
Die Dinge tauchen empor und hinab, es aber bleibt ewig unverändert.
Das *Yin* und das *Yang* und die vier Jahreszeiten bewegen sich in geord-
netem Zuge. Dunkel und ohne sichtbare Gestalt scheint es nicht zu
sein und ist dennoch. Die Dinge der Schöpfung werden, ohne es zu
wissen, von ihm ernährt. Das ist die Wurzel, aus welcher man das
Weltall überschauen kann.

Bis hierher wurden die meisten Lehren des Tao behandelt: Das Tao ist die Mutter aller Dinge, es kann nicht benannt und es kann darüber nichts ausgesagt werden; es gibt sich in Formen kund und verschwindet wieder in Formlosigkeit; es handelt nicht; es spricht nicht; es ist die unauslotbare, unerschöpfliche Quelle allen Lebens; es ist streng unpersönlich; dazu ist es unparteiisch (siehe Kap. 7); es ist immanent (siehe Kap. 34,2); und es wirkt in Kreisläufen nach dem Prinzip der Wiederkehr (siehe Kap. 40); es ist das, was die Einebnung aller Gegensätze verursacht, wodurch Erfolg und Mißerfolg, Stärke und Schwäche, Leben und Tod usw. gleich werden. Daraus ergeben sich alle Paradoxe Laotses.

7. Für andere Leben

Das All währet immer.
Der Grund, weshalb das All immer währt,
Ist, daß es nicht sich selber lebt.[43]
Deshalb kann es lange überdauern.

Darum stellt der Weise sich an den letzten Platz
Und findet sich auf dem vordersten Platz;
Betrachtet seinen Leib als zufällig
Und sein Leib wird dadurch bewahrt.
Ist es nicht deshalb, weil er nicht für sich selber lebt,
Daß sein Selbst verwirklicht wird?

7.1. *Die Unparteilichkeit des Tao. Ein weiterer Grund für das Nicht-Tun.* »Was ist mit der Redensart ›ein Gau sagt‹ gemeint?« fragte Weißwenig den Thaikung Tiao.

»Ein Gau«, erwiderte Thaikung Tiao, »besteht aus einer Gemeinschaft von Menschen aus verschiedenen Sippen und Familien, die durch gemeinsame Bräuche verbunden sind. Es ist das eine Gemeinschaft aus verschiedenen Einheiten, welche, wenn sie auseinandergehen, wiederum verschiedenartig werden. Wenn man die verschiedenen Teile eines Pferdes einzeln nimmt, erhält man noch kein Pferd. Aber sicherlich steht ein Pferd da, wobei wir unter Pferd ein Lebewesen verstehen, das dadurch entsteht, daß die verschiedenen Bestandteile des Pferdekörpers sich zu einer Einheit zusammenfügen. Darum stapeln sich kleine Hügel aufeinander und werden ein Berg; Flüsse fließen zusammen und werden ein großer Strom. Der große Mann vereinigt alle Dinge und wird unparteiisch. Daher kommt es, daß (wie bei einem Lebewesen) die Reaktion auf die äußere Umwelt von einem zentralen Selbst gelenkt wird, welches die Einzelteile außer acht läßt, und dessen Verhalten von einer gemeinsamen ›Norm‹ bestimmt wird, ohne bestimmte Vorlieben zu zeigen. Die verschiedene Wärme der vier Jahreszeiten hängt nicht von einer jeweiligen Einzelentscheidung des Himmels ab; darum ist ein vollständiges Jahr möglich. Die Beamten der fünf Ministerien erhalten ihre Befugnis unparteiisch vom Herrscher zugeteilt; dadurch ist ein einheitliches Staatswesen möglich. Die Militärs und die Zivilisten (die verschiedene Begabungen haben) erhalten ihre Ämter nicht nach Willkür; so ist es möglich, eine einheitliche Pflichterfüllung zu erzielen: die Dinge der Schöpfung haben verschiedene Gefüge, die das Tao ihnen unparteiisch zugeteilt hat; darum kann das Tao nicht benannt werden. Weil das Tao nicht benannt werden kann (weil über das Tao nichts ausgesagt werden kann), darum ›tut‹ es nichts, und weil es ›nichts tut‹, ist alles getan. Es gibt ein Vorher und ein Nachher in der Zeit, und die Welt ist in immerwährendem Wechsel. Glück und Unglück folgen einander; es ist auch Gutes in dem, was anfangs mißfällt. (Die Leute) sehen die Dinge von ihrem eigenen Standpunkt aus an und gehen an der Wahrheit vorbei, wenn sie andere bessern wollen. (Das Tao) ist einem großen Sumpfland vergleichbar, wo Bäume aller Art wachsen. Seht den Berg an: er duldet Bäume und Felsen auf dem gleichen Hang. Das ist die Bedeutung der Redensart: ›ein Gau sagt‹.«

7.2. *Der Himmel bedeckt alles in gleicher Weise.* Der Himmel bedeckt alles in gleicher Weise. Die Erde stützt alles in gleicher Weise.

7.3. *Der Weise ist unparteiisch.* Der Meister spricht: »Groß ist das Tao! Es überwölbt und erhält die gesamte Schöpfung. Der Edle muß seinen Geist (von allen persönlichen Begriffen und Begierden) reinigen. Durch Nichthandeln handeln, heißt Himmel. Ohne Ausdruck ausdrücken, heißt Charakter. Seine Mitmenschen lieben und allen Gutes tun, heißt Menschlichkeit. Die verschiedenen Dinge als gemeinsam betrachten, heißt groß. Sich nicht durch hervorstechendes Benehmen hervortun, heißt Weitherzigkeit. Vielfalt besitzen, heißt Reichtum. Darum: seinen Charakter bewahren, heißt Selbstzucht. Seinen Charakter entwickeln, heißt Macht besitzen. Dem Tao folgen, heißt vollständig sein. Wenn ein Edler diese zehn (Leitsätze) versteht, erlangt er Seelengröße, und alle Dinge vereinigen sich in ihm wie zu einem fließenden Strom. Dann läßt er das Gold in den Bergen und die Perlen im Meer. Er legt keinen Wert auf materielle Güter und hält sich abseits von Ehren und Reichtum. Er freut sich nicht über ein langes Leben, noch bedauert er, jung zu sterben. Er betrachtet hohe

Stellungen nicht als Ehre, noch schämt er sich der Armut und des Mißerfolges. Er setzt seinen Sinn nicht auf den Reichtum der Welt, um ihn für sich zu verwenden. Er betrachtet die Herrschaft über die Welt nicht als seinen persönlichen Ruhm, und wenn er eine hervorragende Stellung bekleidet, sieht er die Welt als eine einzige Familie an. Für ihn sind Leben und Tod nur verschiedene Aspekte der gleichen Sache.«

Zum Begriff des »Selbst« siehe Kap. 13.

8. Wasser

> Der Beste der Menschen ist wie Wasser;
> Wasser nützt allen Dingen
> Und wetteifert nicht mit ihnen.
> Es verweilt an (niederen) Orten, die alle verachten –
> Darin kommt es dem Tao nahe.
>
> In seinem Verweilen liebt (der Weise) die (niedere) Erde:
> In seinem Herzen liebt er, was tief ist;
> In seinen Beziehungen zu anderen liebt er die Güte;
> In seinen Worten liebt er die Aufrichtigkeit;
> In der Regierung liebt er den Frieden;
> In den Geschäften liebt er die Tüchtigkeit;
> In seinen Handlungen liebt er es, die rechte Zeit zu wählen.
> Eben weil er nicht strebt,
> Ist er ohne Vorwurf.

Wenn man Laotse und Tschuangtse vergleicht, erscheint ihre Stellung zum Nicht-Streben wohl als ihr hervorstechender Unterschied. Wie schon in der Einführung betont wurde, ist die wichtigste und bezeichnendste Lehre des Laotse die vom Nicht-Streben, von der Demut, der Sanftmut und dem Aufsuchen der niedrigsten Stellung – deren Sinnbild das Wasser ist. Bei Laotse finden sich mehr Stellen über Lehren solcher Art als über irgendein anderes Thema. Aber es ist schwierig, ja beinahe unmöglich, bei Tschuangtse parallele Aussprüche über den gleichen Gegenstand zu finden. Das läßt vermuten, daß Tschuangtse wohl ein stärkerer, härterer Geist war als der sanfte Meister, der den Geist des Weiblichen hervorhob. Während für

Laotse das Wasser zum Sinnbild der Stärke der Sanftmut und der Weisheit der Niedrigkeit wurde, wurde es bei Tschuangtse eher zum Sinnbild der Seelenruhe. (Siehe die Einführung.)

8.1. *Wasser als Sinnbild himmlischer Tugend.* Wenn der Leib unaufhörlich in Bewegung gehalten wird, wird er müde. Wenn der Geist unaufhörlich in Bewegung gehalten wird, wird er sorgenvoll; und Sorge verursacht Erschöpfung. Das Wesen des Wassers ist, daß es klar wird, wenn man es in Ruhe läßt, und still, wenn man es nicht stört. Wenn es eingeschlossen wird und nicht fließen kann, kann es auch nicht klar bleiben. Es ist das Sinnbild der himmlischen Tugend.

Gelassenheit stellt das Beste am Wesen des Wassers vor. Hierin mag es uns zum Vorbild dienen, denn seine Kraft wird durch Gelassenheit bewahrt und nicht durch Erregung zerstreut.

Tschuangtse unterschied genau zwischen Leben auf geistiger und auf stofflicher Ebene. Wenngleich es seine bezeichnendste Lehre war, den menschlichen Geist in der immateriellen Welt umherschweifen zu lassen, anerkannte er die Notwendigkeit, in der Welt, wie sie nun einmal ist, zu leben und die alltäglichen Lebensprobleme zu meistern. Die alltäglichen Probleme des Lebens waren »etwas, gegen das sich nichts machen läßt, und die Schickung ins Unvermeidliche ist die Haltung des Weisen«. Diese Haltung ließe sich etwa als nachsichtige Herablassung bezeichnen.

8.2. *Das Tao Gottes und das Tao des Menschen.* Das, was niedrig ist, aber in Ruhe gelassen werden muß, ist der Stoff. Das, was gering ist, dem man aber doch folgen muß, ist das Volk. Das, was immer da ist, was man aber doch besorgen muß, sind Obliegenheiten. Das, was ungeeignet ist, aber dennoch festgesetzt werden muß, ist das Gesetz. Das, was fern vom Tao ist, aber doch erfüllt werden muß, ist die Pflicht. Das, was einseitig ist, aber verallgemeinert werden muß, ist die Wohltätigkeit. Das, was trivial ist, aber von innen heraus gestärkt werden muß, ist die Sitte. Das, was innerlich ist, aber nach außen treten muß, ist der Charakter. Das, was eines ist, aber nicht ohne Vielfalt, ist das Tao. Das, was geistig ist, aber nicht untätig bleiben darf, ist Gott.

Darum schaut der Weise zu Gott auf, bietet ihm aber seine Hilfe nicht an. Er vervollkommnet seinen Charakter, verstrickt sich aber nicht.

Er richtet sich nach dem Tao, macht aber keine Pläne. Er schließt sich der Wohltätigkeit an, verläßt sich aber nicht auf sie. Er erfüllt seine Pflichten gegen seine Mitmenschen, schöpft aber daraus keinen Anspruch. Er unterwirft sich der Sitte, ohne sie zu vermeiden. Er nimmt Obliegenheiten auf sich, ohne sie abzulehnen, und wendet das Gesetz ohne Verwirrung an. Er vertraut dem Volke und nimmt es ernst. Er paßt sich der stofflichen Welt an und nimmt sie zur Kenntnis. Die Dinge sind es zwar nicht wert, daß man sich mit ihnen abgibt, dennoch muß man sich mit ihnen abgeben. Wer Gott nicht versteht, hat keinen reinen Charakter. Wer keinen klaren Begriff vom Tao hat, wird nicht wissen, wo anfangen. Und wer vom Tao nicht erleuchtet ist – der ist wirklich zu bedauern!

Was ist also das Tao? Es gibt das Tao Gottes und gibt das Tao des Menschen. Das Tao Gottes ist wesentlich; das Tao des Menschen ist zufällig. Der Abstand zwischen beiden ist groß. Achten wir alle darauf!

Sich wie beiläufig den Ereignissen und der Umwelt anpassen – das ist der Weg des Tao.

9. Die Gefahr übermäßigen Erfolges

> Spanne (den Bogen) bis aufs äußerste
> Und du wirst wünschen, rechtzeitig
> Eingehalten zu haben.
> Schmiede (eine Schwertschneide) überscharf
> Und die Schneide wird nicht lange halten.
> Wenn Gold und Edelsteine deine Halle füllen,
> Wirst du sie nicht sicher aufbewahren können.
> Auf Reichtum und Ehre stolz sein,
> Heißt den Samen für den eigenen Untergang säen.
> Sich zurückziehen, wenn das Werk vollbracht ist,
> Das ist des Himmels Weg.[44]

9.1. *Die Selbstzufriedenen, die Weltleute und der Bucklige.* Es gibt Selbstzufriedene, Weltleute und Bucklige. Selbstzufriedene sind solche, die, nachdem sie gehört haben, was ihr Lehrer sagt, sich höchst befriedigt und mit sich selbst zufrieden fühlen. Sie meinen, sie hätten

die Wahrheit erfahren, und begreifen nicht, daß es eine Zeit gegeben
hat, in welcher noch kein stoffliches Weltall vorhanden war. Die
Weltleute sind wie Läuse am Körper eines Schweines. Sie wählen ihren Aufenthaltsort in der langen Mähne und den Borsten des
Schweines und vermeinen, sie lebten in einem prächtigen Palast mit
weiträumigem Garten. Sie verbergen sich in den Falten, Achselhöh-
len, Brüsten und Beinen der Schweine und wähnen, sie lebten in Sicherheit. Sie begreifen nicht, daß eines Tages der Metzger kommen,
seine Ärmel aufkrempeln, Heu unterlegen und anzünden und das
Schwein zu sengen anfangen kann, bis Schwein und Läuse zusammen totgebrannt sind. Das heißt in den selbstgewählten Schranken
leben. So sind die Weltleute. Der Bucklige war der Kaiser Schun.
Hammelfleisch hat keine Sehnsucht nach Ameisen, aber die Ameisen haben Lust auf Hammelfleisch wegen seines durchdringenden
Geruches. Weil Kaiser Schun einen außergewöhnlichen Charakter
hatte, der das Volk anzog, liebte es ihn. Als er daher seine Residenz
dreimal gewechselt hatte und in die Tengebene gezogen war, folgten
ihm hunderttausend Menschen dorthin. Kaiser Yao hörte von seiner
Tüchtigkeit, gab ihm einen öden Landstrich und sagte: »Ich hoffe,
daß die Leute, die ihm dorthin folgen, die Wohltat seiner Herrschaft
genießen werden.« Als Schun der öde Landstrich anvertraut wurde,
war er bereits ein alternder Mann, seine Augen und sein Gehör waren schwach, aber er durfte nicht zurücktreten. Das nenne ich einen
Bucklingen.

9.2. *Die Gefahren der Sucht nach Reichtum.* Mankuteh spricht:
»Die Unverschämten werden reich und die Schönredner werden
hohe Beamte.«

9.3. Eine Schar Konfuzianer grub ein Grab aus, hoffend, alte Hand-
schriften zu finden. Ihr Führer sagte: »Der Morgen graut. Sind wir
fertig?«
»Nein«, sagten die Konfuzianer, »wir haben die Leiche noch nicht
entkleidet und wissen, daß der Tote eine Perle im Munde hat. Es gibt
einen alten Vers, der lautet: ›Wie grün ist die Saat – sie wächst an
den Hängen. Als er noch lebte, gab er den Armen kein Geld, warum
trug er eine Perle im Mund, als er starb?‹«
Die Konfuzianer schlugen also dem Toten die Schläfen ein, rauften
ihm den Bart aus, nahmen einen Metallhammer, um ihm den Kiefer

einzuschlagen, und rissen ihm allmählich die Backe auf. Aber sie gaben acht, die Perle im Munde des Toten nicht zu verletzen.

9.4. *Inschrift über die Demut.* Tschengkhaofu (Ahne des Konfuzius in der zehnten Generation) hinterließ folgende Inschrift: »Bei meiner ersten Beförderung neigte ich mein Haupt. Bei meiner zweiten Beförderung verbeugte ich mich aus der Mitte. Bei meiner dritten Beförderung warf ich mich auf die Erde. Ich ging am Straßenrand, eng an die Hauswände gedrückt, und niemand wagte es, mich zu beleidigen.« Aber die gemeinen Leute! Bei ihrer ersten Beförderung blähen sie sich auf, bei ihrer zweiten Beförderung fangen sie auf dem Wagen zu tanzen an, bei ihrer dritten Beförderung beginnen sie von sich selber als »wir Altvorderen« zu reden.

9.5. *Die Geschichte vom Metzger Yüeh.* Als König Tschao von Thschu aus seinem Lande fliehen mußte, lief der Lämmermetzger Yüeh ebenfalls fort und wurde ein Gefolgsmann des Königs. Als der König in sein Land zurückkehrte, wollte er diejenigen belohnen, welche ihm in die Verbannung gefolgt waren. Als nun der Metzger an die Reihe kam, sagte er: »Als Seine Majestät ihr Reich verlor, verlor ich meine Metzgerei. Jetzt hat Seine Majestät ihr Reich zurückerhalten, und ich bin auch zurückgekehrt, um mein Metzgergewerbe wieder auszuüben. Ich habe das, was ich verloren hatte, bereits zurückbekommen. Ich brauche keine Belohnung.« Der König aber bestand weiter darauf. Da sagte der Metzger: »Als Seine Majestät ihr Reich verlor, hatte ich damit nichts zu tun; daher habe ich keine Strafe verdient; nun, da Seine Majestät zurückgekehrt ist, hat das auch nichts mit mir zu tun; also getraue ich mich nicht, um eine Belohnung anzusuchen.« Der König lud ihn dennoch ein, vor ihm zu erscheinen, aber der Metzger lehnte ab und sagte: »Nach den Gesetzen des Landes hat nur der, welcher dem Reich einen großen Dienst erwiesen hat, das Recht, den König zu sehen. Ich hatte weder die Weisheit, das Reich zu bewahren, noch den Mut, bei seiner Verteidigung zu fallen. Als das Heer der Wu in die Hauptstadt eindrang, bekam ich einfach Angst und lief davon. Ich hatte gar nicht die Absicht, Seiner Majestät zu folgen. Nun wünscht Seine Majestät eine Ausnahme zu machen und mich zu empfangen. Ich glaube kaum, daß das richtig ist.«

Diese Stelle ist dem Kap. 28 entnommen, das allgemein als apokryph angesehen wird.

10. Das Eine umfassen

Beim Umfassen des Einen[45] mit der Seele,
Kannst du das Tao nimmer verlassen?
Bei Beherrschung deiner Lebenskraft zur Erlangung der Sanftmut,
Kannst du werden wie ein neugeborenes Kind[46]?
Bei der Reinigung und Klärung deiner mystischen Schau,
Kannst du nach Vollkommenheit streben?
In der Liebe zum Volk und beim Regieren des Reiches,
Kannst du herrschen ohne einzugreifen?
Beim Öffnen und Schließen der Pforte des Himmels,
Kannst du die Rolle des Weiblichen spielen[47]?
Im Begreifen aller Erkenntnis,
Kannst du auf das Denken verzichten[48]?

Gebären und Nähren,
Gebären, ohne Besitz zu ergreifen,
Handeln, ohne sich anzueignen,
Herr unter den Menschen sein, ohne sie zu lenken –
Das ist die Mystische Tugend.

Tschuangtse berichtet über ein Gespräch mit Laotse, das im wesentlichen mit den Lehren dieses Kapitels übereinstimmt.

10.1. *Laotse über geistige Gesundheitspflege.* Nanyungthschü nahm seine Verpflegung mit, wanderte sieben Tage und Nächte und kam in Laotses Wohnung an.
»Kommt Ihr aus Thschu?«
»Ja«, erwiderte Nanyungthschü.
»Warum kommt Ihr mit einer so großen Volksmenge?« sagte Laotse.
Nanyungthschü änderte seinen Gesichtsausdruck und sah hinter sich; Laotse sprach zu ihm: »Ihr versteht wohl nicht, was ich meine?«
Nanyungthschü senkte verlegen das Haupt, hob es wieder und seufzte: »Ich weiß Eure Frage nicht zu beantworten. Und jetzt habe ich sogar vergessen, wegen welcher Frage ich zu Euch gekommen bin.«
»Was bedrückt Euch?« fragte Laotse.
»Es ist meine Sorge«, sagte Nanyungthschü, »daß die Leute mich

einen Dummkopf heißen, wenn ich keine Erkenntnis erwerbe. Wenn ich aber Erkenntnis erwerbe, macht mich das so traurig. Wenn ich keine Güte erlerne, verletze ich andere, und wenn ich Güte erlerne, sorge ich mich (um andere). Wenn ich keine Gerechtigkeit lerne, füge ich anderen Schaden zu, und wenn ich Gerechtigkeit lerne, schaffe ich mir selbst Betrübnis. Wie kann ich diesem Zwiespalt entgehen? Diese drei Dinge besorgen mich. Darum bin ich gekommen, um Euch zu fragen.«

»Ich sah so etwas in Euren Augen«, sagte Laotse, »und wußte gleich von Eurem Anliegen. Jetzt habt Ihr mir genau das gesagt, was ich dachte. Ihr seht aus, als hättet Ihr Eure Eltern verloren, oder wie einer, der ausgeht, um das Meer mit einer Bambusstange auszumessen. Ihr seid wirklich eine verlorene Seele! Ihr möchtet Euer ursprüngliches Wesen wiederfinden, seid aber verwirrt und wißt nicht, wo anfangen. Ihr tut mir aufrichtig leid.«

Nanyungthschü bat, sich zurückziehen zu dürfen, und begann darüber nachzugrübeln, was er eigentlich wollte und wie er seine Ängste und Sorgen loswerden könne. Er saß durch zehn Tage bekümmert und allein in seinem Zimmer. Dann ging er wieder zu Laotse.

»Ihr habt nun ein Bad genommen«, sagte Laotse, »und der äußere Schmutz scheint im heißen Dampf heruntergewaschen worden zu sein; aber inwendig kreist noch etwas in Euch herum. Wenn Ihr durch die äußeren Sinne verstört, gequält und verwirrt seid, solltet Ihr Euren Geist ausruhen und die Stille in Eurem Inneren suchen. Wenn Euer Geist sich spreizt oder außer sich gerät, solltet Ihr Eure äußeren Sinne verschließen. Wer durch seine Sinne oder Gedanken verwirrt wird, kann sein Wesen nicht bewahren. Wieviel weniger kann er dem Tao folgen!«

»Einer ist krank«, sagte Nanyungthschü, »und sein Nachbar kommt ihn besuchen. Der Kranke kann dem Nachbarn über seine Krankheit erzählen, aber der Besucher ist ja selber nicht krank. Was ich hier über das Tao gehört habe, gleicht einer Arznei, die einen nur noch kränker macht. Könnt Ihr mich denn nicht die Grundsätze geistiger Gesundheitspflege lehren?«

»Die Grundsätze geistiger Gesundheitspflege sind die folgenden«, sagte Laotse. »Könnt Ihr das Eine umfassen? Könnt Ihr das Tao nie verlassen? Könnt Ihr Heil und Unheil ohne die Hilfe von Wahrsagern vorhersagen? Wißt Ihr, wo Ihr einhalten müßt? Könnt Ihr Unwichtiges fahrenlassen? Könnt Ihr lernen, Euch nicht auf andere zu verlas-

sen, sondern alles in Euch zu suchen? Könnt Ihr (unschuldig) sein wie
ein Neugeborenes? Der Säugling schreit den ganzen Tag und wird
nicht heiser; das hat seinen Grund darin, daß er die natürliche Harmonie noch nicht verloren hat. Der Säugling ballt den ganzen Tag sein
Fäustchen, ohne etwas zu halten; das tut er deshalb, weil er seinem
ursprünglichen Wesen folgt. Er schaut den ganzen Tag alles an und
zwinkert doch nicht, weil seine Augen sich auf keinen bestimmten
Gegenstand richten. Das Kind geht und weiß nicht wohin, es bleibt
stehen und weiß nicht, was es tut. Es verfließt mit der Umwelt und
bewegt sich mit ihr. Das sind die Grundsätze geistiger Gesundheitspflege.«

Laotse verwendet das Kind so wie das »ungeschnitzte Holz« als Sinn-
bild der ganzen unverdorbenen Menschennatur.

10.2. *Die Söhne des Himmels und die Söhne der Menschen.* Die,
welche innerlich gerade sind (ihren ursprünglichen Instinkten folgen), sind die Söhne des Himmels. Sie wissen, daß sie, genau wie
der Kaiser, Söhne des Himmels sind... Solche Menschen werden
Kinder genannt. Das ist die Bedeutung von »Himmelssöhnen«.
Die, welche sich nach außen neigen (den Bräuchen und Konventio-
nen folgen), sind Söhne der Menschen. Sie verbeugen sich und
knien nieder und klatschen in die Hände zum Gruß. Das ist der
Brauch bei Untertanen eines Herrschers. Alle Leute tun es. Wie
könnte ich es wagen, da eine Ausnahme zu machen? Tun, was die
anderen tun, und von anderen nicht getadelt werden – das heißt
Söhne der Menschen sein.

»Gebären, ernähren« usw. siehe die identischen Zeilen und die Ausle-
gung in Kap. 51.

11. Der Nutzen des Nichtseins

Dreißig Speichen kommen in der Nabe zusammen;
Aus ihrem Nichtsein (dem Verlust ihres Einzeldaseins) entsteht der
Nutzen des Rades.
Knete ein Gefäß aus Ton:
Aus seinem Nichtsein (in der Höhlung) entsteht der Nutzen des Ge-
fäßes.

Schneide Türen und Fenster in das Haus (die Hauswand):
Aus ihrem Nichtsein (dem leeren Raum) entsteht der Nutzen des
Hauses.
Darum: Das Sein der Dinge gibt uns Vorteil,
Und das Nichtsein der Dinge dient uns.

11.1. *Der Nutzen des Nichtseins.* Wenn das Auge von Hindernissen gereinigt ist, sieht es scharf. Wenn das Ohr von Hindernissen gereinigt ist, hört es gut. Wenn die Nase nicht verstopft ist, wittert sie gut. Wenn der Mund sauber ist, schmeckt er gut. Wenn der Geist klar ist, denkt er gut. Wenn das Wissen von Hindernissen befreit ist, gelangt man zum Wesen des Tao. Das Tao darf nicht verlegt sein. Wenn es verlegt ist, wird es erstickt, und wenn es lange erstickt ist, stolpert es. Wenn es stolpert, erleidet die Schöpfung Schaden. Jedes fühlende Leben hängt vom Atem ab. Wenn der Atem gestört wird, ist nicht die Natur schuld. Die Natur hält ihn Tag und Nacht unaufhörlich offen. Aber der Mensch stopft ihn immer wieder zu. Der menschliche Embryo hat ein Häutchen (das ihm gestattet, sich frei in ihm zu bewegen), und der menschliche Geist muß frei im All umherschweben können. Wenn der Geist der Möglichkeit, umherzuschweifen, beraubt wird, beginnen die sechs Triebe sich aneinander zustoßen. Der Grund, weshalb wir uns in einem weiten Wald wohl fühlen, ist der, daß unsere Gefühle sonst meist verkrampft sind.

11.2. *Der Nutzen der Nutzlosigkeit.* »Ihr sprecht immer vom Nutzen der Nutzlosigkeit«, sagte Hueitse zu Tschuangtse.
»Man muß den Nutzen der Nutzlosigkeit begriffen haben, bevor man vom Nutzen der Nützlichkeit sprechen kann. Die Erde ist zwar groß und weit, aber was der Mensch benutzen kann, ist bloß die Fläche, auf der seine Füße ruhen. Aber wenn der Mensch mit den Zehen aufwärts zeigt und ins Grab gelegt wird, kann er da die Erde noch nützlich finden?«
»Dann ist die Erde nutzlos für ihn«, erwiderte Hueitse.
»Ist es also nicht klar, daß das Nutzlose (Grab) nützlich ist (wegen des Hohlraumes oder Nicht-Vorhandenseins von Erde)?«
Der Mensch geht auf dem Erdboden, indem er auf ihn tritt. Aber nur durch den Boden, auf den er nicht tritt (den Raum zwischen seinen Schritten), kann er große Entfernungen zurücklegen.

11.3. *Unbewußtheit.* Ein guter Handwerker zieht Linien und Kreise, ohne sich des Winkels oder Zirkels zu bedienen. Seine Finger sind so empfindlich auf den Werkstoff abgestimmt, daß er auf die Lenkung durch das Bewußtsein nicht angewiesen ist. Daher bleibt sein Geist ungebunden. Sich seiner Füße nicht bewußt sein, zeigt, daß die Schuhe passen; sich seiner Taille nicht bewußt sein, heißt, daß der Gürtel paßt; sich des Rechtes und Unrechtes nicht bewußt sein, ist das Kennzeichen eines Geistes, der sich wohl befindet: Er verändert sich innerlich nicht, wird durch äußere Ereignisse nicht berührt und fühlt sich unter allen Umständen und in allen Lagen wohl. Wenn er sich einmal wohl fühlt, fühlt er sich nie mehr unwohl. Das heißt sich wohl fühlen, ohne sich bewußt zu sein, daß man sich wohl fühlt.

Als Beispiel des Nutzens eines nutzlosen Baumes siehe 22.3.

12. Die Sinne

Die Fünf Farben blenden des Menschen Auge;
Die Fünf Töne ertauben des Menschen Ohr;
Die Fünf Würzen stumpfen des Menschen Geschmack;
Jagd, Rennen und Hetze verrücken des Menschen Geist;
Seltene Schätze rauben des Menschen Schlaf[49].

Darum der Weise:
Sorgt für den Bauch und nicht für das Auge[50].
Daher verwirft er das eine und nimmt das andere an.

12.1. *Die fünf Sinne lenken uns von unserem eigentlichen Wesen ab.* Es gibt fünf Wege, auf denen wir unser ursprüngliches Wesen einbüßen. Erstens verwirren die Fünf Farben das Auge und hindern das Sehen. Zweitens verwirren die Fünf Töne das Ohr und hindern das Hören. Drittens reizen die Fünf Gerüche unsere Nüstern und verlegen die Stirn. Viertens erfüllen die Fünf Würzen unseren Mund und verletzen den Geschmack. Fünftens verwirren Begierden und Beschäftigungen unseren Geist und bringen der Seele Erregung. Alle diese Dinge bringen unserem Leben Schaden, und dennoch betrachten Yang Tschu und Motse sie als (Mittel zur) Erfüllung. Ich würde sie nicht als Erfüllung betrachten. Denn wenn Erfüllung Versklavung bedeutet, wie könnte das als Erfüllung angesehen werden? Dann müßten ja die Taube und die Eule im Käfig von sich meinen, sie hätten ihre Erfüllung gefunden. Wenn also ein Mensch seinen Geist mit Begierden und Geschäftigkeit füllt und seinen Leib in Pelze, Eisvogelfedermützen, Prunkgürtel und Rangtafeln einhüllt, sein Geist also inwendig eine Masse ausgestopfter Verwirrung und sein Leib auswendig ein Bündel von Verstrickung ist, er aber noch immer hinter diesen Verstrickungen auf Selbsterfüllung Anspruch erhebt, dann könnte ja der Sträfling, dessen Hände gefesselt sind und dessen Finger in Daumschrauben stecken, oder der Tiger und Leopard hinter Gittern ebenfalls die Erfülltheit ihrer Natur behaupten.

12.2. *Wirkung des Windes auf dem Wasser.* Wenn der Wind über dem Fluß weht, nimmt er dem Fluß etwas fort. Wenn die Sonne auf den Fluß scheint, nimmt sie ihm auch etwas fort. Aber auch wenn Wind und Sonne gebeten werden, fortwährend auf den Fluß einzuwirken, wird dieser dennoch den Verlust nicht merken, weil er von einem lebendigen Quell gespeist wird. Solcherart ist die allmähliche, tiefgehende Wirkung des Wassers auf die Erde, die allmähliche, tiefreichende Beziehung zwischen Schatten und Substanz und die allmähliche, tiefgehende Wirkung stofflicher Dinge auf andere. Darum ist das Auge schädlich für (die angeborene Fähigkeit) des Sehens, das Ohr schädlich für (die angeborene Fähigkeit) des Hörens und der Geist schädlich für (die angeborene Fähigkeit) des Verstehens. Alle Funktionen sind den entsprechenden Organen schädlich. Wenn der Schaden einmal getan ist, gibt es keine Heilung mehr, denn solche Wirkungen häufen sich und wachsen.

12.3. *Zerstreuungen der materiellen Welt.* Seit den drei Dynastien (seit dem Beginn menschlicher Gesittung) gibt es keinen Menschen, der seine Natur nicht um materieller Dinge willen geändert hätte. Die gemeinen Leute opfern ihr Leben um des Vorteiles willen; die Gelehrten wegen des Ruhmes; die Adligen opfern ihr Leben für ihre Familien; der Weise opfert es für die Welt. Alle diese Menschen haben verschiedene Berufe, und ihr Ansehen ist nicht das gleiche, aber sie sind sich alle darin gleich, daß ihre ursprüngliche Menschennatur

Schaden gelitten hat. Zwei Hirten, Tsang und Ku, hüteten beide ihre Schafe und verloren sie beide. Auf die Frage, wie das zugegangen sei, antwortete Tsang, er habe mit dem Schäferstab unterm Arm gelesen. Auf die Frage, was Ku gemacht habe, antwortete dieser, er habe ein Glücksspiel gespielt. Die Art, wie beide ihre Schafe verloren hatten, war zwar verschieden, aber die Tatsache, daß sie sie verloren hatten, war die gleiche.

13. Lob und Tadel

»Gunst und Schmach verursachen Enttäuschung;
Was wir schätzen und was wir fürchten, liegt in unserem Selbst.«

Was bedeutet das:
»Gunst und Schmach verursachen Enttäuschung.«?
Die, welche eine Gunst von oben erhalten,
Sind enttäuscht, wenn sie sie erhalten,
Und enttäuscht, wenn sie sie verlieren.

Was bedeutet das:
»Was wir schätzen und was wir fürchten[51], liegt in unserem Selbst.«?
Wir haben Angst, weil wir ein Selbst haben[52].
Wenn wir dieses Selbst nicht als unser Selbst ansehen,
Was haben wir da zu fürchten?

Darum: wer die Welt wie sein Selbst schätzt,
Dem kann die Regierung der Welt anvertraut werden;
Und wer die Welt wie sein Selbst liebt –
Die Welt mag dann seiner Sorge anvertraut werden.

Der Mensch hat seine ursprüngliche Natur verloren durch die Ablenkungen der materiellen Welt, die durch die fünf Sinne wirkt. Sein Geist wird frei durch die Lehre der Selbstlosigkeit, welche wohl das allen Religionen gemeinsame Heiligkeitsideal ist. In der taoistischen Philosophie kommt diese Befreiung durch Selbstlosigkeit aus der Erkenntnis, daß das Einzelselbst nichts und die große Einheit des Alls alles ist. Von diesem selbstlosen Gesichtspunkt aus ist es daher natürlich, alle Zufälle des Glücks oder Unglücks, der Ehre oder Unehre als

durchaus oberflächliche, unwichtige Dinge anzusehen. Der Ge-
danke: »Darum: wer die Welt wie sein Selbst schätzt, dem kann die
Regierung der Welt anvertraut werden; und wer die Welt wie sein
Selbst liebt – die Welt mag dann seiner Sorge anvertraut werden«
erscheint bei Tschuangtse in Auswahl 3.4., wo sich die Bedeutung aus
dem Zusammenhang ergibt.

13.1. *Definition von Ehre und Glück.* Wenn man stark in der Erkenntnis des Tao ist, kümmert man sich nicht um die kleinlichen Probleme
des Lebens; wenn man stark in der Erkenntnis des Charakters ist, läßt
man die kleinlichen Probleme des Wissens beiseite. Kleinliches Wissen schadet dem Charakter und kleinliches Verhalten ist dem Tao ab-
träglich. Darum heißt es: »Alles, was zu tun ist, ist: zur Norm
zurückzukehren.«
Vollkommenes Glück wird Erfolg genannt. Wenn die Alten von Erfolg sprachen, meinten sie nicht die Merkmale von Rang und Ehre; sie
verstanden unter Erfolg den Zustand, in dem das eigene Glück vollkommen ist. Der heutige Mensch versteht unter Erfolg Rangabzeichen und Ehrenzeichen. Aber Rangabzeichen und Ehrenzeichen auf
dem Leib eines Menschen haben mit seiner ursprünglichen Persönlichkeit nichts zu tun. Es sind Dinge, die ihm für einen gewissen Zeit-
raum geliehen sind. Man kann sie weder zurückweisen, wenn sie
einem verliehen werden, noch kann man sie behalten, wenn sie einem
genommen werden. Darum sollte man über solchen Abzeichen einer
Befehlsgewalt sich selbst nicht vergessen, noch wegen Mißerfolg und
Armut das gleiche tun, was die Welt tut. Wer in Erfolg und Mißerfolg
gleich glücklich ist, ist ohne Leid. Wenn einer unglücklich ist, weil
ihm erborgte Dinge genommen werden, hatte er offenbar sein wahres
Selbst bereits verloren, als er glücklich war. Darum heißt es: »Die,
welche ihr Selbst an materielle Dinge und ihr wahres Wesen an die
materiellen Werte verlieren, sind Menschen vergleichbar, die auf dem
Kopfe stehen.«

13.2. *Eigentum.* »Kann man das Tao bekommen und besitzen?« fragte
Kaiser Schun von Thschen.
»Ihr besitzt nicht einmal Euer Selbst. Wie könntet Ihr also das Tao
besitzen?«
»Wenn ich mein Selbst nicht besitze, wer besitzt es dann?«

»Euer Selbst«, erwiderte Thschen, »ist ein Körper, den Euch das All
geliehen hat. Euer Leben wird von Euch auch nicht besessen; es ist ein
Zusammenklang, den Euch das All geliehen hat. Eure Natur wird
nicht von Euch besessen; sie ist eine natürliche Entwicklung, die Euch
das All geliehen hat. Eure Kinder und Eure Enkel werden nicht von
Euch besessen; es sind abgelegte Häute (wie die von Zikaden oder
Schlangen), die Euch das All geliehen hat. Darum geht man und weiß
nicht wohin, bleibt stehen und weiß nicht wozu, ißt und weiß nicht,
wie es schmeckt. Solche Handlungen sind nichts als die Wirkung des
Yang-Prinzips des Alls, wenn es überwiegt. Wie könntet Ihr jemals
(das Tao) besitzen?«

Von diesem allgemeinen Gesichtspunkt aus entwickelt der Taoist die
Lehre, daß »der vollkommene Mensch selbstlos ist«, daß man, statt
in einem bestimmten Winkel seines Hauses und seiner Familie Ge-
borgenheit zu suchen, lieber »dem All das anvertrauen sollte, was
dem All gehört«, und daß daher »die Menschen sich im Tao verlieren
sollten, wie der Fisch im Meer«.

13.3. *Der vollkommene Mensch ist selbstlos.* »Und ein Rohrsperling
lachte und sprach: Was kann dieses Geschöpf nur wollen? Ich steige
ein paar Ellen auf, streiche kurz über das Rohr und senke mich wieder
hinab. Mehr kann doch niemand fliegen wollen?«
Das ist wahrhaftig der Unterschied zwischen klein und groß. Nehmen
wir einen Menschen, der ein kleines Amt bekleidet, oder dessen Einfluß sich über ein Dorf erstreckt, oder dessen Wesen einem bestimmten Fürsten zusagt. Seine Meinung über sich selbst wird ungefähr die
des Rohrsperlings sein. Der Philosoph Yung von Sung[53] würde so
einen Menschen verlachen. Wenn die ganze Welt ihm schmeicheln
würde, ließe er sich von seinem Tun nicht abbringen. Denn Yung von
Sung weiß zwischen Wesentlichem und Unwesentlichem zu unterscheiden und versteht, was echte Ehre und echte Schande ist. Solche
Menschen sind selten. Und doch hat nicht einmal er sich durchsetzen
können.
Liehtse[54] wiederum verstand auf dem Winde zu reiten. Fröhlich in
der kühlen Brise segelnd, fuhr er fünfzehn Tage dahin, ehe er zurückkehrte. Unter den Sterblichen, die das Glück erlangen, ist so ein
Mensch selten. Aber obwohl Liehtse auf das Gehen verzichten
konnte, war er dennoch von etwas abhängig.[55] Aber ein Mensch, der

vom ewigen Gefüge von Himmel und Erde getragen wird, und als sein
Gespann die wechselnden Elemente vor sich hertreibt, um durch die
Reiche des Unendlichen zu schweifen – wovon wäre ein solcher
Mensch noch abhängig?
Darum heißt es: »Der vollkommene Mensch nimmt sein Selbst nicht
zur Kenntnis, der göttliche Mensch nimmt Leistungen nicht zur
Kenntnis, der echte Weise nimmt seinen Leumund nicht zur Kennt-
nis.«

Die Lehre des großen Mannes ist (fließend) wie der Schatten im Vergleich zur Form, oder das Echo im Vergleich zum Ton. Frage sie, und
sie wird antworten und dabei ihre Aufgaben als Helferin der
Menschheit erfüllen. Geräuschlos in der Ruhe, gegenstandslos in
der Bewegung, hebt sie einen aus der Verwirrung des Hin und Her,
um im Unendlichen zu schweifen. Gestaltlos in ihren Bewegungen,
ist sie ewig wie die Sonne. In seinem leiblichen Dasein richtet sich
der große Mann nach den Maßen des Alls. Durch Angleichung an
das All vergißt er sein eigenes Ich, da er aber sein Ich vergißt, wie
könnte er seinen Besitz als Sonderbesitz betrachten? Die, welche im
Besitz Besitz gesehen haben, waren die Weisen der Vorzeit. Wer Besitz nicht als Besitz ansieht, ist der Freund des Himmels und der
Erde.

13.4. *Das, was dem All gehört, dem ganzen All anvertrauen.* Ein
Boot kann in einer Bucht verborgen oder im Röhricht versteckt sein,
was meist als sicher betrachtet wird. Aber um Mitternacht kann ein
starker Mann kommen und es auf seinem Rücken forttragen. Die
Leute mit stumpfem Verstand begreifen nicht, daß, wie sehr man
kleine Dinge auch in größeren verbergen mag, stets die Gefahr besteht, sie mit diesen zugleich zu verlieren. Aber wenn man das, was
dem All gehört, dem ganzen All anvertraut, dann gibt es kein Entrinnen. Denn das ist das große Gesetz.
In diese Menschengestalt gegossen worden zu sein, ist für uns schon
an sich eine Quelle der Freude. Welch eine noch viel größere, unfaß-
bare Freude ist es aber, daß das, was jetzt in Menschengestalt lebt,
unzählige Übergänge durchleben mag und doch nur das Unendliche
vor sich hat! Darum freut sich der Weise an dem, was niemals verlorengehen kann, sondern ewig währt. Denn wenn wir schon denen
nacheifern, die ein langes oder kurzes Leben und die Zwischenfälle

des Daseins heiter auf sich nehmen, wieviel mehr sollten wir dem folgen, was die gesamte Schöpfung erfüllt und von dem alle wechselnden Erscheinungen abhängen!

DRITTES BUCH
DIE NACHFOLGE DES TAO

14. Vorgeschichtliche Ursprünge

Man sieht es an, doch es kann nicht gesehen werden –
Das heißt das Unsichtbare (Yi).
Man hört es an, doch es kann nicht gehört werden –
Das heißt das Unhörbare (Hsi).
Man greift nach ihm, doch es kann nicht berührt werden –
Das heißt das Unberührbare (Wei).[56]
Diese drei entziehen sich all unserem Forschen,
Fließen zusammen und werden eins.

Nicht durch sein Aufgehen gibt es Licht,
Noch durch sein Untergehen gibt es Finsternis.
Unaufhörlich, beständig, kann es nicht bestimmt werden
Und kehrt ins Reich des Nichts zurück.

Deshalb heißt es die Gestalt des Gestaltlosen,
Das Bild der Nichtheit.
Deshalb heißt es das Entgleitende;
Begegne ihm, und du siehst sein Antlitz nicht,
Folge ihm, und du siehst seinen Rücken nicht.

Wer sich am Tao der Vorzeit festhält,
Um die Dinge von heute zu besorgen,
Ist fähig, diesen Uranfang zu erkennen,
Der die Beständigkeit[57] des Tao ist.

Dieses Buch ist mystischer als die anderen. Es wird darin geschildert, daß das Tao nicht benannt noch beschrieben, daß darüber nichts ausgesagt und nichts gewußt werden kann. Was also bleibt, ist ein Gefühl ehrfürchtigen Schauers vor dem Geheimnis und der Schönheit des Alls und seiner schweigenden, ewigen Wandlung. Man fühlt etwas wie Verzweiflung darüber, daß das Tao so unfaßbar ist, daß es sich allen unseren Fragestellungen und Enthüllungsversuchen entzieht, in gleicher Art, wie manche der tiefsten und elementarsten Probleme des Lebens sich den Biologen entziehen. Wir sehen, wie das

Leben wird, aber sobald wir vermeinen, wir seien im Begriff, sein Geheimnis zu enthüllen, stehen wir vor einer glatten Mauer. Wenn die Mystiker in mystischen Ausdrücken vom Tao und seiner Unfaß-barkeit sprechen, sollten wir uns daran erinnern, daß dieses Gefühl nicht nur von den Mystikern, sondern von allen denkenden Wissen-schaftlern geteilt wird. Ich glaube, daß diese Ehrfurcht vor dem Un-bekannten der Religion, die für den Wissenschaftler annehmbar wäre, am nächsten kommt.

Hier taucht man unmittelbar in das Problem der Gestalt und der Ge-staltlosigkeit und der unsichtbaren Kausalprinzipien ein, und sieht sich gezwungen, das Vorhandensein einer »Wurzel« anzunehmen, eines Urprinzips, einer Kraftquelle, einer Endursache, welche nie-mals weder gesehen, noch gehört, noch bewiesen werden kann. In der taoistischen Philosophie wird bestimmt über das Tao nur gesagt, daß es weder handelt noch spricht, und daß es eine schweigende Aufein-anderfolge von Veränderungen gibt, die sich unaufhörlich ereignen, einen ewigen Kreislauf von Tätigkeit und Ruhe, von Dingen, die zu ihrem Ursprung zurückkehren, und von stofflichen Formen, die er-scheinen und wieder in die Unendlichkeit entschwinden. Dieses Bild eines schweigenden, alles durchdringenden Tao wird zum Vorbild für den Taoisten, der sein ursprüngliches Wesen bewahren und die unge-heure Kraftreserve erlangen möchte, die das Tao selber aufweist. Von hier kommen die Lehren von der Demut, vom Nichtfordern einer Anerkennung für die eigenen Leistungen, von Stille und Geruhsam-keit und vom Vergessen der eigenen Persönlichkeit in den allgemei-nen Veränderungsprozessen innerhalb eines fließenden Alls.

14.1. *Das Unsichtbare, Unhörbare und Ungreifbare.* »Bist du vor-handen oder nicht?« fragte Licht Nichts. Licht erhielt keine Antwort und starrte Nichts fest an. Nichts war finster und leer. Den ganzen Tag hindurch versuchte Licht zu schauen, konnte es aber nicht sehen, horchte, konnte es aber nicht hören, versuchte es zu berühren, konnte es aber nicht finden. »Ach«, sagte Licht zu sich selber, »das ist doch der Gipfelpunkt! Wer vermöchte eine solche Höhe zu erreichen! Ich kann mir des Nicht-Seins bewußt sein, kann mir aber des Nicht-Seins nicht unbewußt sein. Wenn ich mir des Nicht-Seins bewußt bin, bleibt doch immer noch die Bewußtheit. Wie erreicht er nur diese Höhe?«

14.2. Alle Dinge treten ins Leben, aber wir sehen ihre Quelle nicht.
Alle Dinge erscheinen, aber wir sehen die Pforte nicht, aus der sie
kommen. Alle Menschen schätzen ihre Kenntnis dessen, was sie
wissen, wissen aber in Wirklichkeit nicht. Nur diejenigen, die zu
dem zurückgehen, was das Wissen nicht wissen kann, wissen wirklich. Ist das nicht ein großes Problem? Man sollte sich nicht darum
kümmern, kann aber dennoch nirgends hingehen, ohne darauf zu
stoßen. Das nennen (die Philosophen): »Ich denke, es ist so. Oder ist
es nicht so?«

14.3. Wenn man hinschaut, hat es keine Form. Wenn man hin-
horcht, hat es kein Geräusch. Die Menschen nennen es das Dunkle,
Unergründliche. Darum ist das Tao, über das man sprechen kann,
nicht das Tao.

In der folgenden Parabel nimmt Tschuangtse als Beispiel eine Folge
von Dingen, die immer weniger Gestalt haben, um die Wahrheit
aufzuzeigen, daß das Gestaltloseste das Wirksamste von allem
ist.

14.4. *Die Parabel von den Tieren, dem Wind und dem Menschen-*
geist. Das Khuei (ein einbeiniges, hüpfendes Tier) beneidet den Tausendfüßler, der Tausendfüßler beneidet die Schlange, die Schlange
beneidet den Wind, der Wind beneidet das Auge, das Auge beneidet
den Menschengeist.
»Ich hüpfe auf einem Bein herum«, sprach das Khuei zum Tausendfüßler. »Niemand bewegt sich einfacher als ich. Wie macht *Ihr*
es?«
»Wie ich es mache?« erwiderte der Tausendfüßler. »Habt Ihr noch
nie einen Menschen spucken sehen? Der Speichel kommt in großen
Tropfen wie Glasperlen und in kleinen Tröpfchen wie Dunst, aber
alle fallen zusammen herunter. Wenn ich meine Glieder bewege,
weiß ich auch nicht, wie ich meine Beine führe.«
»Ich bewege mich mit so vielen Beinen«, sagte der Tausendfüßler
zur Schlange. »Wie ist das, daß Ihr Euch ganz ohne Beine so rasch
bewegen könnt?«
»Jeder«, erwiderte die Schlange, »bewegt sich auf seine Art, gemäß
seinem naturgegebenen Wesen. Wozu brauche ich da Beine?«
»Ich bewege mich mit meinem Rückgrat«, sagte die Schlange zum

Wind. »Nun habe ich wenigstens etwas Ähnliches wie ein Bein. Aber Ihr kommt vom Nordmeer zum Südmeer hergeweht und scheint nicht einmal einen Leib zu haben. Wie kommt das?«

»Tatsächlich«, antwortete der Wind, »komme ich vom Nordmeer zum Südmeer geweht, aber wer seinen Finger in mich steckt, überwindet mich, und wer mir einen Fußtritt versetzt, überwindet mich ebenfalls. Doch kann ich große Bäume entwurzeln und große Häuser wegblasen. Darum erringe ich aus einer großen Anzahl Niederlagen den großen Sieg. Den großen Sieg erringen, gehört dem Weisen allein.«

Tschuangtse hat diese Parabel nicht zu Ende geführt. Es ist aber klar, daß er gemeint hat, der Wind, der ja Luft ist, beneide das Auge, weil Sehen oder Licht (welches der Grenze zwischen korpuskularer und nichtkorpuskularer Existenz nahekommt) noch schneller ist als der Wind, und der Menschengeist endlich, der im Bruchteil einer Sekunde die Jahrhunderte der Zeit und die Kontinente des Raumes überspringen kann, sei noch schneller als das Licht.

15. Die Weisen der Vorzeit

Die Weisen[58] der Vorzeit besaßen feinste Weisheit und tiefstes Verständnis.
So tief, daß sie nicht verstanden werden konnten.
Und weil sie nicht verstanden werden konnten,
Müssen sie wohl folgendermaßen beschrieben werden:
Behutsam, wie beim Überschreiten eines Flusses im Winter;
Unentschlossen, wie wenn von überall Gefahren drohen;
Ernsthaft, wie wenn man zu Gast ist;
Nachgebend wie schmelzendes Eis;
Echt[59] wie ein Stück unbearbeitetes Holz;[60]
Offenherzig wie ein Tal;
Aufnahmebereit[61] wie trübes Wasser.

Wer kann in einer getrübten Welt Ruhe finden?
Durch stilles Liegen wird sie klar.
Wer kann seine Ruhe lange bewahren?
Durch Tätigkeit kehrt sie ins Leben zurück.

Wer dieses Tao umfaßt,
Hütet sich, übervoll zu werden,
Weil er sich hütet, übervoll [62] zu werden,
Ist er vor Abnützung und Neuerung gefeit.

*Weil das Tao, das ewige Lebensprinzip, schweigend und scheinbar
untätig wirkt, so wie der Frühling alljährlich wiederkehrt, und weil
das Tao für seine jeweilige Tätigkeit keine Anerkennung fordert und
sich begnügt, stille zu sein, wird es zum Vorbild des taoistischen Weisen.*

15.1. *Das Benehmen des Reinen.* Die Reinen der Vorzeit schliefen
traumlos und erwachten sorglos. Sie aßen ohne Rücksicht auf Wohl-
geschmack und atmeten tief. Denn rechte Menschen schöpfen aus den
Fersen Atem; nur die Gemeinen atmen aus der Kehle. Die Krummen
rülpsen ihre Worte wie Erbrochenes. Wo die Bindungen des Menschen tief sind, sind seine göttlichen Attribute seicht.
Die Reinen der Vorzeit wußten nicht, was es heißt, das Leben zu lieben und den Tod zu hassen. Sie freuten sich nicht über die Geburt,
noch strebten sie danach, die Auflösung hintanzuhalten. Gelassen kamen sie und gelassen gingen sie. Das war alles. Sie vergaßen nie,
woher sie entsprungen waren, noch suchten sie ihrer Rückkehr dorthin nachzuforschen. Heiter nahmen sie das Leben an und warteten
geduldig auf ihre Wiedereinsetzung in den vorigen Stand (das Ende).
Das heißt, dem Geiste nicht erlauben, einen vom Tao wegzuführen,
und das Natürliche nicht durch menschliche Mittel ersetzen. So einer
mag ein Reiner genannt werden.
Solche Menschen sind frei im Geist und ruhig im Benehmen, mit
hohen Stirnen. Bisweilen betrübt wie der Herbst und bisweilen warm
wie der Frühling, sind ihre Freude und Trauer in unmittelbarer Be-
rührung mit den Jahreszeiten, im Einklang mit der ganzen Schöpfung, und keiner kennt deren Grenzen . . .
Die Reinen der Vorzeit schienen hochgewachsen und konnten dennoch nicht umkippen. Sie benahmen sich, als genügten sie sich selber
nicht, aber ohne zu anderen aufzusehen. Wesenhaft unabhängigen
Geistes, waren sie dennoch nicht streng. Sie lebten in schrankenloser
Freiheit und versuchten dennoch nicht, zu prahlen. Sie schienen freudig zu lächeln und sich nur im Einklang mit ihrer Umgebung zu bewegen. Ihre Heiterkeit strömte aus dem Born ihrer inneren Güte. In

ihren menschlichen Beziehungen hielten sie an ihrem inneren Wesen fest. Weitherzig, erschienen sie groß; hochgemut, erschienen sie ungehemmt. Ständig gehorchend, glichen sie geschlossenen Türen; geistesabwesend, schienen sie die Sprache zu vergessen.

Wie schon aus 8. 1. ersichtlich, verwendet Tschuangtse das Wasser als Sinnbild der Seelenruhe, die als »das eigentliche Wesen des Wassers« geschildert wird, und als Sinnbild des Tao, das zwischen vollkommener Stille und zeitweiliger Bewegung wechselt. »Wenn der Leib ständig in Bewegung gehalten wird, wird er müde. Wenn der Geist ständig überarbeitet wird, wird er sorgenvoll; und Sorgen verursachen Erschöpfung. Das Wesen des Wassers ist, daß es klar wird, wenn es in Ruhe gelassen wird, und still, wenn es ungestört ist . . . es ist das Sinnbild der himmlischen Tugend.«

15.2. *Konfuzius über das Wasser.* Konfuzius spricht: »In fließendem Wasser kann man sein eigenes Bild nicht sehen, wohl aber in ruhendem Wasser. Nur was selber ruhig bleibt, kann zur Ruhestätte all dessen werden, was Ruhe sucht.«

16. Erkenntnis des ewigen Gesetzes

Erreiche die äußerste Passivität;
Halte fest an der Grundlage der Ruhe.

Die zehntausend Dinge nehmen Gestalt an und steigen zur Tätigkeit auf,
Ich aber sehe zu, wie sie zur Ruhe zurückkehren.
Wie Pflanzen, die üppig sprießen,
Aber zur Wurzel (Erdreich) zurückkehren, der sie entsprossen sind.

Zur Wurzel zurückkehren, ist Stille,
Es heißt zum eigenen Schicksal zurückkehren.
Zum eigenen Schicksal zurückkehren heißt, das ewige Gesetz finden.[63]
Das ewige Gesetz erkennen ist Erleuchtung.
Und das ewige Gesetz nicht erkennen heißt Unheil herbeirufen.

Wer das ewige Gesetz erkennt, ist duldsam;
Da er duldsam ist, ist er unparteiisch;

Da er unparteiisch ist, ist er königlich;
Da er königlich ist, ist er im Einklang mit der Natur;[64]
Da er im Einklang mit der Natur ist, ist er im Einklang mit dem Tao;
Da er im Einklang mit dem Tao ist, ist er ewig,
Und sein ganzes Leben ist von Unheil bewahrt.

Die Lehre von der Passivität (Leere) und Ruhe ergibt sich von selbst aus der Lehre von der Wiederkehr. Tat und Tätigkeit werden als zeitweilige Kundgebungen des Tao angesehen, während die Ruhe als die zu ihrer Urform zurückgekehrte Form des Tao betrachtet wird. Die Lehre von der ewigen Rückkehr aus der Tätigkeit in die Untätigkeit ist die Grundlehre des Taoismus. An vielen Stellen wird auf diese Lehre zurückgegriffen; sie wird in den Kapiteln 25, 37 und besonders 40 noch erweitert.

16.1. *Der Weise gebraucht seinen Geist wie einen Spiegel.* Tretet nicht für den Ruhm ein. Macht euern Geist nicht zum Tummelplatz von Plänen und Ränken. Laßt die Dinge ihren natürlichen Lauf nehmen, und maßet euch nicht an, den Weisen vorzustehen. Verstehet die Dinge und gehet ihnen bis zu ihrer unendlichen Quelle nach; schweifet in der Sphäre jenseits der beweisbaren Wirklichkeit umher. Erfüllet, was ihr vom Himmel erhalten habt, und haltet euch nicht für dessen Besitzer. Mit anderen Worten: seid passiv wie ein Spiegel. Der Weise gebraucht seinen Geist wie einen Spiegel. Dieser verharrt passiv an seiner Stelle und gibt das, was er empfängt, zurück, ohne etwas zu verbergen. Darum kann er die Dinge überwinden, ohne sie zu verletzen (verzerren).

16.2. *Ruhe als Gegenmittel gegen Nervosität.* Ruhe ist ein Mittel zur Wiederherstellung eines Kranken. Die Augen reiben ist beruhigend für einen alten Mann, Stille vermag einen Menschen von seiner Nervosität zu heilen. Alle Dinge, wegen deren der Geschäftige geschäftig ist, werden von einem Menschen, der die Muße pflegt, beiseite gelassen. Um das, womit der Weise die Welt erschreckt, kümmert sich der göttliche Mensch nicht. Um das, womit der Kluge die Welt erschreckt, kümmert sich der Weise nicht. Und um das, was die gemeinen Menschen tun, um dem Brauche zu entsprechen, kümmert sich der Edle nicht.

16.3. »*Zur Wurzel zurückkehren.*« *Gespräch zwischen General Wolke und dem Großen Nebelhaften.* Als General Wolke ostwärts ging, ging er durch die Zweige des Yao-Baumes (ein Zauberbaum) und traf dort den Großen Nebelhaften. Dieser schlug sich auf die Schenkel und hüpfte umher. Als General Wolke ihn erblickte, blieb er entgeistert stehen und fragte: »Wer seid Ihr, Alter, und was treibt Ihr da?«

»Ich gehe spazieren«, erwiderte der Große Nebelhafte, schlug sich auf die Schenkel und hüpfte.

»Ich wollte Euch etwas fragen«, sagte General Wolke.

»Uff«, versetzte der Große Nebelhafte.

»Die Geister des Himmels sind aus der Ordnung geraten, die Geister der Erde liegen darnieder; die sechs Wettereinflüsse[65] wirken nicht zusammen und der Ablauf der vier Jahreszeiten ist ungeregelt geworden. Ich möchte das Wesen der sechs Einflüsse in eins verschmelzen und alle Lebewesen nähren. Was soll ich tun?«

»Ich weiß nicht! Ich weiß nicht!« rief der Große Nebelhafte, schüttelte den Kopf, schlug sich auf die Schenkel und hüpfte.

Darum bestand General Wolke nicht auf seiner Frage. Drei Jahre später, als er durch die Ebenen des Sung ostwärts zog, traf er wiederum den Großen Nebelhaften. Er war überglücklich, stürzte auf ihn zu und sprach: »Haben Eure Heiligkeit[66] mich vergessen?«

Dann machte er zweimal den Kotau und sprach die Bitte aus, den Großen Nebelhaften befragen zu dürfen. Dieser aber sprach: »Ich wandere umher und weiß nicht, was ich will. Ich ziehe herum und weiß nicht, wohin ich gehe. Ich lustwandle und beobachte unerwartete Geschehnisse. Was soll ich da wissen?«

»Ich betrachte mich auch als Umherwandelnden«, antwortete General Wolke, »aber die Leute folgen meinen Bewegungen. Ich kann sie nicht einfach abschütteln; sie folgen mir überallhin nach. Ich hätte gerne einen Rat.«

»Daß die Planung des Himmels in Verwirrung geraten ist«, sprach der Große Nebelhafte, »daß die Lebensbedingungen verletzt sind, daß der Wille des dunklen Himmels nicht erfüllt wird, daß die Vögel des Himmels nächtens schreien, daß Dürre die Bäume und Kräuter schlägt, daß sich Verderben unter den kriechenden Wesen verbreitet – ist die Schuld derer, die andere beherrschen möchten.«

»Ja«, erwiderte General Wolke, »aber was soll ich da tun?«

»Ach«, rief der Große Nebelhafte, »seid still und geht in Frieden nach Hause!«

»Es kommt nicht oft vor«, drängte General Wolke, »daß ich Eure Heiligkeit treffe. Ich hätte sehr gerne einen Rat.«

»Nun«, sagte der Große Nebelhafte, »nährt Euer Herz. Haltet Euch stille, und die Welt wird von selbst ins Geleise kommen. Vergesset Euern Leib und speiet Eure Klugheit aus. Laßt alle Verschiedenheit beiseite und werdet eins mit dem Unendlichen. Laßt Euern Geist schweifen und setzt Eure Seele frei. Seid leer und seelenlos. So werden die Dinge wachsen und gedeihen und zu ihrer Wurzel zurückkehren. Wenn sie unbewußt zur Wurzel zurückkehren, wird das Ergebnis ein gestaltloses Ganzes sein, welches nie wieder zersplittern wird. Es erkennen heißt es zersplittern. Fragt nicht nach seinem Namen, forscht nicht nach seinem Wesen, und alles wird von selbst gedeihen.«

»Eure Heiligkeit«, sprach General Wolke, »haben mich mächtig belehrt und mir die Stille beigebracht. Was ich seit langem suche, habe ich nun gefunden.« Hierauf machte er zweimal den Kotau und empfahl sich.

16.4. *Der Ursprung der Dinge und ihre Rückkehr zum großen Einklang.* Im Anfang aller Dinge gab es eine Zeit, da es nicht einmal das Nichts gab; dann trat etwas ins Dasein, was keinen Namen hatte. Aus diesem entstand das Eins, das aber noch keine Gestalt hatte. Die Quelle, aus der die Dinge wurden, heißt *Teh* (Wesenheit oder verkörpertes Tao). Die Dinge haben ihre Form noch nicht erhalten, aber die Trennung des *Yang* (des Positiven) und des *Yin* (des Negativen), die miteinander eng verbunden sind, erscheint bereits: das ist der natürliche Urzustand. Wenn (das Yin und das Yang) sich zu regen beginnen, entstehen die Dinge. Wenn Dinge gemäß den Lebensgesetzen entstehen – heißt das Form. Wenn die Körperform den Geist birgt, durch welchen sich jeder Teil seinem besonderen Gesetz gemäß verhält – heißt das die Natur des Dinges. Wenn die Natur des Dinges gepflegt wird, kehrt es zum *Teh* zurück. Wenn das *Teh* vollkommen ist, wird es eins mit dem Ursprung der Dinge. Aus diesem Einswerden kommt die Passivität (Leere), und aus der Passivität kommt die Größe... Dann strömen alle Dinge in eine einheitliche Formlosigkeit zusammen, die scheinbar ohne jedes Bewußtsein ist. Das heißt die mystische Tugend, das Einswerden mit der großen Harmonie.

17. Herrscher

Von den besten Herrschern
Weiß[67] das Volk bloß, daß es sie gibt;
Die nächstbesten liebt und preist es;
Die nächsten fürchtet es;
Und die nächsten verabscheut es.

Wenn sie das Vertrauen des Volkes nicht besitzen,
Werden manche den Glauben an sie verlieren,
Und dann nehmen sie Zuflucht zu Eiden!
Doch (von den Besten) wenn ihr Werk vollbracht ist,
Bemerken alle Leute: »Wir haben es selbst getan.«

Im Kapitel 17, 18 und 19 behandelt Laotse den Verfall des Tao und das aus der Entwicklung der Gesittung sich ergebende Chaos. Das gibt in den Kapiteln 18 und 19 Tschuangtse eine willkommene Gelegenheit, seinen Protest gegen die Lehren der Schriftgelehrten, namentlich gegen die konfuzianischen Lehren von Menschlichkeit, Gerechtigkeit, Zeremonienwesen und Musik vorzubringen. Der Grundgedanke ist der, daß, solange die ursprüngliche Menschennatur noch unverdorben war, der Mensch gemäß dem Tao handelte, indem er völlig seinen Trieben folgte und damit unbewußt gut war. Der Verfall des Tao kam mit der Entwicklung der Erkenntnis und dem Bewußtwerden von Tugend und Laster, das die Philosophen lehren, und den Belohnungen und Bestrafungen, die die Regierungen einführen. Mit dem Lehren bewußter Tugend kam die Heuchelei auf und mit der Heuchelei das Weltchaos.

17.1. *Kaiser Yaos Lehrer.* Yeh-thschüeh traf Hsü-yu (seinen Schüler, der der Lehrer des Kaisers Yao war) und sprach zu ihm: »Wo gehst du hin?«
»Ich laufe von Kaiser Yao fort.«
»Was meinst du damit?«
»Der Kaiser ist so sehr bestrebt, Güte und Menschlichkeit zu üben«, erwiderte Hsü-yu, »daß ich fürchte, er werde sich vor den künftigen Geschlechtern lächerlich machen. Nach Jahrhunderten werden wir dann die Menschenfresser erleben. Denn es ist nicht schwer, die Menschen dazu zu bewegen, daß sie friedlich miteinander leben. Wenn man gut zu ihnen ist, werden sie einem nahe sein,

und wenn man zu ihrem Wohle herrscht, kommen sie zu einem. Wenn man sie zum Guten ermuntert, werden sie es alle bereitwillig tun, aber wenn man sie zu etwas zwingt, was ihnen zuwider ist, werden sie auseinanderlaufen. Es gibt nur wenige, die Menschlichkeit und Gerechtigkeit vergessen würden, hingegen viele, die die Tugend der Menschlichkeit und Gerechtigkeit ausbeuten. Wo (die Lehre von) Menschlichkeit und Gerechtigkeit vorherrscht, folgt die Heuchelei nach. Dann nehmen wir unsere Zuflucht zu Kunstmitteln, um die Menschen zum Guten zu bewegen, und bald wird es einem einzelnen möglich sein, zu entscheiden und der Welt das, was er für wünschenswert hält, aufzuzwingen, was wie (die Überwachung einer gegebenen Situation mit einem) Augenzwinkern wirkt. Yao weiß, wieviel Gutes der Weise für die Welt tun kann, er begreift aber nicht, welchen Schaden er anzurichten vermag.«

Gemäß der Lehre vom ständigen Verfall des Tao im Zusammenhang mit dem Kulturfortschritt wurde Kaiser Yao als besser denn sein Nachfolger Kaiser Schun, und Kaiser Schun als besser denn sein Nachfolger Yü geschildert usw. Infolgedessen wird im Werk Tschuangtses Kaiser Yao bisweilen als derjenige Herrscher geschildert, der den Beginn des Niedergangs bezeichnet, und bisweilen als einer, der dem Niedergang vorausgeht.

17.2. *Kaiser Yaos Herrschaft.* Während der Regierung Yaos diente ihm Potscheng Tsekao als Herzog. Yaos Nachfolger war Schun, dessen Nachfolger Yü. Unter diesem verzichtete Potscheng Tsekao auf seinen Rang und zog sich als Bauer auf das Land zurück. Kaiser Yü ging ihn besuchen und fand ihn bei der Feldarbeit. Er lief auf ihn zu, blieb stehen und fragte: »Ihr wart unter Yao Herzog. Yao übergab die Herrschaft dem Schun, und Schun übertrug mir den Thron. Weshalb gebt Ihr jetzt Euren Rang auf und zieht es vor, Bauernarbeit zu verrichten? Sagt mir den Grund.«
»Unter Yaos Regierung«, erwiderte Tsekao, »taten die Leute ohne Ermunterung und ohne Belohnung das Rechte und vermieden den Pfad des Bösen ohne Strafandrohungen. Jetzt habt Ihr mit Belohnungen und Strafen begonnen, und die Leute verloren ihre ursprüngliche Menschlichkeit. Von jetzt ab verfällt der Charakter der Menschen, und Strafen werden eingeführt. Das wird der Beginn des

Weltchaos werden. Warum geht Ihr nicht fort und laßt mich in Ruhe?«

Er pflügte weiter und kümmerte sich nicht mehr um seinen Besucher.

17.3. *Wie der Charakter des Menschen verfiel.* Die Menschen der Vorzeit lebten in einer Welt ursprünglicher Schlichtheit, und die Welt war schlicht wie sie. Das war die Zeit, da das *Yin* und das *Yang* einträchtig zusammenwirkten und die Geister der Menschen und Tiere nicht in das Leben des Volkes eingriffen, da die vier Jahreszeiten in Ordnung waren, die gesamte Schöpfung unversehrt war und die Menschen nicht jung starben. Obwohl die Menschen Wissen besaßen, wußten sie nicht, was sie damit anfangen sollten. Das war die Zeit vollständiger Einigkeit, als niemand sich einmischte und die Leute ihrer Natur gemäß lebten. Später begann der Charakter des Menschen sich zu verschlechtern. Es kamen Suijen und Fuhsi (sagenhafte Herrscher, die den Gebrauch des Feuers bzw. die Zähmung der Haustiere entdeckten), um die Welt zu regieren; die Welt lebte noch immer im Einklang mit der Natur, hatte aber ihre Einheit bereits verloren. Der Charakter des Menschen verschlechterte sich abermals. Als die Kaiser Schennung und Huangti (die den Ackerbau bzw. die Seidenraupenzucht usw. lehrten) die Welt zu regieren kamen, war die Welt zwar noch friedlich, hatte sich aber bereits von der Natur entfernt. Dann verschlechterte sich der Charakter des Menschen abermals. Die Kaiser Yao und Schun kamen, die Welt zu regieren, und begannen, Gesittung zu verbreiten. Da entstand die Falschheit, und die ursprüngliche Einfachheit der Menschen ging verloren. Der Mensch entfernte sich vom Tao, um Gutes zu tun, und vollbrachte lobenswerte Taten, um gepriesen zu werden. Der Mensch verließ die Natur, um sich mit der Entwicklung seines Geistes zu beschäftigen. Geist rieb sich an Geist und brachte Wissen hervor; da dieses Wissen aber nicht imstande war, der Welt Frieden zu bringen, nahmen die Menschen ihre Zuflucht zur Verfeinerung der Kultur, zu Studium und Gelehrsamkeit. Die Kulturverfeinerung zerstörte den ursprünglichen Charakter des Menschen, Studium und Gelehrsamkeit überfluteten seinen Geist. Von da ab wurden die Menschen unsicher und verwirrt und verloren den Weg, auf welchem sie ihre ursprüngliche Natur hätten wiederfinden und zum Urzustand zurückkehren können.

17.4. Gespräch zwischen Laotse und Yangtse über den besten Herrscher. »Nehmen wir an«, fragte Yang Tschu (Yangtse) den Laotse, »es gebe hier einen Mann, der wäre stark und entschlossen, hätte Einsicht und Verständnis für Dinge und Ereignisse und folgte eifrig dem Tao. Wäre so ein Mensch mit einem weisen Herrscher vergleichbar?«

»Im Vergleich zum Weisen ist so ein Mensch einem guten Schreiber oder einem geschickten Fachmann vergleichbar, der weiß, wie man sich Sorgen macht und geschäftig herumläuft«, sagte Laotse. »Das Sprichwort sagt: Tiger und Leoparden werden wegen ihrer Felle gejagt, der Affe wird wegen seiner Behendigkeit gefangen und der Jagdhund wegen seiner Fähigkeit, den Fuchs aufzustöbern, an die Leine genommen. Wie kann so ein Mensch mit einem weisen Herrscher verglichen werden?«

Yangtse zog die Brauen zusammen und sagte: »Könnt Ihr mich über die Herrschaftsweise eines weisen Herrschers aufklären?«

»Unter der Regierung des besten Herrschers«, sagte Laotse, »macht sich dessen Wirkung auf die gesamte Nation fühlbar, doch hat es den Anschein, als käme das gar nicht von ihm. Er verändert und beeinflußt alle Dinge, aber die Leute fühlen sich von ihm nicht abhängig. Sein Einfluß ist zwar vorhanden, läßt sich aber nicht genau bestimmen, und jedermann ist mit sich selbst zufrieden. (Der Herrscher) ist einer, der auf dem Unergründlichen steht und in der Sphäre des Nichtseins umherschweift.«

18. Der Verfall des Tao

Beim Verfall des großen Tao
Entstanden die Lehren von der »Menschlichkeit« und der »Gerechtigkeit«.[68]
Als Wissen und Klugheit erschienen,
Folgte ihnen große Heuchelei auf dem Fuße.

Als die sechs Beziehungen nicht mehr in Frieden lebten,
Gab es (Lob für) »gütige Eltern« und »brave Söhne«;
Wenn ein Land in Chaos und Mißregierung fiel,
Gab es (Lob für) »treue Minister«.

19. Verwirklichung des einfachen Selbst

Verbannt die Weisheit, legt ab das Wissen,
Und das Volk wird hundertfältigen Nutzen haben;
Verbannt die »Menschlichkeit«, legt ab die »Gerechtigkeit«,
Und das Volk wird die Liebe zur Sippe wiedererlangen;
Verbannt die Schlauheit, legt ab die »Nützlichkeit«,
Und Diebe und Räuber werden verschwinden –
Da diese drei das Äußerliche betreffen und unzweckmäßig sind;
Das Volk braucht etwas, auf das es sich verlassen kann:
Offenbare dein einfaches Selbst.[69]
Umfasse deine Urnatur,
Beherrsche deine Selbstsucht,
Bezähme deine Begierden.[70]

18.1. *Beim Verfall des großen Tao entstanden die Lehren von der* *»Menschlichkeit« und »Gerechtigkeit«.* Und als dann die Weisen erschienen voll Streben nach Menschlichkeit und hinkend vor lauter Gerechtigkeit, da kamen Zweifel und Verwirrung in den Geist der Menschen. Sie sagten, man müsse sich durch Musik erheitern und durch Zeremoniell Rangunterschiede schaffen, und das Reich wurde in sich uneinig. Wenn das ungeschnittene Holz nicht zerschnitten würde, wer könnte da Opfergefäße anfertigen? Wenn die weiße Jade ungeschnitten bliebe, wer könnte da die Hofjuwelen machen? Wenn das Tao und das Teh nicht zerstört wären, wozu brauchte man Menschlichkeit und Gerechtigkeit? Wenn des Menschen Urtriebe nicht verlorengegangen wären, wo wäre da ein Bedürfnis nach Musik und Sittenverfeinerung? Wären die Fünf Farben nicht durcheinandergeraten, wer brauchte Verzierungen? Wären die Fünf Töne nicht verstimmt, wer würde die sechs Stimmpfeifen verwenden? Zerstörung der natürlichen Unversehrtheit der Dinge, um aus ihnen verschiedene Erzeugnisse hervorzubringen – das ist die Schuld des Handwerkers. Zerstörung des Tao und des Charakters, um der Menschlichkeit und Gerechtigkeit nachzustreben – das ist der Irrtum der Weisheitslehrer.

Siehe den genauen Zusammenhang in 28.1.

18.2. *Der Ursprung der Heuchelei.* Handeln ist die in Bewegung geratene Menschennatur. Wenn des Menschen Handlungen falsch sind, bedeutet das den Verlust des Tao. Wenn man für Menschen handelt, kann man leicht falsch sein, nicht aber, wenn man für Gott handelt.
Es war einmal ein Mann, der wohnte beim Stadttor von Yen. Als seine Eltern starben, wurde er mit einem Amt belohnt, weil er (als Bekundung seiner großen kindlichen Ehrfurcht und Liebe) sich selbst im Gesicht verstümmelt hatte. Infolgedessen versuchten viele Menschen in der Stadt seinem Beispiel zu folgen, als ihre Eltern starben; die Hälfte ging zugrunde.

Die beiden folgenden Stellen enthalten Tschuangtses wütende Proteste gegen die Zivilisation. In beiden Fällen zitiert er namentlich Laotses Worte: »*Verbannt die Weisheit, legt ab das Wissen.*« *Obwohl dieser Protest gegen die Zivilisation gewiß übertrieben ist, enthält die Auswahl 19.2. dennoch eine tiefe psychologische Wahrheit. Im Austausch gegen die materiellen Grundlagen gesitteten Lebens hat der Mensch gewisse wesentliche Dinge verloren, die für seinen Seelenfrieden unerläßlich sind. 19.1. ist ein Auszug aus Tschuangtses köstlicher Abhandlung* »*Das Truhen-Öffnen*«, *dessen Thema ist:* »*Als die Weisen erschienen, traten die Räuber auf.*« *19.2. ist ein Auszug aus seiner Abhandlung* »*Über die Duldsamkeit*«.*

19.1. *Das Truhenöffnen.* Die Vorsichtsmaßnahmen, die man gegen Diebe trifft, welche Truhen öffnen, Beutel durchsuchen und Kassen ausrauben, bestehen darin, daß man diese mit Stricken, Riegeln und Schlössern sichert. Das nennt die Welt dann Klugheit. Aber ein großer Dieb geht her und trägt den Kasten auf seinen Schultern fort, samt Kisten und Beuteln, und sucht mit ihnen das Weite. Seine einzige Sorge ist, die Stricke und Schlösser könnten nicht fest genug sein! Ist darum das, was die Welt Klugheit nennt, im Grunde nicht nur ein Aufbewahren für einen starken Dieb? Ich wage sogar zu behaupten, daß nichts von dem, was die Welt Klugheit heißt, etwas anderes ist, als ein Aufbewahren für große Diebe, und nichts von dem, was die Welt Gelehrtenwissen nennt, etwas anderes ist, als ein Aufstapeln für die Räuber.
Wie läßt sich das beweisen? Im Staate Thschi überblickten die Nachbarstädte einander und man konnte allenthalben das Hundegebell und Hähnekrähen aus dem Nachbardorf hören. Die Fischer warfen

ihre Netze, und die Bauern pflügten auf einem über zweitausend *Li*
großen Gebiet. Gab es in seinen Grenzen einen Tempel oder eine Kapelle, einen Gott, ein Dorf oder einen Bezirk, die nicht genau nach den
von den Weisen der Vorzeit festgesetzten Regeln errichtet, gepflegt,
verehrt oder verwaltet wurden? Aber eines Morgens erschlug Thien
Thschengtse[71] den Herrscher von Thschi und raubte sein Reich. Aber
nicht nur sein Reich, sondern auch gleich die Gesetze der Weisen
dazu, so daß Thien Thschengtse zwar den Ruf eines Räubers erwarb,
aber dennoch ebenso sicher und geborgen lebte wie Yao oder Schun.
Die Kleinstaaten wagten es nicht, ihm einen Vorwurf zu machen,
noch auch die Großstaaten ihn zu strafen; und zwölf Geschlechter
hindurch herrschten seine Nachkommen über Thschi.[72]
Heißt das denn nicht, daß die Gesetze der Weisen mit dem Lande
Thschi mitgestohlen wurden, um das Leben der Diebe zu schützen?
Ich wage nochmals zu fragen, ob das, was die Welt als große Klugheit
schätzt, jemals etwas anderes war, als ein Aufbewahren für große
Diebe, und alles, was die Welt als Weisheit bezeichnet, etwas anderes
war, als ein Aufstapeln für Räuber.
Wie läßt sich das beweisen? Vor Zeiten wurde Lungfeng enthauptet,
Pikan lebendig ausgeweidet, Tschangtschung zerfleischt, Tsensü ertränkt. Alle vier waren Gelehrte, vermochten jedoch der Todesstrafe
nicht zu entrinnen.
Ein Spießgeselle des Räuberhauptmanns Tscheh fragte diesen einmal: »Gibt es unter Dieben ein Tao (sittliche Grundsätze)?« Tscheh
antwortete: »Unter Dieben gibt es die weise Umsicht im Ausforschen
der Beute, die Tapferkeit, als erster einzudringen, und die Ritterlich-
keit, als letzter herauszukommen. Es gibt da die Klugheit im Berechnen des Erfolges und die Güte bei der gerechten Verteilung des Beute-
anteiles. Es hat noch nie einen großen Räuber gegeben, der diese fünf
Tugenden nicht besessen hätte.« Man ersieht daraus, daß ohne die
Lehren der Weisen zwar die Guten ihre Stellung nicht bewahren können, daß aber ohne die Lehren der Weisen auch der Räuberhaupt-
mann Tscheh seine Ziele nicht hätte erreichen können. Da nun die
guten Menschen dünn gesät sind und die Bösen überwiegen, ist das
Gute, das die Weisen wirken, gering und das Übel groß. Darum heißt
es: Wenn die Lippen nach oben gewendet sind, werden die Zähne kalt.
Die Dünne der Weine von Lu verursachte die Belagerung von Hantan.[73]
Als die Weisen erschienen, traten auch die Gewaltmenschen auf. Man

stürze die Weisen und lasse die Gewaltmenschen frei – und das Reich
wird in Ordnung kommen. Wenn der Strom zu fließen aufhört,
trocknet der Sumpf aus, und wenn der Hügel eingeebnet wird, wird
die Kluft ausgefüllt. Wenn die Weisen gestorben sind, werden keine
Gewaltmenschen mehr auftreten und das Reich wird Frieden haben.
Wenn aber die Weisen nicht abnehmen, werden sich auch die Gewaltmenschen nicht vermindern. Und wenn man die Zahl der Weisen verdoppelt, mit denen man das Reich regiert, werden sich bloß die Gewinne des Räuberhauptmanns Tscheh verdoppeln.

Wenn Säcke und Scheffel zum Messen gebraucht werden, werden
Sack und Scheffel mit dem Reis mitgestohlen werden. Wenn Waagen
und Gewichte zum Wiegen benützt werden, werden sie mit den Waren mitgestohlen werden. Wenn Kerbhölzer und Stempel statt Treu
und Glauben verwendet werden, werden Kerbholz und Stempel auch
gestohlen. Und wenn Menschlichkeit und Gerechtigkeit statt sitt-
licher Grundsätze angewendet werden, werden Menschlichkeit und
Gerechtigkeit auch gestohlen.

Wie kommt das? »Stiehl ein Sieb und du hängst als Dieb; stiehl ein
Land – du wirst Fürst genannt.« (Die Lehren der) Menschlichkeit und
Gerechtigkeit bleiben auch im Dienste des neuen Fürsten dieselben.
Ist es darum nicht wahr, daß solche Menschen Diebe der Menschlich-
keit, der Gerechtigkeit und der Weisheit der Alten sind?

So kommt es, daß Leute, die den Pfad der Gewalt beschreiten, zu
Fürsten und Herzögen erhoben werden; Menschen, die darauf aus
sind, Menschlichkeit und Gerechtigkeit gleich mit den Scheffeln,
Waagen, Kerbhölzern, Gewichten und Stempeln mitzustehlen, können weder durch das Angebot von Amtstrachten und Uniformen ab-
gelenkt, noch durch die Furcht vor Folterwerkzeugen abgeschreckt
werden. Daß der Gewinn eines Räubers wie Tscheh verdoppelt
wurde, so daß es unmöglich war, ihm Einhalt zu gebieten, ist somit die
Schuld der Weisen.

Darum heißt es: »Fische sollen im Wasser belassen und scharfe Waffen dort gelassen werden, wo sie niemand sehen kann.[74] Diese Weisen
sind die scharfen Waffen der Welt; sie dürften der Welt nicht gezeigt
werden.«

Verbannt die Weisheit, legt ab das Wissen, und der Raub wird aufhören! Werft die Jade fort, zerstört die Perlen, und die kleinen Diebe
werden verschwinden. Verbrennt die Kerbhölzer, zerbrecht die Stempel, und die Menschen werden zu ihrer derben Rechtschaffenheit zu-

rückfinden. Zerspaltet die Scheffel, zerhaut die Waagen, und die Menschen werden nicht über Mengen streiten. Zertrampelt die Einrichtungen der Weisen, und die Menschen werden anfangen, zur Besprechung (des Tao) fähig zu werden. Verstimmt die sechs Stimmpfeifen, werft Flöten und Saitenspiel ins Feuer, verstopft dem blinden Schih Kuang die Ohren, und ein jeder wird sein eigenes Gehör bewahren. Setzt den Verzierungen ein Ende, verschmiert die Fünf Farben, klebt dem Li Tschu die Augen zu, und jeder wird seine Sehschärfe bewahren. Zerstört die Bogen und Lineale, werft weg die Winkelmaße und Zirkel, stutzt Thschui, dem Handwerker, die Finger, und jedermann wird seine eigene Fertigkeit gebrauchen. Daher das Sprichwort: »Große Geschicklichkeit erscheint wie Plumpheit.«[75] Schränkt ein die Tätigkeit des Tseng und Schih, verschließt dem Yang Tschu und dem Motse den Mund, tut weg die Menschlichkeit und die Gerechtigkeit, und das Wesen des Volkes wird die mystische Einheit erreichen.[76]

Wenn jeder seine Sehkraft bewahrt, wird die Welt der Verbrennung entgehen. Wenn jeder seinen Gehörsinn bewahrt, wird die Welt Verstrickungen entgehen. Wenn jeder seinen Verstand bewahrt, wird die Welt der Verwirrung entgehen. Wenn jeder seine Tugend bewahrt, wird die Welt ein Abweichen vom rechten Weg vermeiden. Tseng, Schih, Yang, Mo, Schih Kuang, Thschui und Li Tschu waren alle Männer, die ihren äußeren Charakter entwickelten und die Welt in die jetzige Verwirrung stürzten, so daß Gesetze und Regeln wirkungslos bleiben.

19.2. »*Hütet Euch, in die angeborene Güte des Menschenherzens einzugreifen!*« Thsui Tschü fragte Lao Tan: »Wenn das Reich nicht regiert werden soll, wie können die Herzen der Menschen gut bewahrt bleiben?«

»Hütet Euch«, erwiderte Lao Tan, »in die angeborene Güte des Menschenherzens einzugreifen. Das Menschenherz kann zerdrückt und aufgehetzt werden. In jedem Fall ist der Ausgang tödlich. Durch Sanftmut läßt sich das härteste Herz erweichen. Aber wenn man versucht, es zuzuschneiden oder zuzuschleifen, wird es glühen wie Feuer oder erstarren wie Eis. In einem Augenblick wird es die Grenzen der vier Meere überschreiten. In der Ruhe ist es vollkommen still, in Bewegung fliegt es zum Himmel empor. Wie ein störrisches Pferd läßt es sich nicht im Zaume halten. Solcherart ist das Menschenherz.«

Vor alters griff der Gelbe Kaiser als erster in die angeborene Güte des
Menschenherzens ein, indem er Menschlichkeit und Gerechtigkeit
anwandte. Infolgedessen wetzten Yao und Schun das Haar von ihren
Beinen und das Fleisch von ihren Armen ab, in dem Bestreben, die
Leiber des Volkes zu nähren. Sie verdrehten die innere Wirtschaft des
Volkes, um Menschlichkeit und Gerechtigkeit einzuführen. Sie er-
schöpften die Kräfte des Volkes, um es nach Gesetzen und Regeln zu
führen. Selbst dann gelang es ihnen nicht. Darauf (mußte) Yao den
Huantou auf den Berg Thsung verschicken, die Häupter der drei Miao
und ihr Volk nach den Drei Wei aussiedeln und den Arbeitsminister
nach Yutu verbannen, was beweist, daß er sich nicht bewährt hatte.
Als dann die Zeit der drei Könige kam,[77] war das Reich in Gärung.
Unter die Bösen zählte man Tschieh und Tscheh, unter die Guten
Tseng und Schih, und die Konfuzianer und Motseaner traten auf.
Daraus entstand Vermischung von Freude und Zorn, Betrug an den
Einfältigen durch die Listigen, Vorwürfe der Tugendhaften gegen die
Bösgesinnten, Verleumdung der Ehrlichen durch die Lügner, und die
Weltordnung brach zusammen.
Als des Menschen ursprünglicher Charakter seine Einheitlichkeit
verlor, wurde das Leben der Menschen unglücklich. Als ein allge-
meiner Wissensdurst einsetzte, gingen die Begierden der Menschen
ständig über ihre Besitztümer hinaus. Das nächste war dann die Er-
findung von Äxten und Sägen, das Töten durch Gesetze und Ver-
ordnungen, die Verstümmelung durch Meißel und Ahlen. Das
Reich siedete vor Unzufriedenheit, aber der Vorwurf trifft diejenigen, die in die angeborene Güte des Menschenherzens eingegriffen
hatten.
Infolgedessen nahmen tugendhafte Männer in den Bergen Zuflucht,
während Herrscher großer Staaten zitternd in ihren Ahnenhallen saßen. Später, während die Toten in Haufen durcheinanderlagen, gefes-
selte Gefangene in der Menge aneinanderstießen und verurteilte Verbrecher überall zur Schau gestellt wurden, liefen Konfuzianer und
Motseaner geschäftig herum und krempelten inmitten der Hand- und
Fußfesseln ihre Ärmel auf! Leider kennen sie weder Scham noch
Erröten!
Ehe ich nicht sagen kann, daß die Weisheit der Weisheitslehrer nicht
nur ein Mittel zur Befestigung von Ketten und Menschlichkeit und
Gerechtigkeit nicht nur Fuß- und Handfesseln sind, wie sollte ich da
wissen, daß Tseng und Schih nicht nur die singenden Pfeile[78] (die

Vorläufer) der (Gewaltmenschen) Tschien und Tscheh waren? Darum
heißt es: »Verbannt die Weisheit und tut ab das Wissen, und das Reich
wird in Frieden sein.«

20. Die Welt und ich

Verbanne das Lernen und das Gequältsein endet.
Zwischen Ah und Pfui[79] –
Wieviel Unterschied ist da?
Zwischen Gut und Böse –
Wieviel Unterschied ist da?
Was Menschen fürchten,
Ist wirklich zu fürchten;
Aber ach, wie weit ist die Morgenröte (des Erwachens)!

Die Menschen der Welt sind fröhlich
Als wenn sie am Opfermahl teilnähmen,
Als wenn sie im Frühling die Terrasse bestiegen;
Ich allein bin mild wie ein Müßiger,
Wie ein Neugeborenes, das noch nicht lächeln kann,
Wie ein Heimatloser ohne Bindung.

Die Menschen der Welt haben genug und in Fülle,
Ich allein bin wie übergangen,
Mein Herz ist wohl das eines Narren,
Nebelhaft und trüb!

Die Gemeinen wissen Bescheid und sind hell,
Ich allein bin stumpf und verwirrt.
Die Gemeinen sind klug und selbstsicher,
Ich allein bin gedrückt.
Geduldig wie das Meer,
Umhergetrieben, scheinbar ziellos.

Die Menschen der Welt haben alle ein Ziel.
Ich allein scheine plump und ungeschlacht.
Ich allein bin anders als die Anderen
Und liebe es, meinen Unterhalt aus der Mutter zu saugen.[80]

20.1. *Das Benehmen des Wesenhaften.* Der Wesenhafte lebt zu
Hause, ohne seinen Geist zu üben, und vollbringt Taten, ohne sich
darum zu sorgen. Die Begriffe von Gut und Böse, Lob und Tadel anderer fechten ihn nicht an. Wenn sich innerhalb der vier Meere alle
Menschen freuen können, empfindet er es als Glück; wenn alle Menschen wohlversorgt sind, fühlt er es als Friede. Bekümmerten Ausdrucks sieht er aus wie ein Kleinkind, das die Mutter verloren hat;
töricht scheinend, geht er umher wie einer, der den Weg verloren hat.
Er hat viel Geld zum Ausgeben und weiß nicht, woher es stammt. Er
ißt und trinkt gerade genug und weiß nicht, wo sein Essen herkommt.
Solcherart ist das Benehmen eines wesenhaften Menschen.

20.2. *Die gemeine Menschenmenge.* Die Heuchler sind die, welche
das für gut ansehen, was alle Welt als gut lobt, und das als recht betrachten, was alle Welt als recht preist. Wenn man ihnen sagt, sie
seien Tao-Menschen, strahlt ihr Gesicht vor Zufriedenheit; wenn
man sie Heuchler nennt, sehen sie mißvergnügt aus. Zeitlebens nennen sie sich »Tao-Menschen«, und zeitlebens bleiben sie Heuchler.
Sie verstehen es, eine schöne Rede zu halten und passende Anekdoten
zu erzählen, um die Menge anzulocken, aber vom Anfang bis zum
Ende wissen sie nicht, worum das Ganze eigentlich geht. Sie kleiden
sich in die richtigen Kleider mit den richtigen Farben und tragen ein
würdiges Aussehen zur Schau, um sich beliebt zu machen, wollen
aber nie zugeben, daß sie Heuchler sind. Sie mischen sich unter die
Menge und erklären, die Meinung der Öffentlichkeit in allem zu teilen, behaupten aber gleichzeitig, daß sie etwas Besseres sind als die
Masse. Ist das nicht der Höhepunkt der Torheit! Die, welche ihre eigene Torheit erkennen, sind keine richtigen Toren, und die, welche
sich ihrer Verworrenheit bewußt sind, sind nicht wirklich verworren.
Die wirklich Verworrenen können niemals aus ihrer Verwirrung heraus, und die echten Toren erholen sich niemals von ihrer Torheit.
Wenn drei Menschen miteinander gehen, von denen einer verworren
(oder im Irrtum) ist, ist es noch immer möglich, in der rechten Richtung zu gehen, weil nur einer verworren ist. Wenn aber zwei verworren sind, können sie nirgends hinkommen, weil die Verworrenen in
der Mehrzahl sind. Nun ist aber die ganze Welt in Verwirrung geraten; obwohl ich noch auf Besserung hoffe, kann ich meine Hoffnun-
gen nicht verwirklichen. Ist das nicht eine betrübliche Lage? Die
höchste Musik kann von Dorfbewohnern nicht geschätzt werden,

wenn man aber (die volkstümlichen Gassenhauer) »Brich den Wei-
denzweig« oder »Bunte Blumen« singt, öffnen alle die Mäuler und
lachen. Darum werden auch die höchsten Lehren von den gemeinen
Leuten nicht aufgenommen, und die Worte der Weisheit sind unbe-
liebt, weil sie von den allgemein bekannten Lehren überschattet werden. Nun streiten die Leute über zwei Maß und ein Viertel und kommen zu keinem Ergebnis. Jetzt befindet sich die Welt in einer solchen
Verwirrung – obwohl ich weiter hoffe, wie kann meine Hoffnung erfüllt werden? Zu wissen, daß die Hoffnung nicht verwirklicht werden
kann, aber dennoch zu versuchen, sie der Welt aufzuzwingen, steigert
bloß die Verwirrung. Darum lasse ich es bleiben; wenn ich es aber
bleiben lasse, wer wird diesen Kummer mit mir teilen? Wenn die Frau
eines Aussätzigen um Mitternacht ein Kind gebiert, holt er ein Licht
und beschaut das Kind, besorgt, daß das Kind ihn nicht anschaue.

21. Offenbarwerden des Tao

Die Kennzeichen des großen Charakters[81]
Folgen allein aus dem Tao.

Das Ding, das Tao genannt wird,
Ist entweichend, entgleitend;
Entgleitend, entweichend,
doch in ihm sind Formen verborgen,
Entgleitend, entweichend,
doch in ihm sind Dinge verborgen,
Dunkel und trüb,
doch in ihm ist die Lebenskraft verborgen.
Da die Lebenskraft höchst wahr ist,
Liegen in ihr Beweise verborgen.

Von altersher bis auf heute
Hat sein Benanntes (seine offenbargewordenen Formen) nie aufge-
hört,
Durch das wir den Vater aller Dinge schauen können.
Wie erkenne ich die Gestalt des Vaters aller Dinge?
Durch diese![82]

Das Thema dieses Kapitels ist mit dem des Kap. 14 verwandt.

21.1. *Durch Nicht-Tun wird der Himmel klar.* Durch Nicht-Tun wird der Himmel klar. Durch Nicht-Tun bleibt die Erde in Frieden. Durch das gemeinsame Nicht-Tun beider kommen alle Dinge der Schöpfung in Tätigkeit. Entweichend, entgleitend, kommen sie nicht aus einer Quelle? Entgleitend, entweichend, hat es (das Tao) nicht eine Form? Alle Dinge wachsen und mehren sich durch Nicht-Tun. Darum heißt es: »Der Himmel und die Erde tun nichts, und alles ist getan.« Wie kann der Mensch aus diesem Beispiel das Nicht-Tun lernen?

21.2. *Die Lebenskraft des vollkommenen Tao.* Die Lebenskraft des vollkommenen Tao ist zutiefst geheimnisvoll, sein Bereich verliert sich im Dunkel.

21.3. *Das Wesen des Tao.* Denn das Tao hat seine innere Wirklichkeit und seine Seinsbeweise. Es ist ohne Tat und ohne Form. Es kann weitergegeben, aber nicht empfangen werden. Es kann erlangt, aber nicht gesehen werden. Es ruht in sich und wurzelt in sich. Ehe Himmel und Erde waren, war das Tao von jeher aus sich. Es gab den Geistern und Herrschern ihre Geisteskräfte und gebar den Himmel und die Erde. Für das Tao ist der Zenit nicht hoch und der Nadir nicht niedrig. Früher als Himmel und Erde bestehend, wird es nicht als bejahrt betrachtet; älter als der Urbeginn, wird es nicht als alt angesehen.

22. Nichtigkeit des Strebens

Nachgeben, heißt ganz bleiben.
Gebeugt sein, heißt gerade werden.
Hohl sein, heißt voll werden.
Zerfetzt sein, heißt erneuert werden.
Bedürfen heißt Besitzen.
Überfluß haben, heißt verwirrt werden.

Darum umfaßt der Weise das Eine [83]
Und wird zum Vorbild der Welt.
Er enthüllt sich nicht
Und ist deshalb leuchtend. [84]
Er rechtfertigt sich nicht
Und ist deshalb weit berühmt.

Er prahlt nicht
Und deshalb vertraut man ihm.
Er ist nicht stolz auf sich
Und ist deshalb Herr unter den Herrschern.

Eben weil er nicht strebt,
Kann niemand auf der Welt gegen ihn streben.
Ist es nicht wirklich wahr, wie die Alten sagen:
»Nachgeben heißt ganz bleiben«?
So bleibt er bewahrt und die Welt huldigt ihm.

In den Kapiteln 22 und 24 wird der Leser einige Paradoxe Laotses kennenlernen; weitere werden folgen. Hinter allen diesen Paradoxen liegt die Philosophie der ewigen Kreisläufe, der Rückkehr der Dinge zu ihrem Gegenteil, wie sie in Kap. 25 und 40 aufscheint.
Einige unmittelbare Anwendungen dieser Paradoxe sind: Nützlichkeit der Nutzlosigkeit, Bewahrung durch Nachgeben und die Vorzüge des Nicht-Strebens. Letzter Zweck ist die Bewahrung des Eigenlebens und des Eigenwesens. Dieses Sicherhalten durch das Ausweichen vor anderen wird von Tschuangtse in »Die Hauptströmungen des Denkens« als eine der bezeichnendsten Lehren des Laotse angeführt.

22.1. *Die Nützlichkeit der Nutzlosigkeit.* Die Bäume auf den Bergen laden ein, sie zu fällen; das Lampenöl lädt ein, es zu verbrennen; Zimtrinde ist eßbar, daher wird der Zimtbaum gefällt. Lack ist verwendbar, daher wird der Lackbaum abgezapft. Alle Menschen kennen die Nützlichkeit nützlicher Dinge; sie kennen aber nicht die Nützlichkeit der Nutzlosigkeit.

Tschuangtse hat ein ganzes Kapitel der Nützlichkeit von körperlichen Verunstaltungen gewidmet. In vielen Fällen ist es ein romantisches Kunstmittel, Verunstaltungen als Gegensatz zur inneren geistigen Vollkommenheit zu schildern.

22.2. *Su ›Der Bucklige‹, ›Der Vorzug des Verwachsenseins‹.* Es war einmal ein Buckliger, der hieß Su. Seine Kiefer berührten seinen Nabel, seine Schultern waren höher als sein Kopf, sein Halswirbel ragte zum Himmel empor, seine Eingeweide lagen verkehrt und sein Gesäß war auf gleicher Höhe wie seine Rippen. Durch Schneiderarbeiten

und Wäschewaschen vermochte er sein Leben zu fristen und durch
Schälen und Sieben von Reis verdiente er sogar genug, um eine zehn-
köpfige Familie zu ernähren. Als die Einberufung zum Wehrdienst
kam, schritt der Bucklige sorglos durch die Menge. Ebenso bewahrte
ihn sein Gebrechen vor der Einberufung zum Arbeitsdienst. Wenn
aber Getreide für Versehrte verteilt wurde, erhielt der Bucklige bis zu
drei *Tschung*, sowie zehn Bündel Brennholz. Wenn also körperliche
Mißgestalt genügte, um seinen Leib bis zum Ende seiner Tage am
Leben zu erhalten, wieviel mehr müßte wohl eine moralische oder
geistige Verunstaltung nützen!

Buckelkrüppel Lippenlos sprach mit dem Herzog Ling von Wei, der an
ihm Gefallen fand. Er fand sogar die Hälse wohlgewachsener Männer
zu hager. Großtopf-Kropf sprach mit dem Herzog Huan von Tschi,
der auch Gefallen an ihm fand. Auch er fand die Hälse wohlgewachsener Männer zu hager. So kommt es, daß, wo es hervorragende Tugend
gibt, das Äußerliche vergessen wird. Aber die Menschheit vergißt
nicht, was vergessen werden sollte, sondern vergißt das, was nicht
vergessen werden sollte. Das ist echte Vergeßlichkeit!
Und so setzt der Weise seinen Geist frei, wobei Wissen bloß als äußerliches Gewächs zu betrachten ist; Vereinbarungen sind bloß da, um
Beziehungen zu festigen, Güter nur zu gesellschaftlichen Zwecken,
und Handfertigkeiten nur, um dem Handel zu dienen. Denn der
Weise strebt nicht, er hat daher keine Verwendung für das Wissen; er
schneidet die Welt nicht auseinander, braucht daher keine Festigung
der Beziehungen; er erledigt keine Verluste, braucht also nichts zu
erwerben; er kauft nichts, und hat daher keine Verwendung für den
Handel. Diese vier Eigenschaften sind ihm von Gott verliehen, das
heißt, daß er von Gott ernährt wird. Und wer so von Gott ernährt
wird, hat es nicht nötig, von Menschen ernährt zu werden. Er trägt
Menschengestalt, hat aber keine menschlichen Leidenschaften. Weil
er Menschengestalt trägt, pflegt er Umgang mit Menschen. Weil er
keine menschlichen Leidenschaften hat, berühren ihn die Fragen von
Recht und Unrecht nicht. Das, was zum Menschlichen gehört, ist
unendlich klein; das, was in Gott vollendet wird, ist unendlich
groß.

22.3. *Zwei nutzlose Bäume.* Ein Zimmermann namens Schih reiste
in den Staat Thschi. Als er nach Schatten-Kreis kam, sah er einen

heiligen Li-Baum im Tempel des Erdgottes. Der Baum war so groß, daß sein Schatten eine Herde von tausend Stück Rindvieh bedecken konnte, hatte einen Umfang von hundert Spannen, und sein Stamm ragte achtzig Fuß über die Bergspitze empor, bevor die Zweige begannen. Ein Dutzend Schiffe hätten aus ihm geschnitten werden können. Große Menschenmengen bestaunten ihn, doch der Zimmermann beachtete ihn nicht und ging vorbei, ohne auch nur einen Blick auf ihn zu werfen. Sein Lehrling jedoch sah sich den Baum genau an, und als er den Meister wieder eingeholt hatte, sagte er zu ihm: »Seit ich in Eurem Dienst eine Axt handhabe, habe ich noch nie so einen prächtigen Baum gesehen. Wie kommt es, Meister, daß Ihr es nicht der Mühe wert gefunden habt, stehenzubleiben und ihn Euch anzusehen?«

»Denk nicht mehr daran, es lohnt sich gar nicht, darüber zu reden«, erwiderte sein Meister, »er ist gänzlich unbrauchbar. Ein Boot aus seinem Holze würde sinken, ein Sarg faulen, Möbel würden leicht brechen, eine Tür sich verziehen und ein Pfeiler wurmstichig werden. Sein Holz hat keine Qualität und ist zu nichts zu gebrauchen. Das ist der Grund, weshalb dieser Baum dieses hohe Alter erreicht hat.«

Als der Zimmermann wieder zu Hause war, träumte er, der Geist des Baumes erscheine ihm im Schlaf und spräche folgendermaßen zu ihm: »Womit wollt Ihr mich eigentlich vergleichen? Etwa mit Edelhölzern? Seht Euch den Apfelbaum, den Birnbaum, den Orangenbaum, den Pampelmusenbaum und andere Obstbäume an. Sobald ihre Früchte reif werden, nimmt man sie ab und behandelt sie unwürdig. Die großen Äste werden abgebrochen, die kleinen herumgestreut. So schädigen solche Bäume gerade durch ihren Wert ihr eigenes Leben. Sie können ihre zugemessene Lebensdauer gar nicht ausfüllen, sondern gehen früher zugrunde, weil sie sich um der (Bewunderung der) Welt willen selbst vernichten. So geht es überall. Ich habe lange Zeit versucht, unbrauchbar zu sein. Oftmals war ich in Gefahr, gefällt zu werden, aber schließlich ist es mir gelungen und ich bin damit mir selbst höchst nützlich geworden. Wenn ich nämlich brauchbar gewesen wäre, hätte ich niemals so hoch emporwachsen können. Überdies sind wir beide, Ihr und ich, geschaffene Wesen. Wir sollten daher mit diesem gegenseitigen Kritisieren aufhören. Steht es einem wertlosen Kerl, der sich in steter Todesgefahr befindet, überhaupt zu, von einem wertlosen Baum zu reden?«

Als der Zimmermann Schih erwachte und seinen Traum erzählte, sagte der Lehrling: »Wenn der Baum darauf ausging, unbrauchbar zu sein, wie konnte er da ein heiliger Baum werden?«

»Still«, sagte der Meister, »sei still. Der Baum hat nur im Tempel Zuflucht genommen, um der Mißhandlung durch die zu entgehen, welche ihn nicht richtig einschätzten. Wenn er nicht heilig geworden wäre, wie viele hätten ihn da fällen wollen! Außerdem ist das Mittel, das er um seiner Sicherheit willen ergreift, von denen anderer Bäume verschieden und es hieße ihn ganz falsch beurteilen, wenn man da den gewöhnlichen Maßstab anlegen wollte.«

Tsethschi aus Nanpo wanderte auf dem Berge von Schang, als er einen großen Baum erblickte, der ihn in höchstes Erstaunen versetzte. Tausend Viergespanne hätten unter ihm Deckung gefunden.

»Was für ein Baum ist das?« rief Tsethschi, »gewiß hat er ein ungewöhnlich gutes Holz.« Als er aber aufblickte, sah er, daß die Äste viel zu krumm für Stützhölzer waren, und als er am Stamm herunterschaute, sah er, daß er wegen seines verdrehten lockeren Holzes wertlos für Särge war. Er kostete ein Blatt und es verbrannte ihm fast die Lippen; und der Duft war so stark, daß ein Mensch davon drei Tage lang betäubt werden konnte.

»Ach«, sprach Tsethschi, »dieser Baum ist wirklich zu nichts zu gebrauchen und hat eine solche Größe erreicht! Ein Geistesmensch könnte sich an dieser Nutzlosigkeit ein Beispiel nehmen.«

Im Staate Sung gibt es ein Land, das den Tschings gehört, in welchem der Götterbaum, die Zeder und der Maulbeerbaum gedeihen. Die etwa eine Spanne starken Stämme werden gefällt, um daraus Affenkäfige zu machen, die zwei bis drei Spannen starken werden zu Balken für bessere Wohnhäuser gefällt, die mit sieben bis acht Spannen werden gefällt, um daraus die aus einem Stück verfertigten (nicht zusammengefügten) Seitenteile der Särge reicher Leute herzustellen. So können sie alle ihre zugemessene Lebensspanne nicht erleben, sondern gehen jung unter dem Beil zugrunde. Solcherart ist das Unheil, welches das Wertvolle trifft.

Zu den Opfern an den Flußgott können weder weißstirnige Stiere, noch hochschnäuzige Schweine, noch Menschen mit Hämorrhoiden verwendet werden. Dies ist allen Wahrsagern wohlbekannt, denn solche Opfer gelten als unglückbringend. Der göttliche Mensch würde sie hingegen als (für ihn) äußerst glückbringend betrachten.

22.4. *Sich den Gebräuchen fügen.* Die Alten preisen und die Heutigen herabsetzen ist bei allen Gelehrten üblich. Denn wenn man die Jetztzeit mit der alten Welt von Hsiwei vergleicht – wer könnte da nicht wehmütig werden? Aber nur der vollkommene Mensch kann auch in der heutigen Welt umhergehen, ohne Aufsehen zu erregen. Er paßt sich dem Gehaben der Menschen an, ohne sein Selbst zu verlieren.

23. Einswerden mit dem Tao

Die Natur spricht wenig Worte:
Daher währt ein Sturmwind nicht den ganzen Morgen.
Ein Platzregen währt nicht den ganzen Tag.
Woher kommen sie?
Von der Natur.
Sogar die Natur dauert nicht lange (in ihren Äußerungen),
Wieviel weniger können die Menschenwesen dauern!

Darum ist es, daß:
Wer dem Tao folgt, eins wird mit dem Tao.
Wer dem Wesen (Teh) folgt, eins wird mit dem Wesen.
Wer (das Tao) verläßt, eins wird mit dem Verlassen (des Tao).

Wer mit dem Tao eins wird –
Das Tao freut sich auch, ihn willkommen zu heißen.
Wer mit dem Wesen eins wird –
Das Wesen freut sich auch, ihn willkommen zu heißen.
Wer mit dem Verlassen eins wird –
Das Verlassen freut sich auch, ihn willkommen zu heißen.
Wer nicht genug Vertrauen hat,
Wird kein Vertrauen bei anderen genießen können.[85]

24. Abfälle und Auswüchse der Tugend

Wer auf den Zehenspitzen steht, steht nicht fest;
Wer die Beine spreizt, geht nicht gut;
Wer sich enthüllt, ist nicht leuchtend;
Wer sich rechtfertigt, ist nicht berühmt;

Wer sich rühmt, dem traut man nicht;
Wer auf sich stolz ist, ist nicht Herr unter Menschen;
Das heißt in den Augen des Tao
»Abfälle und Auswüchse der Tugend«,
Was eklige Dinge sind.
Darum verschmäht sie der Mann des Tao.

23.1. *Beschreibung eines Sturms. Musik der Erde.* »Der Atem des Alls«, fuhr Tsethschi fort, »heißt Wind. Bisweilen ist er untätig. Aber wenn er in Tätigkeit tritt, hallen alle Hohlräume von seinem Brausen wider. Habt Ihr nie seinem betäubenden Heulen gelauscht?«

»Höhlen und Schründe in Berg und Wald, Löcher in großen, viele Spannen starken Bäumen – manche wie Nüstern, manche wie Mäuler, andere wie Ohren, Balkenlöcher, Becher und Mörser, oder wie Teiche und Lachen. Und der Wind durchzieht sie im Wehen wie wirbelnde Strudel und singende Pfeile, bellend, sausend, trillernd, ächzend, brüllend, winselnd, pfeifend vorne und hallend hinten, bald lind mit kühlem Hauch, bald schrill im Wirbelwind, bis das Unwetter vorbei ist und wiederum Stille herrscht. Habt Ihr je geschaut, wie die Bäume, wie die Dinge zittern und beben, sich winden und drehen?«

Der Inhalt der Kap. 22, 23 und 24 bildet ein geschlossenes Ganzes, eine Warnung gegen Stolz und Prahlerei.

24.1. *Ratschlag gegen das Prahlen.* Wer versucht, sich hervorzutun, ist bloß ein Krämer. Die Leute sehen ihn gespreizt einherschreiten und nennen ihn einen Führer des Gemeinwesens. Unter den Fünf Lastern ist das Laster des Geistes das schlimmste. Was ist das Laster des Geistes? Das Laster des Geistes heißt Selbstzufriedenheit.

24.2. *Die beiden Mägde.* Yangtse ging nach Sung und kehrte in ein Gasthaus ein. Dort waren zwei Mägde, die eine sehr hübsch, die andere sehr häßlich. Die Häßliche hatte die höhere Stellung, während die Hübsche die grobe Arbeit verrichtete. Als Yangtse fragte, warum dies so sei, antwortete der Sohn des Wirtes: »Die Hübsche ist sich ihrer Schönheit bewußt, daher finden wir sie nicht hübsch. Die Häßliche weiß um ihre Häßlichkeit, daher finden wir sie nicht häßlich.«

24.3. »*Wer sich enthüllt, ist nicht leuchtend.*« *Die Definition des* »*Guten*«. Wenn sich einer um Menschlichkeit und Gerechtigkeit bemühen würde, bis er dem Tseng oder dem Schih gleichkäme, würde ich das noch nicht gut nennen; oder um Leckerbissen, bis er dem Schi Erh (berühmter Koch) gleichkäme, würde ich das auch nicht gut nennen; oder um Töne, bis er dem Schih Kuang gleichkäme, würde ich auch das nicht gut nennen; oder um Farben, bis er dem Li Tschu gleichkäme, würde ich dies noch immer nicht gut nennen. Was ich gut nenne, ist nicht das, was mit den Worten »Menschlichkeit« und »Gerechtigkeit« gemeint ist, sondern das Achten auf den eigenen Charakter. Und was ich gut nenne, ist nicht die sogenannte Menschlichkeit und Gerechtigkeit, sondern die Erfüllung der Lebensinstinkte. Was ich gut hören nenne, ist nicht, die anderen hören, sondern sich selbst hören. Was ich gut sehen nenne, ist nicht, die anderen sehen, sondern sich selbst sehen. Derjenige, der nicht sich, sondern andere sieht, oder nicht von sich selbst, sondern von anderen Besitz ergreift, indem er nur das besitzt, was andere besitzen, und sein eigenes Selbst nicht besitzt, tut bloß, was den anderen gefällt, statt seiner eigenen Natur zu gefallen. Nun ist aber einer, der anderen gefällt, statt seiner eigenen Natur zu gefallen, mag er nun ein Räuber Tscheh sein oder ein Po Yi, nichts als ein Mensch, der in die Irre gegangen ist.

Meiner eigenen Mängel in bezug auf das Tao wohl bewußt, wage ich es nicht, einerseits die Grundsätze der Menschlichkeit und Gerechtigkeit zu üben, noch andererseits ein auffallendes Leben zu führen.

24.4. »*Wer sich rühmt, dem traut man nicht.*« Konfuzius hielt sich im Flachland zwischen Thschen und Thsai verborgen, und sieben Tage hindurch nahmen er (und seine Schüler) keine warme Mahlzeit zu sich. Taikung Jen kam ihn in seinem Unglück besuchen und sprach: »Ihr habt beinahe Euer Leben verloren.«

»Ja«, erwiderte Konfuzius.

»Haßt Ihr den Tod?« fragte Taikung Jen.

»Ja, sehr«, erwiderte Konfuzius.

»Ich will Euch lehren, dem Tode zu entgehen«, sagte Jen. »Im Ostmeer gibt es einen Raben, der heißt Yitai (Dummkopf). Dieser Dummkopf kann weder sehen noch fliegen und scheint sehr töricht zu sein. Er hüpft nur kurze Strecken und drängt sich eng an seine Artgenossen an. Geht es vorwärts, wagt er nicht, zu führen, und geht es rückwärts, wagt er nicht, zurückzubleiben. Beim Füttern nimmt er, was die anderen Vögel übriglassen. Infolgedessen lichten sich die Reihen dieser Vögel nie und niemand kann ihnen schaden. Ein Baum mit geradem Stamm wird als erster gefällt, ein Brunnen mit süßem Wasser als erster ausgeschöpft. Nun zieht Ihr aber herum und zeigt Euer Wissen, um die Unwissenden zu erschrecken. Ihr pflegt Eure Tugend, um andere bloßzustellen. Ihr strahlt Glanz um Euch aus, als ob Ihr Sonne und Mond in den Händen trüget. Darum habt Ihr Unannehmlichkeiten. Ich hörte vom Großen Meister (Laotse) sagen: ›Wer sich rühmt, dem traut man nicht. Wer behauptet, hervorragende Dienste zu leisten, fällt, und wer Ruhm erwirbt, wird entehrt werden. Wer vermag es, Auszeichnungen für geleistete Dienste und einen guten Ruf einfach zurückzulassen und auf die Stufe gewöhnlicher Menschen zurückzukehren? Das Tao durchdringt alles, aber zeigt sich nicht; und das *Teh* (das offenkundige Tao) beeinflußt alles, macht aber seinen Namen nicht bekannt. Lebt redlich und schlicht wie die anderen und laßt Euch manchmal einen Narren nennen. Vermeidet es, aufzufallen, und haltet Euch von jeder Machtstellung fern. Lebt nicht für Dienst oder Ruhm, so werdet Ihr an anderen nicht Kritik üben und andere werden es an Euch auch nicht tun. Der Vollkommene hat keinen (Gedanken an seinen) Ruf.‹«

Bezüglich einer anderen Anekdote über die Prahlerei des Konfuzius siehe 29.2.

25. Die vier ewigen Vorbilder

Ehe Himmel und Erde bestanden,
War etwas Nebelhaftes:
Schweigend, abgeschieden,
Alleinstehend, sich nicht ändernd,
Ewig kreisend ohne Unterlaß.
Würdig, die Mutter aller Dinge zu sein.
Ich weiß seinen Namen nicht
Und spreche es: »Tao« an.
Wenn ich ihm einen Namen geben muß, werde ich es »Groß« nennen.
Groß sein bedeutet in den Raum hinausragen,
In den Raum hinausragen bedeutet weit hinausreichen,
Weit hinausreichen bedeutet zum Ausgangspunkt zurückkehren.

Darum: das Tao ist groß,
Der Himmel ist groß,
Die Erde ist groß,
Der König ist auch groß.[86]
Das sind die Großen Vier des Alls,
Und der König ist einer davon.

Der Mensch bildet sich nach der Erde;
Die Erde bildet sich nach dem Himmel;
Der Himmel bildet sich nach dem Tao;
Das Tao bildet sich nach der Natur.[87]

In diesem Kapitel werden die Wirkungen des ewigen Taoprinzips und das schweigende Kreisen der Himmelskörper als ein der Nachahmung durch den Menschen würdiges Vorbild geschaut. Der Ausspruch wird wiederholt, daß das Tao nicht genannt werden soll, und daß, wenn es genannt wird, dies bloß ein Erfordernis der menschlichen Sprache ist. Auch das Prinzip der Wiederkehr aller Dinge zu ihrem Ursprung wird behandelt, ein Prinzip, das Schöpfung und Zerstörung bloß zu verschiedenen Aspekten des gleichen Prozesses macht.

25.1. *Das Geheimnis des Alls.* Dreht sich der Himmel im Kreise? Steht die Erde still? Streiten Sonne und Mond miteinander um den Platz? Wer lenkt sie? Wer hält sie im Zaum? Wer ist müßig und läßt diese Dinge sich bewegen? Ist es vielleicht nur ein Mechanismus, der bewirkt, daß die Himmelskörper gar nicht anders können? Aus Wolken wird Regen und aus Regen wieder Wolken. Wer läßt sie steigen und niedergehen? Wer ist müßig und treibt sie, das zu seiner Lust zu tun? Der Wind erhebt sich im Norden, bläst nach Osten und nach Westen, und in der Stratosphäre herrscht ein ständiges Wehen. Wer bläst da abwechselnd ein und aus? Wer hat Muße und schüttelt alles herum?

Tschuangtse beantwortet diese Fragen nicht unmittelbar, spricht aber im folgenden Absatz von diesen Naturerscheinungen als »der himmlischen Musik« und endet mit einem Zitat aus einem alten Weihelied des Yu-Yen (Schennung): »Man horcht und kann seine Stimme nicht hören, man schaut und kann seine Gestalt nicht sehen. Es erfüllt das

*ganze All und umfaßt die Sechs Punkte des Raumes. Man will ihm
lausen, doch gibt es keine Berührungspunkte.« (Siehe auch 6.1.:
»Das schweigende, schöne All.«)*

Der Himmel kann nicht anders als hoch sein, die Erde kann nicht
anders als weit sein. Sonne und Mond können nicht anders als
kreisen, und alle Dinge der Schöpfung können nicht anders als
leben und wachsen. Vielleicht ist das das Tao. *(Siehe den Zusammenhang in 4.1.)*

»Früher als Himmel und Erde bestehend, wird es nicht als bejahrt
betrachtet; älter als der Urbeginn, wird es nicht als alt angesehen.«
(Siehe 21.2.)

25.2. *Das Tao wird »Groß« genannt. Die ewigen Kreisläufe.* »Könnt
Ihr es also ganz einfach Tao nennen?« fragte Weißwenig.
»Nein«, erwiderte Taikung Tiao. »Wir sprechen von den ›zehntausend Dingen‹ der Schöpfung, obwohl wir wissen, daß es viel mehr gibt
als zehntausend. Weil die Zahl so groß ist, nennen wir sie einfach
›zehntausend‹. Der Himmel und die Erde sind die Großen an Gestalt,
das *Yin* und *Yang* sind die Großen an Kraft. Das Tao ist beides. Wir
geben ihm wegen seiner Größe bloß den Namen ›Groß‹. Aber auch
mit einem gegebenen Namen sollte es nicht mit den Namen anderer
Dinge verglichen werden. Man kann nicht einfach behaupten, das Tao
sei wegen dieses Namens etwas, so wie man sagt, daß Hunde und
Pferde wegen ihres Namens Tiere seien. Das hieße das Ziel verfehlen.«
»Innerhalb der vier Himmelsrichtungen und oberhalb und unterhalb
derselben – wie entstehen da die zehntausend Dinge?« fragte Weißwenig.
»Das Yin und das Yang wirken aufeinander ein, beeinflussen und halten einander. Die vier Jahreszeiten folgen aufeinander, in ihrem Gehen und Kommen aufeinander bezogen. Daraus entstehen Sympa-
thien und Antipathien, Erwählungen und Vorlieben. Das Männliche
und das Weibliche kommen zusammen und die Art pflanzt sich fort.
Friede und Chaos folgen einander, Glück erzeugt Unglück und Unglück Glück. Das Träge und das Rasche reiben sich aneinander, Dinge
entstehen und zerstreuen sich. Solches und ähnliches läßt sich über
das Stoffliche aussagen; solche Prinzipien lassen sich niederlegen.
Alle Ordnung entsteht aus einem einzigen Prinzip, und jeder Auf-

DIE NACHFOLGE DES TAO

stieg und Niedergang hängt zusammen. Wenn etwas seine Grenzen
erreicht, kehrt es die Richtung um; wenn das Ende erreicht wird, beginnt der Anfang. Das ist alles, was durch die materielle Welt erwiesen wird, alles, was wir wissen und sagen können. Denn schließlich
reicht unsere Erkenntnis nicht über das materielle Weltbild hinaus.
Wer das Wirken des Tao beobachtet, versucht nicht, etwas bis zum
letzten Ende zu verfolgen, noch ihm bis zur letzten Quelle nachzu-
spüren. Hier endet jede Diskussion.«

25.3. *Vollständig, Ganz und Alles.* Diese drei, Vollständig, Ganz und
Alles, haben verschiedene Namen, sind aber in Wirklichkeit dasselbe.
Sie bezeichnen alle das Eine. Einst schweiften sie zusammen im
Schlosse Nirgendwo umher. Kamen sie zusammen, um etwas zu besprechen und damit nie zu Ende zu kommen? Gingen sie bloß untätig
herum, still und ruhig, gleichmütig und frei? Vertrugen sie sich in
ihren Mußestunden? Frei und ungebunden ist mein Geist, er greift
hinaus und weiß nicht, wohin er reicht; er kehrt zurück und weiß
nicht, wo er einhält. Mein Geist geht vor- und rückwärts und weiß
nicht, wo das alles endet. Er ergeht sich in der Großen Leere, wo der
Große Weise auftritt, und weiß nicht, wohin das alles führt. Begreifen, daß Materie Materie ist, heißt das Unendliche mit der Materie
erreichen. Wo die Materie endlich ist, sind die Grenzen der endlichen
Materie. Die Grenze des Grenzenlosen ist die Grenzenlosigkeit des
Begrenzten. Wenn man die Erscheinungen des Aufstiegs und des Niedergangs, Wachstums und Verfalls vornimmt, so betrachtet mein
Geist Aufstieg und Niedergang nicht als Aufstieg und Niedergang,
sieht Wachstum und Verfall nicht als Wachstum und Verfall an, betrachtet Anfang und Ende nicht als Anfang und Ende, Entstehen und
Vergehen nicht als Entstehen und Vergehen.

VIERTES BUCH

DIE QUELLE DER MACHT

26. Schwere und Leichtigkeit

Das Feste[88] ist Wurzel des Leichten,
Das Ruhende ist Meister des Eiligen.

Darum reist der Weise den ganzen Tag
Und verläßt doch nie seinen Vorratswagen.[89]
Mitten in Ehre und Ruhm, lebt er leicht und ungestört.
Wie kann der Herrscher eines großen Landes
Seinen Leib im Reiche leicht nehmen?[90]
In unbeschwerter Leichtfertigkeit geht die Mitte verloren;
In eiliger Tat geht die Selbstzucht verloren.

26.1. *Keine Beachtung weltlicher Angelegenheiten.* Tschü Thschiaiu
sprach zu Thschang Wutse: »Ich hörte Konfuzius sagen: Der wahre
Weise beachtet weltliche Angelegenheiten nicht. Weder sucht er Gewinn, noch vermeidet er Verlust. Er verlangt von den Menschen
nichts und richtet sich nicht nach strengen Anstandsregeln. Manchmal sagt er etwas, ohne zu sprechen, und manchmal spricht er, ohne
etwas zu sagen. Und so schweift er jenseits der Grenzen dieser ungei-
stigen Welt umher. ›Das‹, bemerkte Konfuzius dazu, ›sind müßige
Phantasien.‹ Für mich jedoch ist es die Verkörperung des Tao.«

26.2. *Sein Selbst mit Begierden des Leibes durchgehen lassen.* Der
Kluge ist unglücklich, wenn er nicht über neue Gedanken nachsinnt.
Der Beredsame ist unglücklich, wenn er kein Gespräch führt. Der
Tüchtige ist unglücklich, wenn er nicht mit Schwierigkeiten zu kämpfen hat. Sie alle vergraben sich in materielle Dinge. Der Retter des
Vaterlandes möchte sein Vaterland stark machen. Der Akademiker
aus dem Mittelstand möchte zu Amt und Würden gelangen. Der tapfere Kämpfer möchte seinen Mut im Ernstfalle beweisen. Der Mutige
möchte sich in schwierigen Lagen freiwillig bewähren. Der Soldat
liebt den Kampf. Der stille Gelehrte liebt den Ruhm. Der Jurist studiert Staatswissenschaften. Der Schüler des Zeremoniells achtet auf

sein Aussehen. Der Mann der Menschlichkeit und Gerechtigkeit widmet seine Zeit dem Umgang mit Menschen. Der Bauer ist nicht glücklich, wenn er nicht sein Feld bebaut; der Kaufmann ist nicht glücklich, wenn er nicht auf dem Markt Geschäfte macht. Der Alltagsmensch ist voll Betriebsamkeit, wenn er morgens und abends in seinen Mußestunden etwas zu tun findet, und der Handwerker fühlt sich wohl, wenn er mit seinen Werkzeugen arbeitet. Der habsüchtige Reiche fühlt sich bedrückt, wenn er keinen Reichtum anhäuft, und der Ehrgeizige ist enttäuscht, wenn er keine Machtstellung erlangt. Solche Menschen, die sich mit menschlichen Angelegenheiten befassen, beobachten freudig den Wechsel der Umstände und den Eintritt günstiger Gelegenheiten, und wann immer sie *etwas tun können*, wann immer sich die Möglichkeit bietet, etwas zu tun, können sie nicht stille halten. Und so gehen diese Leute jahraus jahrein in ihrer Tretmühle, in ihre eigenen Angelegenheiten verstrickt, und können nicht heraus. Sie lassen ihre körperlichen Begierden mit sich durchgehen und bleiben in die tausendundeinen Angelegenheiten verstrickt, bis sie sterben. – Wie traurig!

»Stille stellt die Natur des Wassers im besten Zustande dar.« (Siehe 8.1.)

27. Das Licht stehlen

Ein guter Läufer hinterläßt keine Spur.
Eine gute Rede gibt sich keine Blöße.
Ein guter Rechner gebraucht keine Rechenstäbchen.
Eine gut geschlossene Tür braucht keine Riegel
Und kann dennoch nicht geöffnet werden.
Ein gut geknüpfter Knoten braucht keinen Strick
Und kann doch nicht aufgeknüpft werden.

Darum versteht es der Weise, den Menschen zu helfen;
Aus diesem Grunde gibt es niemand, der verworfen (unbrauchbar) wäre,
Er versteht es, die Dinge zu bewahren;
Aus diesem Grunde wird nichts verworfen.[91]
Das heißt: das Licht stehlen.[92]

Darum ist der gute Mensch der Lehrer des bösen,
Und der böse Mensch die Belehrung des guten.[93]
Wer weder seinen Lehrer schätzt,
Noch die Belehrung liebt,
Ist weit in die Irre gegangen,
Obwohl er gelehrt sein mag.
– Das ist das feinste Geheimnis.

Ohne sich in metaphysischer Terminologie zu gefallen, ist Laotse doch ebenso mystisch wie Tschuangtse. »Ein guter Läufer hinterläßt keine Spur« *usw. bezieht sich auf das Prinzip, Harmonie und Ordnung zu erlangen, ohne sich auf äußerliche Hilfsmittel und Lösungen zu verlassen. Die Nutzlosigkeit solcher Hilfsmittel wird in Tschuangtses Besprechung der Nutzlosigkeit von Verträgen zur Erhaltung des Friedens aufgezeigt (siehe 19.1.), oder der Nutzlosigkeit einer Abrüstungskonferenz, wenn gegenseitiger Argwohn besteht (siehe 31.1.). Da Friede, Ordnung und das Streben nach Glück unsichtbare Dinge sind, können sie eben durch sichtbare Mittel nicht erlangt werden.*

27.1. *Der Weise weist niemanden ab.* Es war ein Mann aus dem Staate Lu, der war verstümmelt worden und hieß Schuschan Zehenlos. Er kam auf seinen Fersen einhergehend zu Konfuzius; aber dieser sagte: »Du warst unachtsam und hast dir dadurch dieses Unglück zugezogen. Was für einen Sinn hat es, jetzt zu mir zu kommen?«
»Ich habe mir die Füße verletzt, weil ich unerfahren war und auf meinen Körper nicht achtete«, sprach Zehenlos. »Jetzt bin ich mit etwas Kostbarerem gekommen, als es Füße sind, und das möchte ich bewahren. Es ist kein Mensch, den der Himmel nicht schirmte, und ist keiner, den die Erde nicht stützte. Ich dachte, daß Ihr, Meister, sein würdet wie Himmel und Erde. Ich habe nicht erwartet, solche Worte von Euch zu hören.«
»Verzeih meine Dummheit«, sagte Konfuzius. »Komm doch herein. Ich will dir alles sagen, was ich weiß.« Aber Zehenlos ging fort.
Als Zehenlos gegangen war, sprach Konfuzius zu seinen Schülern: »Nehmt euch ein Beispiel an ihm. Zehenlos ist einbeinig, trachtet aber dennoch zu lernen, um seine früheren Untaten wiedergutzumachen. Wieviel mehr müßten die zu lernen trachten, die keine Untaten gutzumachen haben!«

Zehenlos ging zu Lao Tan (Laotse) und sagte: »Ist Konfuzius ein Vollkommener, oder ist er es nicht ganz? Wie kommt es, daß er so sehr darauf aus ist, von Euch zu lernen? Er trachtet sich durch seine sonderbare, seltsame Gelehrsamkeit einen Ruf zu erwerben, was doch von einem Vollkommenen als bloßer Ballast betrachtet werden müßte?«

»Warum läßt du ihn nicht Leben und Tod, Möglichkeiten und Unmöglichkeiten als bloße Wandlungen eines und desselben Prinzips ansehen«, antwortete Lao Tan, »und befreist ihn so vom Ballast?«

»Gott hat ihn damit gestraft«, erwiderte Zehenlos. »Wie könnte er da befreit werden?«

Schenthu Tschia hatte nur ein Bein. Er studierte unter Pohun Wujen (»Wirrkopf Keinmensch«) zusammen mit Tsethschan [94] aus dem Staate Tscheng. Dieser sagte ihm: »Wenn ich als Erster weggehe, bleibt Ihr zurück. Wenn Ihr als Erster geht, bleibe ich zurück.«

Am nächsten Tag, als sie beide wieder zusammen auf der Matte im Vortragszimmer saßen, sagte Tsethschan: »Wenn ich zuerst gehe, bleibt Ihr zurück. Oder wenn Ihr zuerst geht, will ich zurückbleiben. Jetzt bin ich im Begriff zu gehen. Wollt Ihr bleiben oder nicht? Ich merke, daß Ihr einer hochgestellten Persönlichkeit keine Achtung erweist. Glaubt Ihr vielleicht mein Gleichgestellter zu sein?«

»Im Hause des Meisters«, erwiderte Schenthu Tschia, »gibt es bereits eine hochgestellte Persönlichkeit (den Meister). Vielleicht meint Ihr, Ihr seiet die hochgestellte Persönlichkeit und solltet den Vortritt vor allen übrigen haben? Ich habe gehört, daß sich auf einem Spiegel, wenn er vollkommen klar ist, kein Staub ansammelt; wenn sich Staub ansammelt, ist der Spiegel nicht mehr klar. Wer lange mit den Weisen umgeht, sollte ohne Fehler sein. Nun habt Ihr aber die großen Dinge zu Füßen unseres Meisters gesucht und könnt dennoch so etwas sagen. Meint Ihr nicht, daß Ihr da einen Fehler begeht?«

»Ihr seid bereits verstümmelt«, erwiderte Tsethschan, »dennoch trachtet Ihr noch immer mit Yao an Tugend zu wetteifern. Wenn man Euch so ansieht, möchte man meinen, Ihr hättet genug zu tun, um über Eure vergangenen Untaten nachzudenken.«

»Solche, die ihre Sünden verstecken«, sagte Schenthu Tschia, »um ihre Beine nicht zu verlieren, gibt es in großer Zahl. Solche, die vergessen, ihre Missetaten zu vergessen, und so ihre Beine (zur Strafe) verlieren, gibt es wenige. Nur der Tugendhafte kann das Unvermeid-

liche erkennen und unbewegt bleiben. Menschen, die vor der Ziel-
scheibe einhergehen würden, wenn Hou Yi (der berühmte Bogen-
schütze) schießt, würden getroffen werden. Die wenigen, die nicht
getroffen wurden, hatten einfach Glück. Es gibt viele Menschen mit
gesunden Beinen, die mich verlachen, weil ich keine habe. Das hat
mich früher zornig gemacht. Aber seit ich herkam, um bei unserem
Meister zu lernen, habe ich aufgehört, mich darüber aufzuregen.
Vielleicht ist es dem Meister gelungen, mich durch seine Güte zu
läutern. Jedenfalls bin ich jetzt neunzehn Jahre bei ihm, ohne mir
jemals meiner Versehrtheit bewußt zu werden. Ihr und ich schweifen
beide im Reich des Geistigen umher, und dennoch beurteilt Ihr mich
nach leiblichen Maßstäben. Begeht Ihr da nicht einen Fehler?«
Darauf begann Tsethschan unruhig zu werden, sein Gesichtsausdruck
wechselte, und er bat Schenthu Tschia, nichts mehr zu sagen.

28. Sich an das Weibliche halten

Wer sich des Männlichen bewußt ist,
Sich aber an das Weibliche hält,
Wird zur Schlucht der Welt.[95]
Da er die Schlucht der Welt ist,
Hat er den Urcharakter,[96] der nicht zerschnitten ist,
Und kehrt wieder zur (Unschuld des) Kleinkindes zurück.

Wer sich des Weißen (Hellen) bewußt ist,
Sich aber an das Schwarze (Dunkle) hält,
Wird zum Vorbild für die Welt.
Da er das Vorbild für die Welt ist,
Hat er die ewige Macht, die niemals irrt,
Und kehrt wieder zum ursprünglichen Nichts zurück.

Wer mit Ehre und Glanz vertraut ist,
Sich aber an das Dunkel hält,
Wird zum Tal der Welt.
Da er das Tal der Welt ist,
Hat er eine ewige Macht, die immer ausreicht,
Und kehrt wieder zur natürlichen Unversehrtheit ungeschnitzten
Holzes zurück.

Zerbrecht dieses ungeschnitzte Holz,
Und es wird zu Gefäßen verarbeitet
In den Händen der Weisen;
Die werden die Beamten und Richter.
Darum zerschneidet der große Herrscher nicht.

Wenn man das vierte Buch als Ganzes liest, liegt der Nachdruck auf dem Bewahren der Quelle der Kraft, welche die unverdorbene Menschennatur darstellt. Dieses Thema ist in diesem Kapitel und in Kap. 32 und 37 besonders deutlich herausgearbeitet. In seiner interessanten Schrift »Pferdehufe« behandelt Tschuangtse den Gedanken der Erhaltung der ursprünglichen Menschennatur, indem er den dieser Natur durch die Konfuzianer zugefügten Schaden mit dem einem Pferde durch einen berühmten Pferdebändiger zugefügten Schaden vergleicht. Laotses Sprachbilder – Bewahrung der »natürlichen Unversehrtheit«, »ungeschnitztes Holz« und »Nichtentscheiden« – werden in gleicher Formulierung wiedergegeben und noch stärker herausgestellt.
In »Die Hauptströmungen des Denkens« bezeichnet Tschuangtse »sich des Männlichen bewußt sein, sich aber an das Weibliche halten«, »die Schlucht der Welt sein« usw. als Grundlehren des Laotse.

28.1. *Der Rossebändiger Polo.* Pferde haben Hufe, um sie über Eis und Schnee zu tragen, und Haare, um sie vor Wind und Kälte zu schützen. Sie nähren sich von Gras, trinken Wasser, werfen die Schweife auf und galoppieren. Das ist die wahre Natur des Pferdes. Sie brauchen keine Zeremonienhallen und Ställe.

Eines Tages erschien Polo (ein berühmter Rossebändiger[97]) und sagte: »Ich verstehe mich auf die Behandlung von Pferden.« Dann sengte und schor er ihnen die Haare und beschnitt und brannte ihnen die Hufe. Er legte ihnen Halfter um die Hälse und Fesseln um die Beine und numerierte sie nach ihren Ställen. Das Ergebnis war, daß je zwei oder drei unter zehn starben. Dann machte er sie hungrig und durstig, ließ sie traben und galoppieren und lehrte sie, in geschlossenen Gruppen zu laufen, mit dem ganzen Elend eines bequasteten Zügels vorne und der Furcht vor der Knotenpeitsche hinten, bis mehr als die Hälfte tot waren.

Der Töpfer spricht: »Ich verstehe mich auf die Behandlung von Ton. Wenn ich ihn rund will, verwende ich Zirkel, wenn ich ihn eckig will, einen Winkel.« Der Zimmermann spricht: »Ich verstehe mich auf die Behandlung von Holz. Wenn ich es gebogen haben will, benutze ich einen Bogen, wenn gerade, ein Lineal.« Aber mit welchem Recht dürfen wir annehmen, daß die Natur des Tones und des Holzes diese Verwendung von Zirkeln und Winkeln, Bögen und Linealen verlangt? Dennoch rühmt jedes Zeitalter den Polo für seine Geschicklichkeit in der Pferdedressur und Töpfer und Zimmerleute für ihre Fertigkeit in der Behandlung von Ton und Holz. Die, welche die Angelegenheiten des Reiches lenken (regieren), begehen den gleichen Fehler.

Ich meine, daß einer, der das Reich zu regieren versteht, das nicht tun sollte. Denn die Menschen haben gewisse natürliche Instinkte – zu weben, sich zu kleiden, die Felder zu bebauen und sich zu nähren. Das ist ihr gemeinsamer Charakter, an dem alle teilhaben. Solche Instinkte können »Himmelsinstinkte« genannt werden. So hatten in den Tagen, da die Natur noch vollkommen war, die Menschen ruhige Bewegungen und ein heiteres Aussehen. Damals führten keine Pfade über die Berge, keine Boote und Brücken über das Wasser. Alle Dinge wurden, jedes in seiner naturgegebenen Gegend, erzeugt, Vögel und Tiere mehrten sich, Bäume und Sträucher gediehen. So kam es, daß Vögel und Säugetiere sich an der Hand führen ließen und man den Baum besteigen und in das Elsternnest gucken konnte. Denn in den Tagen der vollkommenen Natur lebte der Mensch mit Vögeln und Tieren beisammen und es gab keinen Artunterschied. Wer kannte einen Unterschied zwischen Volk und Edelmann? Da alle gleicherweise ohne Wissen waren, konnte ihr Charakter nicht in die Irre gehen. Da alle gleicherweise ohne Begierden waren, waren sie im Zustand natürlicher Unversehrtheit. In diesem Zustand natürlicher Unversehrtheit verloren die Menschen ihre (ursprüngliche) Natur nicht.

Doch als die Weisen erschienen, auf Menschlichkeit erpicht und hinkend vor Gerechtigkeit, kamen Zweifel und Verwirrung zu den Menschen. Sie sagten, sie müßten sich mit Musik belustigen und durch Zeremoniell Rangunterschiede einführen, und das Reich wurde in sich selbst uneins. Wenn das ungeschnitzte Holz nicht zerschnitten würde, wer könnte da Opfergeräte anfertigen? Wenn das Tao und der Charakter nicht zerstört wären, was wären Menschlichkeit und Gerechtigkeit nütze? Wenn die natürlichen Instinkte des Menschen nicht verloren wären, wozu brauchte man Musik und Zeremoniell? Wenn die fünf Noten nicht verstimmt wären, wer würde die sechs

Stimmpfeifen verwenden? Zerstörung der natürlichen Unversehrtheit der Dinge zur Erzeugung von Gegenständen verschiedener Art –
das ist die Schuld der Handwerker. Zerstörung des Tao und des Charakters, um nach Menschlichkeit und Gerechtigkeit zu streben – das
ist der Irrtum der Weisen.

28.2. *Rückkehr zur Natur.* »Was versteht Ihr unter Natur oder dem
Natürlichen? Und was versteht Ihr unter dem Menschen oder dem
Künstlichen?« fragte der Flußgeist.
Und der Geist des Nordmeeres erwiderte: »Wenn eine Kuh oder ein
Pferd vier Beine hat, nennen wir das Natur. Wenn man dem Pferd ein
Kummet um den Hals legt oder der Kuh einen Ring durch die Nase
zieht, nennen wir das künstlich. Darum heißt es: Lasset das Natür-
liche nicht vom Künstlichen überfluten. Zerstört Euer Leben nicht
um materieller Zwecke willen. Bringt Euren Charakter nicht dem
Ruhme zum Opfer. Bewahrt sorgfältig Eure Natur und laßt sie nicht
in die Irre gehen. Das heißt: »zur eigenen Natur zurückkehren«.

29. Warnung vor dem Eingreifen

Es gibt solche, die wollen die Welt erobern
Und aus ihr machen (was sie sich vorstellen oder begehren).
Ich sehe, daß es ihnen nicht gelingen wird.
(Denn) die Welt ist Gottes eigenes Gefäß;
Es kann (durch menschliches Eingreifen) nicht gemacht werden.
Wer es macht, verdirbt es.
Wer es festhält, verliert es.
Denn: Manche Dinge gehen vorwärts,
Manche Dinge folgen nach.
Manche blasen heiß,
Manche blasen kalt;[98]
Manche sind stark,
Und manche sind schwach;
Manche könnten brechen
Und andere könnten fallen.
Daher vermeidet der Weise das Übermaß,
Vermeidet Aufwand,
Vermeidet Hoffart.

In den Kapiteln 29, 30 und 31 richtet Laotse seine Gedanken auf den Krieg, der entsteht, weil der Mensch den Rat gegen Eingreifen, Streit und Streben vergißt. In diesen Kapiteln kommt Laotse zu einigen der besten Aussprüche, die je über den Krieg gemacht worden sind.

29.1. *Ein Gebiet haben, heißt etwas Großes haben.* Denn ein Gebiet haben, heißt etwas Großes haben. Wer etwas Großes hat, darf das Materielle nicht als materiell betrachten. Nur dadurch, daß man das Materielle nicht als materiell betrachtet, kann man Herr der Dinge sein. Der Grundsatz, das Materielle nicht als wirklich zu betrachten, beschränkt sich nicht nur auf die Regierung des Reiches. Ein solcher Mensch mag nach Gutdünken zwischen den sechs Grenzen des Raumes wandern, oder ungehemmt und frei über die neun Kontinente fahren. Das heißt der *einzige* sein. Der einzige ist der Höchste unter den Menschen.

In verschiedenen Anekdoten wird Konfuzius immer wieder wegen seiner Vorliebe, sein Wissen zur Schau zu stellen, gegeißelt. Zwei wurden schon in Abschnitt 24.3. erzählt. Hier folgt eine weitere:

29.2. *Anekdote über Konfuzius.* Ein Schüler des Laolaitse[99] begegnete eines Tages beim Brennholzsammeln dem Konfuzius. Er kehrte zurück und berichtete seinem Meister: »Da draußen geht ein Mann, der ist oben groß und unten gedrungen. Sein Rücken ist krumm und seine Ohren liegen hinten. Er hat einen Blick, als wollte er das ganze Weltall lenken. Ich weiß nicht, wessen Sohn er ist.«
»Das ist Thschiu (Konfuzius)«, sagte Laolaitse, »bitte ihn, zu kommen.«
Als Konfuzius eintrat, sagte Laolaitse: »Thschiu, vergeßt Euren Stolz und Euren Weisheitsblick. Dann könntet Ihr aussehen wie ein Herr.«

30. Warnung vor Gewaltanwendung

Wer sich durch das Tao vornimmt, dem Herrscher über Menschen zu helfen,
Wird sich jeglicher Eroberung durch Waffengewalt entgegenstellen.[100]

Denn eine solche muß notwendig zurückprallen.
Wo Heere sind, wachsen Dornen und Gestrüpp.
Die Aushebung einer großen Streitmacht
Hat ein Jahr der Dürre im Gefolge.[101]

Darum erreicht ein guter Heerführer sein Ziel und hält ein.
Er wagt es nicht, sich auf die Stärke der Waffen zu verlassen.
Er erreicht sein Ziel und rühmt sich dessen nicht;
Erreicht sein Ziel und prahlt darüber nicht;
Erreicht sein Ziel und ist nicht stolz darauf;
Erreicht sein Ziel als bedauerliche Notwendigkeit;
Erreicht sein Ziel, doch liebt er nicht Gewalt.
(Denn) die Dinge altern, wenn sie ihren Höhepunkt erreicht haben.
Diese (Gewalt) wäre gegen das Tao.
Und wer gegen das Tao ist, geht jung zugrunde.

31. Waffen des Bösen

Unter allen Dingen sind Soldaten[102] Werkzeuge des Bösen,
Den Menschen verhaßt.
Darum meidet sie der religiöse (taobesessene) Mensch.
Der Edle zieht im zivilen Leben die Linke vor,
Aber bei militärischen Anlässen begünstigt er die Rechte.[103]

Soldaten sind Waffen des Bösen,
Sie sind nicht die Waffen des Edlen.
Wenn man nicht anders kann, als Soldaten zu verwenden,
Ist die beste Politik ruhige Zurückhaltung.

Sogar im Sieg liegt keine Schönheit,[104]
Und wer ihn schön nennt, ist einer,
Der sich an der Schlächterei freut;
Und wer sich an der Schlächterei freut,
Wird in seinem Ehrgeiz, die Welt zu beherrschen, keinen Erfolg
haben.

(Die Dinge mit guter Vorbedeutung ziehen die Linke vor.
Die Dinge mit schlechter Vorbedeutung ziehen die Rechte vor.

Der Generalleutnant steht zur Linken,
Der General steht zur Rechten.
Das heißt, es wird als Bestattungsritus gefeiert.)

Die Hinschlachtung von Scharen müßte voll Kummer betrauert werden,
Ein Sieg müßte mit dem Bestattungsritus gefeiert werden. [105]

30.1. *Die Gefahr, sich auf ein Heer zu verlassen.* Der Weise verläßt sich nie auf etwas, auf das sich andere verlassen. Daher verläßt er sich nicht auf ein Heer. Die gemeinen Leute verlassen sich auf Dinge, auf die man sich nicht verlassen kann; also auf ein großes Heer. Wo ein Heer vorhanden ist, wäre es wider die menschliche Natur, nicht zu versuchen, zu erhalten, was man haben will. Und wenn man sich auf das Heer verläßt, geht man unter.

31.1. *Über die Leere des Sieges.* »Ich wollte Euch schon lange treffen«, sagte Fürst Wu von Wei (bekannt ob seiner Kriegstaten) zu Hsü Wukuei. »Ich liebe mein Volk und tue recht. Ich denke an Abrüstung. Was meint Ihr dazu?«
»Ihr könnt das nicht tun«, erwiderte Hsü Wukuei. »Wenn man das Volk liebt, beginnt man schon, ihm wehzutun. Wenn man in einer gerechten Sache abrüstet, ist das der Anfang der Wiederaufrüstung. Wenn Ihr damit anfangt, werdet Ihr nie etwas vollbringen. Die Liebe zu einem guten Namen ist das Werkzeug zu einem schlechten Namen. Obwohl Euer Durchlaucht der Humanitäts- und Gerechtigkeitslehre zu folgen wünschen, fürchte ich, daß Ihr in der Heuchelei enden werdet. Das Materielle führt zu Materiellem; mit der Leistung stellt sich der Hochmut ein; und der Krieg kommt, wenn die Umstände sich ändern. Laßt Eure Soldaten nicht im Paradeschritt vor den Türmen von Lithschiao marschieren und stellt Euer Fußvolk und Eure Reiter nicht im Tschuthan-Palast zu Schau. Erlangt nicht Güter durch unsittliche Mittel. Erreicht Euren Zweck nicht durch Verschlagenheit, List oder Krieg. Denn das Volk eines anderen Landes hinschlachten und sein Gebiet erobern, um seinen Privatbesitz zu mehren und sich selbst zu gefallen – was kann so ein Krieg schon Gutes bringen? Worin besteht schon so ein Sieg? Ihr sollt Euch nicht darum kümmern, Euch in Euch selbst versenken und die Dinge ohne Euer Eingreifen ihrer Natur gemäß gehen lassen. Dann werden die Leute

dem Tod bereits entronnen sein. Wozu braucht man da noch die Abrüstung?«

Tschuangtses Standpunkt zur Abrüstung mag zuerst abwegig scheinen, ist aber im Grunde richtig. Wenn es einmal nötig wird, von Abrüstung zu sprechen, müssen, wie die Menschheit erfahren hat, alle Abrüstungspläne scheitern. Sein Standpunkt ist im wesentlichen der der »moralischen Aufrüstung«.
In der folgenden Auswahl wird der Zwiespalt von Krieg und Frieden womöglich noch stärker herausgestellt. Die Lage vor zweitausend Jahren, als sowohl das Gerüstetsein, als auch das Ungerüstetsein gleicherweise gewagt erschienen, erinnert an die Gegenwart.

31.2. *Der Zwiespalt zwischen Krieg und Frieden.* Wei Yung (König Huei von Wei) schloß mit Thien Houmou (König Wei von Thschi, einem mächtigen Staat) einen Vertrag, den Thien brach. Wei Yung geriet in Wut und wollte jemanden hinschicken, um ihn zu ermorden. Sein Löwenhaupt (Titel eines Heerführers) schämte sich, als er davon hörte, und sprach zu ihm: »Ihr seid Herrscher eines Landes mit zehntausend Streitwagen und denkt an Rache durch Meuchelmord. Wenn Ihr mir ein Heer von zweihunderttausend Mann gebt, will ich Thien angreifen. Ich will sein Volk versklaven, sein Vieh und seine Pferde wegtreiben und ihn vor Scham und Gram vergehen lassen. Und dann wollen wir seine Hauptstadt schleifen. Wenn Thschi (Thien) aus seinem Lande flieht, werde ich ihm den Rücken zerschmettern und ihm das Rückgrat brechen.«

Tschitse war beschämt, als er davon hörte, und sagte: »Da hat einer eine zehn *Jen* starke Stadtmauer aufgerichtet und Ihr wollt sie niederreißen! Welch eine Vergeudung menschlicher Arbeit! Jetzt hat es sieben Jahre keinen Krieg mehr gegeben; das scheint mir ein guter Anfang zum Aufbau eines starken Staates. *Yen* (der Soldat) ist ein unüberlegter Kerl. Hört nicht auf ihn!«

Huaitse empfand Scham, als er davon hörte, und sagte: »Der Mann, der über einen Einfall in Thschi redet, ist ein unüberlegter Mensch. Der Mann, der darüber redet, nicht in Thschi einzufallen, ist auch ein unüberlegter Mensch. Und der Mann, der die beiden unüberlegt nennt, ist selbst unüberlegt.«

»Was soll ich also tun?« sprach der König.

»Suche einfach das Tao«, erwiderte Huaitse. Hueitse (Freund Tschuangtses, ein großer Sophist) hörte davon und ging Tai Tschinjen besuchen (und sagte ihm, was er zum König sprechen sollte).

(Auf den Rat Hueitses) sagte Tai Tschinjen zum König: »Habt Ihr je von einer Schnecke gehört?«

»Ja.«

»Auf der Spitze des linken Fühlers der Schnecke ist ein Königreich; sein Volk heißt *Thschu*. Und auf der Spitze des rechten Schneckenfühlers ist auch ein Königreich, dessen Volk *Man* heißt. Die Thschu und die Man führen ständig Krieg miteinander und kämpfen jeder um des anderen Gebiet. Wenn eine Schlacht stattgefunden hat, liegen die Toten zu Zehntausenden auf dem Schlachtfelde herum. Das geschlagene Heer flüchtet fünfzehn Tage lang, bis es nach Hause zurückkehrt.«

»So«, sagte der König. »Ihr habt mir da wohl eine Lügengeschichte erzählt?«

»Das ist gar keine Lügengeschichte. Darf ich Euch etwas fragen? Meint Ihr, daß der Raum des Weltalls begrenzt ist?«

»Unbegrenzt«, sagte der König.

»Wenn Ihr also Euren Geist im Unendlichen schweifen lassen könntet und im Lande des Verstehens angelangt wäret – würde da Euer Land nicht zu bestehen und dennoch nicht zu bestehen scheinen?«

»Wahrscheinlich«, sagte der König.

»Mitten im Lande des Verstehens liegt Euer Land, Wei, und mitten im Lande Wei liegt die Stadt Liang, und mitten in der Stadt Liang gibt es den König. Meint Ihr, daß zwischen diesem König und dem König der Man irgendein Unterschied besteht?«

»Kein Unterschied«, sprach der König.

Der Fragesteller entfernte sich, und der König wußte nicht, was er darüber denken sollte.

32. Das Tao ist wie das Meer

Das Tao ist absolut und hat keinen Namen.
Obwohl das ungeschnitzte Holz klein ist,
Kann es von niemand (als Gefäß) benutzt werden.
Wenn Könige und Fürsten (diese unverdorbene Natur) bewahren
können,
Wird die ganze Welt ihnen freiwillig die Herrschaft einräumen.

Himmel und Erde vereinigen sich
Und der süße Regen fällt,
Jenseits der Menschengewalt
Und doch gleichmäßig auf alle.

Dann entstand menschliche Gesittung und es gab Namen.[106]
Seit es Namen gibt,
Wäre es gut, wenn man wüßte, wo aufhören.
Wer weiß, wo er aufhören soll,
Mag vor Gefahr gefeit sein.
Das Tao auf der Welt
Ist Flüssen vergleichbar, die ins Meer fließen.[107]

Das vorliegende Kapitel kommt wieder auf das Thema von der Bewahrung der unverdorbenen Natur des Menschen zurück (das schon in Kap. 28 behandelt wurde) und sollte gemeinsam mit diesem und Kap. 37 gelesen werden. Hier heißt es, daß der Herrscher oder Weise, welcher seine ursprüngliche Natur unverdorben bewahrt, eine geheimnisvolle Macht oder Tugend erwirbt, die sich in seinem Land als ein alles durchdringender Einfluß fühlbar macht.
Aus der hier folgenden Auswahl ist der Unterschied zwischen Tao und Teh, das gewöhnlich mit »Wesen« oder »Charakter« übersetzt wird, leicht ersichtlich. Das Tao ist das unverkörperte, das Teh das verkörperte Prinzip. Infolgedessen ist das Tao unerkennbar, während das Teh erkennbar ist.

32.1. *Suche Ruhe in dem, was der menschliche Geist nicht erkennen kann.* Das Teh führt immer zur Einheit, die das Tao vorstellt, und die Erkenntnis muß in dem Ruhe suchen, was der menschliche Geist nicht erkennen kann. Das sind die Grenzen der Erkenntnis. Was im Tao einheitlich ist, wird im Teh unterschiedlich. Was das menschliche Bewußtsein nicht erkennen kann, kann in Worten unmöglich ausgedrückt werden. Es ist der Grundfehler der Konfuzianer und Motseaner, daß sie um des Ruhmes und des Ansehens willen überhaupt miteinander streiten. Das große Meer sträubt sich nicht dagegen, ostwärts zu fließen; darum ist es groß. Der Weise umfaßt das gesamte All und sein Einfluß macht sich über die ganze Welt fühlbar, aber wir kennen dennoch seinen Familiennamen nicht. Denn solange er lebt, hat er keinen Rang, und wenn er gestorben ist, wird ihm kein post humer Ehrentitel verliehen. Er häuft seine Güter an und macht sich keinen Namen. Ein solcher Mensch ist ein großer Mann. Ein Hund wird nicht als gut betrachtet, weil er bellt, und ein Mensch gilt nicht als klug, weil er gut zu reden versteht. Wieviel mehr gilt dies von einem, der ein Großer ist! Wer sich selbst für groß hält, kann nicht als groß betrachtet werden. Wieviel mehr gilt das von einem, der Teh (oder Charakter) besitzt! Ein Großer sein, heißt in sich selbst vollendet sein. Was ist selbstgenügsamer als das All – und doch: strebt das All jemals nach etwas, um Selbstgenügsamkeit zu erreichen? Wer die Wahrheit über die All-Genügsamkeit kennt, sucht nichts, verliert nichts und verwirft nichts. Er läßt seine Eigennatur durch Materielles nicht anfechten. Er sucht sie in sich selbst und findet in sich Unendlichkeit; er folgt den Alten, ist aber nicht ihr Knecht. Solcherart ist die Substanz des Großen Mannes.

Man beachte, daß die Zeile: »Das große Meer fließt nicht ostwärts« oder abwärts, die Bedeutung der beiden letzten Zeilen des vorangegangenen Laotse-Kapitels erklären soll. Weil das große Meer immer abwärts fließt, gleicht es dem Tao. Siehe Kap. 66.
Einer der wichtigsten Gedanken Tschuangtses ist der der Begrenztheit der Erkenntnis, bzw. sein Agnostizismus oder Skeptizismus über die Erkenntnis an sich. Tschuangtse wiederholt immer wieder, daß es die Welt des Erkennbaren und die Welt des Unerkennbaren gibt, daß die Welt des Erkennbaren die endliche Erkenntnis darstellt, daß aber die wichtigen Wahrheiten über Gott und das All zur Welt des Unerkennbaren gehören, die daher auf einer weit höheren Ebene steht.

32.2. »*Wissen, wo man stehenbleibt.*« *Tschuangtses Aussprüche über das Unerkennbare.* Das Menschenleben ist begrenzt, aber die Erkenntnis ist grenzenlos. Das Unterfangen, das Begrenzte dem Grenzenlosen nachjagen zu lassen, ist zum Mißlingen verurteilt; und zu vermeinen, man wisse etwas, ist wirklich unheilbringend.
Nur wer weiß, wie er dort, wo er nicht erkennen kann, stehenbleibt, hat die Grenzen der Erkenntnis erreicht.
Was der Mensch weiß, ist nur wenig. Obwohl dieses Wissen nur gering ist, muß der Mensch sich eher auf das stützen, was er nicht weiß, bevor er die Bedeutung Gottes erkennen kann.

DIE QUELLE DER MACHT   129

Was wir wissen können, ist im Vergleich zu dem, was wir nicht wissen können, nur wie ein Augenzwinkern (im Vergleich zur vollen Anschauung).

33. Selbsterkenntnis

> Wer andere erkennt, ist gelehrt.
> Wer sich selber erkennt, ist weise.
> Wer andere besiegt, hat Muskelkräfte,
> Wer sich selbst besiegt, ist stark.
> Wer zufrieden ist, ist reich.
> Wer entschlossen ist, hat Willensstärke.
> Wer seine Mitte nicht verliert, der dauert,
> Wer stirbt, während (seine Macht) bleibt,
> Hat ein langes Leben.

Dieses Kapitel enthält einige Aphorismen Laotses über Erkenntnis und Lernen, Stärke, Reichtum und seine eigene Definition des langen Lebens. Die Zeile »wer stirbt, während seine Macht bleibt, hat ein langes Leben« kommt offenbar seiner Definition der Unsterblichkeit sehr nahe. Laotse gibt hier dem chinesischen Worte Schou, langes Leben, das von den Chinesen als eine der größten Segnungen auf Erden betrachtet wird, eine etwas andere Bedeutung.

Wie alle großen Dichter-Philosophen hat auch Tschuangtse, vielleicht tiefer als Laotse, die Kürze und Tragik des Menschenlebens empfunden; der Gedanke an den Tod hat ihn stark beschäftigt. Jedenfalls berühren einige von Tschuangtses besten Schriften die Frage von Leben und Tod, über die Laotse verhältnismäßig wenig zu sagen hatte.

»Wer andere erkennt, ist gelehrt; wer sich selbst erkennt, ist weise.« Diese Gedanken wurden bereits im Kap. 24 angedeutet.

33.1. *Über Reichtum und Armut.* Yüan Hsien lebte zu Lu in einer Hütte. Das Dach war grasbewachsen und der Binsenvorhang vor der Tür zerrissen. Ein Maulbeerbaum diente als Türpfosten und ein Topfscherben als Fenster. Die Hütte hatte zwei Räume; das Fenster war mit Fetzen verkleidet, das Dach durchlöchert und der Fußboden feucht. Aber Yüan Hsien saß ganz ordentlich darin und spielte die

Laute. Eines Tages kam ihn Tsekung (ein Schüler des Konfuzius und erfolgreicher Diplomat) besuchen, hoch zu Roß, auf stolzem Zelter, in blauem Gewand und weißem Mantel. Sein großer Wagen kam nicht durch die schmale Allee. Yüan Hsien kam ihm entgegen, einen Haselstecken in der Hand, in einem Hanfkittel mit absatzlosen Schuhen.

»O weh! Was fehlt Euch?« sprach Tsekung.

»Mir fehlt nichts«, erwiderte Yüan Hsien. »Ich höre, daß man Geldlosigkeit Armut nennt. Aber die Wahrheit erkennen und sie nicht befolgen können, wird Krankheit genannt. Ich bin zwar arm, aber nicht krank.«

Tsekung wurde ein wenig verlegen und zögerte ein Weilchen, aber Yüan Hsien lachte: »Ihr wißt, daß ich manches nicht tun kann«, sagte er. »Dazu gehört: in der Welt umhergehen und Dinge um des Beifalls willen tun; mich in Gesellschaft bewegen und einen Freundeskreis um mich sammeln; um anderer Menschen willen studieren, um meinetwillen lehren; unter dem Mäntelchen der Menschlichkeit und Gerechtigkeit Böses tun; und den Luxus eines prächtigen Wagens genießen. Das alles kann ich nicht.«

»Der Zufriedene läßt sich um des Geldes willen nicht in Verstrickungen ein.«

Kaiser Yao kam den Hua besuchen, und ein Gefolgsmann des Hua sprach zu ihm: »Willkommen, Weiser! Darf ich einige Trinksprüche auf Euch ausbringen? Ich trinke auf Euer langes Leben.«

»Bitte, nicht«, erwiderte Kaiser Yao.

»Dann trinke ich auf Euren Reichtum.«

»Bitte, nicht«, erwiderte Kaiser Yao.

»Dann darf ich Euch doch viele Söhne wünschen?«

Kaiser Yao lehnte wiederum ab.

»Aber diese drei Dinge: ein langes Leben, Reichtum und viele Söhne werden doch von jedermann ersehnt«, sagte der Gefolgsmann. »Warum seid nur Ihr eine Ausnahme?«

»Viele Söhne haben heißt viele Sorgen haben«, erwiderte Yao, »Reichtum besitzen heißt mit vielen Dingen behelligt werden. Ein langes Leben haben heißt viele Demütigungen erleiden. Alle diese Dinge sind der Charakterentwicklung nicht förderlich. Darum habe ich Euren Trinkspruch abgelehnt.«

»Ich dachte, Ihr wäret ein Weiser«, sagte der Dienstmann, »nun aber

sehe ich, daß Ihr bloß ein Edler seid. Da Gott die Menschen erschaf-
fen hat, muß er doch für jeden von ihnen etwas zu tun haben. Wenn
Ihr viele Söhne habt, soll sich eben jeder eine Beschäftigung suchen.
Warum wollt Ihr Euch darüber Sorgen machen? Wenn Ihr zu viel
Geld habt, so teilt es doch einfach mit den anderen! Womit könnt Ihr
dann behelligt werden? Ein Weiser lebt wie ein Rebhuhn (ohne ständigen Aufenthaltsort) und ißt wie ein junger Vogel (mit dem zufrieden, was die Mutter ihm gibt). Er geht herum wie ein Vogel
(ohne bestimmtes Ziel) und entscheidet sich nicht. Wenn die Welt in
Ordnung ist, gedeiht er mit allen anderen, und wenn die Welt in Unordnung ist, pflegt er seinen Charakter und führt ein Leben der
Muße. Nach tausend Jahren, wenn dieses Erdenleben ihn zu lang-
weilen beginnt, wird er ein Luftgeist. Von weißen Wolken getragen,
fährt er zu Gott empor. Die drei Sorgen erreichen ihn nicht mehr,
und er bleibt vor Schaden bewahrt. Wie kann er da Demütigungen
erleiden?«

Mit diesen Worten entfernte sich der Gefolgsmann. Yao ging ihm
nach und sagte: »Kann ich mit Euch sprechen?«

»Geht lieber weg«, sagte der Gefolgsmann.

*Dazu wäre zu bemerken, daß nach dem taoistischen Grundsatz, alles
sei so zu nehmen, wie es eben komme, ein Jünger des Taoismus sogar
den Reichtum nicht zurückweisen dürfte. Bei Tschuangtse wird
Laotse einmal als ein Mann geschildert, der im Überfluß lebt und
einen Kornspeicher besitzt.*

*Im folgenden habe ich einige der vielen Aussprüche Tschuangtses
über den Tod zusammengestellt. Was er über Leben und Tod zu sagen
hat, findet sich in Kap. 50. Tschuangtses Bemerkungen über den
Schädel erinnern an die Yorick-Szene in Shakespeares Hamlet.*

33.2. *Der Schädel*. Tschuangtse ging nach Thschu und sah dort einen
Schädel. Er schlug auf ihn mit der Pferdepeitsche ein und fragte ihn:
»Wie bist du so weit gekommen? Hast du ein ausschweifendes Leben
geführt und deine Gesundheit untergraben? Warst du ein verurteilter
Verbrecher, der durch Henkershand starb? Hast du etwas verübt, was
deinen Eltern, deiner Gattin und deinen Kindern Schande brachte
(und hast du darum Selbstmord begangen)? Oder bist du Hungers
gestorben? Oder hast du ein hohes Alter erreicht und starbst eines
natürlichen Todes?«

Darauf ergriff er den Schädel und legte sich schlafen, indem er ihn als Kopfkissen benutzte. Um Mitternacht erschien ihm der Schädel im Schlaf und sprach: »Ihr spracht wie ein Sophist. Was Ihr da erwähntet, waren die Sorgen des irdischen Lebens. Wenn man gestorben ist, kennt man solche Sorgen nicht mehr. Wollt Ihr vom Leben nach dem Tod hören?«

»Ja«, erwiderte Tschuangtse.

»Im Tode«, fuhr der Schädel fort, »gibt es weder Könige noch Untertanen, noch einen Wechsel der Jahreszeiten. Man ist völlig frei und betrachtet Himmel und Erde als Frühling und Herbst. Eine solche Glückseligkeit übertrifft sogar die eines Königs.«

Tschuangtse wollte ihm nicht glauben und fragte: »Wenn ich den Herrn über das Leben bitten würde, dein Leben wiederherzustellen, dir Knochen, Fleisch und Haut zu geben, dich deinen Eltern und Verwandten wiederzugeben und die ganze Nachbarschaft zu verständigen, wäre dir das recht?«

Der Schädel runzelte die Brauen, seine Augen wurden tief und er sprach: »Wie könnte ich wohl die Glückseligkeit eines Königs gegen die Sorgen der sterblichen Welt eintauschen wollen?«

33.3. *Als Tschuangtses Frau starb.* Tschuangtses Frau war gestorben und Hueitse kam zu ihm, um sein Beileid auszusprechen. Er fand ihn auf dem Boden kauernd, singend und auf einem Becken dazu den Takt schlagend.

»Nun hat ein Mensch mit Euch gelebt und Euch Kinder geboren, und ihr alter Leib ist gestorben. Genügt es nicht, daß Ihr nicht weint? Aber singen und dazu auf einem Becken den Takt schlagen – ist das nicht zuviel?«

»Nein«, erwiderte Tschuangtse. »Als sie starb, war ich natürlich sehr traurig. Aber dann dachte ich nach und begriff, daß sie ursprünglich kein Leben hatte, und nicht bloß kein Leben, sondern keine Gestalt, und nicht nur keine Gestalt, sondern auch keinen Geist *(Yin* und *Yang).* Sie war ein Teil einer großen Gestaltlosigkeit. Dann veränderte sie sich und empfing Geist, der Geist veränderte sich und erhielt Gestalt, die Gestalt veränderte sich und sie empfing Leben, und nun verändert sie sich abermals und geht in den Tod ein. Sie macht also nur einen Ablauf durch, der dem Wechsel von Frühling, Sommer, Herbst und Winter gleicht. Da liegt sie nun friedvoll in einem großen Hause. Wenn ich zusammenbrechen und laut weinen würde, würde ich mich wie ein Mensch verhalten, der das Schicksal nicht versteht. Darum habe ich zu weinen aufgehört.«

33.4. *Tschuangtse stirbt.* Tschuangtse lag im Sterben und seine Schüler wollten ihm ein prächtiges Begräbnis rüsten.

»Ich betrachte Himmel und Erde als meinen Sarg und Außensarg, Sonne und Mond als ein paar Jade-Geschenke und die Sternenbilder als meine Grabjuwelen, und die ganze Schöpfung wird zu meinem Begräbnis kommen. Wird das nicht eine prächtige Leichenfeier sein? Was könnte ich mir Besseres wünschen?«

»Wir fürchten aber, daß Geier und Krähen kommen und unseren Meister fressen werden!« sagten die Schüler.

»Über der Erde werde ich von den Geiern und unter der Erde von den Ameisen gefressen werden. Warum wollt ihr die einen berauben und mich den anderen geben? Warum wollt ihr (die Ameisen) bevorzugen?« erwiderte Tschuangtse.

33.5. *Der Tod des Laotse.* Als Laotse gestorben war, kam Thschin Yi zum Begräbnis. Er stieß drei gellende Schreie aus und ging dann wieder.

Ein Jünger fragte ihn: »Wart Ihr denn nicht ein Freund unseres Meisters?«

»Gewiß«, erwiderte Thschin Yi.

»Haltet Ihr dann aber diese Trauerkundgebung zu seinem Tod für ausreichend?«

»Ja«, sagte Thschin Yi. »Ich hatte anfangs geglaubt, er sei ein sterblicher Mensch, aber jetzt weiß ich, daß das nicht der Fall ist. Als ich kam, um meine Trauer zu bezeigen, fand ich alte Leute vor, die weinten, als wären ihre Kinder, und junge, die weinten, als wären ihre Eltern gestorben. In einer solchen Lage spricht man unwillkürlich bestimmte Worte aus, und die Augen vergießen unwillkürlich Tränen. (Aber ein solches Verhalten) (ein solcher Schrei wegen eines Todesfalls) heißt, die natürlichen Prinzipien (Leben und Tod) verkennen und bloß menschliche Bindungen verstärken, indem man die Quelle vergißt, aus der wir das Leben schöpfen. Die Alten nannten das: ›Der Rückwirkung des Lebens entgehen wollen.‹ Der Meister kam, weil seine Geburtsstunde gekommen war, er ging, weil seine Abschiedsstunde gekommen war. Wer dem natürlichen Verlauf und der natürlichen Abfolge der Ereignisse zustimmt und in

Gehorsam gegen sie lebt, steht jenseits von Freud und Leid. Die Alten
nannten das ›Befreiung aus der Knechtschaft‹.«

33.6. *Gespräch von vier Freunden über Leben und Tod.* Vier Männer,
Tsesze, Tseyü, Tseli und Tselai, führten miteinander ein Gespräch
und sagten: »Wer das Nicht-Sein zum Haupt, das Leben zum Rückgrat und den Tod zum Schwanz machen kann, und wer begreift, daß
Tod, Leben, Sein und Nichtsein eines sind, kann in unseren Freundeskreis aufgenommen werden.« Die vier sahen einander lächelnd an,
verstanden einander zutiefst und wurden Freunde.
Einige Zeit später erkrankte Tseyü, und Tsesze kam ihn besuchen.
»Der Schöpfer ist wahrlich groß«, sagte der Kranke. »Seht, wie er
mich gefaltet hat!« Sein Rücken war so stark gebeugt, daß seine Eingeweide verkehrt lagen, sein Kinn lag in seinem Nabel vergraben und
seine Schultern waren höher als sein Kopf. Sein Halswirbel ragte gen
Himmel. Das ganze Gefüge seines Organismus war gestört, aber sein
Geist blieb völlig gelassen. Er schleppte sich zu einem Brunnen und
sagte: »Oh, daß mich Gott so zusammengefaltet hat!«
»Ist dir das unlieb?« fragte Tsesze.
»O nein, warum auch?« erwiderte Tseyü. »Wenn mein linker Arm
ein Hahn würde, wäre ich imstande, damit den Morgen zu verkün-
den. Wenn mein rechter Arm eine Schleuder würde, könnte ich damit
einen Vogel schießen und braten. Wenn mein Gesäß ein Räderpaar
und mein Geist ein Pferd würde, könnte ich auf ihnen herumfahren –
wozu würde ich dann einen Wagen brauchen? Ich trat ins Leben, weil
meine Zeit gekommen war, und verlasse es nun nach dem natürlichen
Ablauf der Dinge. Da ich mit dem Kommen der Dinge zu ihrer Zeit
zufrieden bin und im Einklang mit dem Tao lebe, berühren mich
Freude und Trauer nicht. Das ist, wie die Alten sagten: aus der
Knechtschaft befreit sein.[108]
Nach einiger Zeit wurde Tselai krank und lag, nach Atem ringend, da,
während seine Familie ihn weinend umstand. Tseli kam ihn besuchen
und rief seiner Frau und den Kindern zu: »Geht weg! Ihr behindert
nur seine Auflösung!« Dann sprach er, an die Tür gelehnt: »Wahr-
lich, Gott ist groß. Was wird er wohl jetzt an dir machen? Wohin wird
er dich senden? Glaubst du, daß er aus dir eine Rattenleber oder ein
Insektenbein machen wird?«
»Ein Sohn«, antwortete Tselai, »muß dort hingehen, wohin ihn die
Eltern schicken, nach Osten, Westen, Norden oder Süden. *Yin* und

Yang sind nun nichts anderes als Eltern. Wenn das *Yin* und das *Yang* von mir wollen, daß ich rasch sterbe, und ich säumig bin, ist das meine und nicht ihre Schuld. Das Große (All) gibt mir diese Gestalt, diese Arbeit in meinen Mannesjahren, dieses Ausrasten im Alter, diese Ruhe im Tode. Gewiß ist der, der mir im Leben ein so gütiger Zuteiler war, auch der beste Zuteiler meines Todes.«

»Stelle dir nur vor, das geschmolzene Erz in einem Schmelzkessel würde aufschäumen und sprechen: ›Mach aus mir ein Moyeh!‹[109] Der Gießermeister würde dieses Erz als unheimlich zurückweisen. Und wenn ich, bloß weil ich in Menschengestalt gegossen wurde, sprechen wollte: ›Wie, nur ein Mensch? Bloß ein Mensch?‹, würde der Schöpfer mich als unheimlich zurückweisen. Wenn ich das All als Schmelzkessel und den Schöpfer als Gießmeister betrachte, wie könnte ich mir da Sorgen machen, wohin ich geschickt werde?«

Dann sank er in einen friedlichen Schlummer und erwachte spring-lebendig.

33.7. *Gespräch von drei Freunden über Leben und Tod.* Tsesang Hu, Mengtse Fan und Tsethschin Tschang führten miteinander ein Ge-spräch und sagten: »Wer kann zusammen leben, als lebte man nicht zusammen? Wer kann einander helfen, als hülfe man einander nicht? Wer kann in den Himmel steigen und, in den Wolken umherschwei-fend, im äußersten Unendlichen, seiner eigenen Existenz vergessen, immerdar und endlos herumspringen?«

Die drei sahen einander an, lächelten voll tiefsten Verstehens und wurden Freunde.

Nicht lange nachher starb Tsesang Hu, und Konfuzius entsandte Tse-kung zur Trauerfeier. Aber Tsekung fand einen seiner Freunde beim Aufschlichten von Kokon-Plachen und den anderen beim Saitenspiel, wobei sie zusammen folgendes Lied sangen:

> »O komm zu uns zurück, Sang Hu,
> O komm zu uns zurück, Sang Hu,
> Du gingst zum wahren Leben ein,
> Wir müssen hier noch Menschen sein, oh!«

Tsekung kam eilig herein und sprach: »Wie könnt ihr nur in Gegen-wart eines Leichnams singen? Heißt das Anstand?«

Die beiden sahen einander an und lachten. »Was versteht denn dieser Mensch von Anstand?« Tsekung ging zurück, berichtete dem Konfu-zius und fragte ihn: »Was für Menschen sind das eigentlich? Ihr Ziel

ist, das Nichts zu pflegen und ihren Geist außerhalb ihrer Leiber her-
umschweifen zu lassen. Sie können neben einem Leichnam sitzen
und ganz unbekümmert singen. Es gibt keine Bezeichnung für solche
Leute. Was für eine Gattung Menschen sind sie?«

»Diese Menschen«, sagte Konfuzius, »schweifen jenseits des Materiellen umher; ich bewege mich diesseits davon. Infolgedessen treffen
sich unsere Wege nicht und ich war töricht, Euch zur Trauerfeier zu
schicken. Sie betrachten sich als Gefährten des Schöpfers und wandern innerhalb des einen Weltgeistes umher. Sie sehen das Leben als
einen großen Kropf oder ein großes Geschwür an und den Tod als ein
Aufbrechen eines Abszesses. Wie könnten sich solche Menschen über
das Herannahen von Leben und Tod oder deren Folgen bekümmern?
Sie borgen ihre Gestalt von den verschiedenen Elementen und nehmen zeitweise Zuflucht zu den landläufigen Formen, ihrer inneren
Organe bewußt und ihren Gesichts- und Gehörsinn vergessend. Sie
durchlaufen ihr Leben vorwärts und rückwärts, wie in einem Kreis,
ohne Anfang und Ende, selbstvergessen jenseits des Staubes der
Sterblichkeit lustwandelnd und mit den Angelegenheiten des Nicht-
Tuns spielend. Wie sollten sich solche Menschen betriebsam um diese
Welt bekümmern, damit die Leute auf sie schauen?«

»Aber wenn das der Fall ist«, sagte Tsekung, »mit welcher Welt (der
Körper- oder der Geisterwelt) möchtet Ihr da zu tun haben?«

»Ich bin einer, der von Gott verurteilt wurde. Dennoch will ich (das,
was ich weiß) mit Euch teilen.«

»Darf ich Euch nach Eurer Methode fragen?«

»Die Fische leben ihr eigentliches Leben im Wasser. Die Menschen
leben ihr eigentliches Leben im Tao«, erwiderte Konfuzius. »Die, welche ihr eigentliches Leben im Wasser leben, verwirklichen ihre Natur
in der Untätigkeit. Daher der Ausspruch: Fische verlieren sich (sind
glücklich) im Wasser, der Mensch verliert sich (ist glücklich) im
Tao.«

»Darf ich«, sprach Tsekung, »Euch noch über (diese) seltsamen Leute
befragen?«

»Diese seltsamen Leute«, erwiderte Konfuzius, »sind in den Augen
der Menschen seltsam, aber in den Augen Gottes normal. Daher heißt
es, daß der Niedrigste im Himmel auf Erden der Beste wäre, und der
Beste im Himmel der Niedrigste auf Erden.«

34. Das Große Tao fließt überall

Das Große Tao fließt überall.
(Wie eine Flut) kann es rechts oder links fließen.
Die zehntausend Dinge leiten ihr Leben von ihm ab,
Und es versagt sich ihnen nicht.
Wenn das Werk vollbracht ist,
Ergreift es nicht Besitz.
Es kleidet und nährt die zehntausend Dinge,
Beansprucht sie aber dennoch nicht als sein eigen.
Oft, ohne Denken oder Leidenschaft (angesehen),[110]
Kann es als klein betrachtet werden.
Da es die Heimat[111] aller Dinge ist,
Aber nichts beansprucht,
Kann es als groß betrachtet werden.
Weil es bis ans Ende keine Größe beansprucht,
Wird Größe erzielt.

34.1. *Die Immanenz des Tao.* »Wo ist denn dieses sogenannte Tao?«
fragte Tungkuotse den Tschuangtse.
»Das Tao ist überall.«
»Das müßt Ihr aber näher erklären.«
»Es ist in den Ameisen«, war die Antwort.
»Wie, so niedrig ist es?«
»Es ist in den Unkrautsamen«, sagte Tschuangtse wiederum.
»Es wird ja immer niedriger«, rief Tungkuotse.
»Das Tao ist in Krügen und Ziegeln.«
»Das wird ja immer ärger!«
»Es ist im Kote«, sagte Tschuangtse.
Da sagte Tungkuotse nichts mehr. Tschuangtse sprach: »Was Ihr eben
gefragt habt, ist eine Frage, die für mich schwer zu beantworten und
mit Beispielen zu belegen ist. Als Korporal Huo zum Marktvorsteher
ging, um Schweine zu kaufen, schaute er auf die Schweinehufe (als
die geeignetste Stelle, um ein Schwein zu beurteilen). Ihr hätte mich
nicht nach besonderen Beispielen fragen sollen, denn so könnt Ihr
nicht vom Materiellen loskommen. Große Wahrheiten sind eben (ungreifbar) wie diese hier, und große Lehren ebenfalls.«

34.2. *Das Tao ist überall.* Das Tao ist unendlich; im Bereich des Kleinsten gibt es nichts so Kleines, daß das Tao nicht in ihm wäre. So entstehen die zehntausend Dinge. Es ist aber auch so groß, daß es alles umfaßt. Tief wie das Meer, kann es nicht ausgelotet werden.

»Die größten Bereiche des Raumes reichen nicht über seine Grenzen hinaus, und der kleinste Vogelflaum im Herbst harrt seiner Macht, um Gestalt anzunehmen.« *(Siehe 6.1.)*

35. Der Friede des Tao

Halte das Große Sinnbild fest,[112]
Und die ganze Welt folgt,
Folgt ohne Schaden zu erleiden,
(Und lebt in) Gesundheit, Frieden, Wohlfahrt.

Biete Gutes zu essen,
Und der Wanderer verweilt.
Aber Tao ist milden Geschmacks.
Angeschaut, kann es nicht gesehen werden,
Angehört, kann es nicht gehört werden,
Angewandt, versagt sein Zustrom nie.

Liehtse – oder der Verfasser des ihm zugeschriebenen Werks – entwickelt insbesondere den Teil der taoistischen Lehre, der die Herrschaft des Geistes über den Stoff betont. In den Werken Tschuangtses erscheint er als ein Luftgeist, der auf dem Wind reitet. Kuanyin war der Wächter des Passes, der Laotse überredete, das Buch vom Tao zu schreiben. Siehe »Die Hauptströmungen des Denkens«.

35.1. *Friede durch Festhalten am Tao.* »Der vollkommene Mensch geht unerkannt in der Welt umher und begegnet keinen Hindernissen«, sagte Liehtse zu Kuanyin. »Er schreitet auf Feuer, ohne die Hitze zu fühlen, und wandert furchtlos auf großen Höhen. Wie vermag er das zu tun?«

»Das kommt von der vollkommenen Konzentration des Geistes«, erwiderte Kuanyin. »Er gehört einer völlig anderen Seinsordnung an als menschliche Klugheit und physischer Mut. Laßt mich das erklären. Alles, was Ton, Farbe und Aussehen besitzt, gehört zu den stofflichen Dingen. Ein stoffliches Ding kann von einem anderen stofflichen Ding nicht allzuweit entfernt sein und man kann von ihm aus nicht in die Nicht-Sinnenwelt hinaufreichen. (Aber) die Dinge sind aus dem Gestaltlosen geschaffen und kehren zum Unvergänglichen zurück. Wer an ihm (dem Tao) festhält und ihm immerfort nachstrebt, kann durch die stofflichen Dinge nicht behindert werden... Ein Trunkener fällt vom Wagen, und obwohl er sich verletzt, ist der Schaden nicht tödlich. Seine Knochen sind die gleichen wie die anderer Menschen, aber er erleidet nicht die gleichen Verletzungen, weil sein Geist ganz bleibt. Er merkt weder, daß er in einem Wagen fährt, noch daß er hinunterfällt. Leben und Tod, Sorgen und Befürchtungen bekümmern ihn nicht; darum begegnet er furchtlos allen Hindernissen. Wenn nun sogar ein Mensch, der die Ganzheit des Geistes durch den Wein erreicht hat, so sein kann, wieviel leichter müßte das für einen Menschen sein, der die Ganzheit des Geistes durch die Natur erlangt hat!

Der Weise nimmt bei der Natur seine Zuflucht. Darum ist er vor jedem Schaden gefeit. Der Rächer übt seine Rache nicht an Schwert und Schild (seines Feindes); selbst der Rachsüchtige ärgert sich nicht über den Dachziegel (der ihm zufällig auf den Kopf gefallen ist). Darum lebt die Welt in Frieden; wenn sie dem Tao folgt, sind die Zerstörungen des Krieges unbekannt, und es gibt keine Todesstrafe. Entwickelt nicht die Natur, welche vom Menschen, sondern die, welche von Gott kommt. Aus der Erfahrung dessen, was von Gott kommt, folgt der Charakter; aus der Entfaltung dessen, was vom Menschen kommt, folgt Schaden. Wenn die Menschen sich hartnäckig an das halten, was von Gott kommt, ohne das zu vernachlässigen, was vom Menschen kommt, können sie der Verwirklichung ihrer Lauterkeit nahekommen.«

Das Ergebnis einer solchen Vermengung von Tun und Nichttun, eines Lebens, das sich sowohl oberhalb der Welt, als auch notwendigerweise innerhalb derselben abspielt, ist eine Geisteshaltung, die man »Milde« oder »Reife« nennen könnte, und die die Haupttugend des Taoisten ist. Die Ausdrücke Milde, Stille, Ruhe, Nichttun werden zusammen und beinahe als auswechselbare Termini verwendet, wie aus 37.1. ersichtlich ist. Ebenso, wie das Tao milde ist, ist es auch der Taoist.

35.2. *Mildert euer Wissen mit Güte.* Die Alten, welche Tao übten, stärkten ihr Wissen durch Güte. Sein Wissen durch Güte stärken, heißt begreifen, daß man leben muß, aber nicht von Verstandesschärfe abhängt. Wenn Wissen (und Liebe zur) Güte einander verstärken, wird das friedliebende Temperament aus der Natur des Menschen hervorgezogen.

35.3. *»Angewandt, versagt sein Zustrom nie.«* »Empfangen, ohne voll zu werden, vergossen werden, ohne leer zu werden, und nicht wissen, wie einem geschieht – das ist die Kunst der Bewahrung des Lichtes.«

36. Der Rhythmus des Lebens

Dem, (dessen Macht) geschmälert werden soll,
Muß man vorerst gestatten, sich auszudehnen,
Wer geschwächt werden soll,
Muß vorerst gestärkt werden,
Wer erniedrigt werden soll,
Muß vorerst zur Macht erhöht werden.
Wem genommen werden soll,
Muß vorerst gegeben werden –
Das heißt – das geheime Licht.

Sanftheit überwindet Stärke:
Fische sollten im tiefen Wasser gelassen werden,
Und die scharfen Waffen des Staates sollten dort belassen werden, wo sie keiner sehen kann.

In diesem Kapitel finden wir eine Darstellung der praktischen Folgen der Lehre von der allgemeinen Umkehr. Tschuangtse kommt in seinem schönen Essay »Herbstfluten« nach einer ausführlichen Abhandlung über die Relativität von Maßstäben und Unterscheidungen zu folgendem Schlusse:

36.1. *Die Lehre von der Umkehr.* »Seid still, Onkel Fluß. Was wißt Ihr denn von den Unterschieden zwischen vornehmen und geringen Häusern und zwischen den großen und den kleinen Familien?« schloß der Geist des Nordmeeres.

»Was soll ich aber dann tun und was nicht tun? Was soll ich annehmen und was zurückweisen? Was soll ich tun?« fragte der Flußgeist.

»Was ist denn«, spricht der Geist des Nordmeeres, »vom Standpunkt des Tao aus überhaupt höherer und niederer Stand? Denn das Tao ist die Lehre von der Umkehr. Verlegt doch Euren Geist nicht mit starren Begriffen, denn das würde dem Tao zuwiderlaufen. Was ist viel und was ist wenig? Seid (dem Himmel) für das dankbar, was Ihr habt. Verfolgt nicht unentwegt nur eine einzige Richtung, denn das hieße vom Tao abweichen. Seid streng gegen Euch selbst, gerecht wie ein Landesherr und gelassen wie das Erdgottopfer, bei dem Gebete für das allgemeine Wohl gesprochen werden. Fließet überall im weiten, grenzenlosen Bereich, über alle Schranken hinweg. Liebet alle Geschöpfe gleich.«

»Wenn man die Erscheinungen des Aufstiegs und Niedergangs, des Wachstums und Verfalls vornimmt, so betrachtet mein Geist Aufstieg und Niedergang nicht als Aufstieg und Niedergang, sieht Wachstum und Verfall nicht als Wachstum und Verfall an, betrachtet Anfang und Ende nicht als Anfang und Ende, Entstehen und Vergehen nicht als Entstehen und Vergehen.« *Siehe 25.3.*

»Sie alle sind durch das Tao zu einem eingeebnet. Entzweiung ist dasselbe wie Schöpfung, Schöpfung dasselbe wie Zerstörung. Es gibt eigentlich keine Schöpfung und keine Zerstörung, denn beide werden wiederum durch das Tao auf eines zurückgeführt.« *Siehe 2.1.*

36.2. *Vereinigt werden, heißt getrennt werden.* In der Natur der Dinge und in der bekannten Überlieferung menschlicher Angelegenheiten ist es anders. Vereinigt werden, heißt getrennt werden. Vollendet werden, heißt zerstört werden. Geschärft werden, heißt stumpf werden. In hoher Stellung sein, heißt getadelt werden. Tun heißt hemmen. Hervorragend sein, heißt Gegenstand von Ränken werden. Dumm sein, heißt übervorteilt werden. Ach, gibt es überhaupt etwas auf dieser Menschenwelt, das man als gesichert betrachten könnte? »Bedenket, meine Jünger, daß man nur im Tao- und Teh-Dorfe Zuflucht finden kann«, spricht Tschuangtse.

36.3. *Zeichen des Erfolges und des Mißerfolges.* Es gibt acht Zeichen des Mißerfolges und drei Zeichen des Erfolges. Der Leib enthält sechs innere Organe. Schönheit, ein langer Bart, hoher Wuchs, Größe,

Stärke, Anmut, Mut, Kühnheit – wer in diesen Eigenschaften andere
übertrifft, ist zum Mißerfolg verurteilt. Beharrlichkeit, Nachgiebigkeit und Vorsicht, das Gefühl also, anderen nicht gewachsen zu sein –
diese drei sind die Zeichen des Erfolges.

37. Weltfriede

Das Tao tut niemals,
Aber alles wird durch es getan.
Wenn Fürsten und Herzöge das Tao wahren können,
Wird die Welt von selbst verbessert werden.
Wenn sie verbessert wird und in Tätigkeit tritt,
Möge sie durch die namenlose Schlichtheit von ehemals in Schranken
gehalten werden.
Die namenlose Schlichtheit von ehemals
Ist vom Begehren nach Wettbewerb frei,
Durch das Freisein vom Begehren wird Ruhe erzielt,
Und die Welt gelangt von selbst zum Frieden.

*Die vorhergehenden Kapitel behandelten fortlaufend die These, daß
Ruhe und Untätigkeit den Zustand der unverdorbenen Natur, der
Quelle aller Macht, darstellen. Gleichzeitig ist uns aber auch klarge-
worden, daß eine völlige Abkehr von aller Tätigkeit unmöglich ist, da
wir ja in der Menschenwelt leben; man gelangt somit zu der sich
daraus ergebenden Haltung einer milden Passivität, einer nachsich-
tigen Gelassenheit als der weisesten Lebensform. In der folgenden
Auswahl finden wir die vielleicht vollständigste Schilderung der
Lehre von der Untätigkeit, die sich auf die Nachfolge der Natur und
des schweigenden Wirkens des Alls gründet und gelassene Passivität
sowie eine milde, gereifte Haltung als die Einstellung des Weisen zum
Leben empfiehlt.*

37.1. *Die Lehre von der Untätigkeit und Gelassenheit.* Der Himmel
dreht sich und speichert nicht; so werden die Dinge der Schöpfung
gebildet. Der Herrscher eines Staates läßt alles seinen Gang gehen
und speichert nicht; darum folgt und gehorcht ihm die Welt. Der
Einfluß des Weisen kreist überall und speichert nicht; darum huldigt
ihm die Welt. Die Wege der Natur und des Weisen verstehen, die

Veränderung der Elemente in Zeit und Raum sehen und beide auf das Verhalten des Herrschers anwenden, heißt begreifen, daß jedes Ding seinen besonderen Lauf nimmt, daß aber inmitten all dieser Tätigkeit ein Zustand der Ruhe besteht. Der Weise ist nicht etwa deshalb ruhig, weil er sich sagt: »Es ist gut, ruhig zu sein«, und darum beschließt, es zu sein. Er ist vielmehr schon seinem Wesen nach ruhig, weil nichts auf der Welt imstande ist, seinen Seelenfrieden zu stören. Wenn Wasser sich in Ruhe befindet, ist es so klar, daß es den Bart eines Mannes widerspiegeln kann; es erhält sich völlig waagerecht und wird auch vom Zimmermann benutzt, um die Waagerechte zu bestimmen. Wenn nun das Wasser klar ist, wenn es sich in Ruhe befindet, wieviel mehr der Menschengeist! Wenn der Geist des Weisen ruhig ist, wird er zum Spiegel des Alls, der alles, was in ihm liegt, widerspiegelt.

Passivität, Ruhe, Gereiftheit, Gelöstheit und Untätigkeit bezeichnen die Dinge des friedvollen Alls und stellen den Höhepunkt der Entwicklung des Tao und des Charakters vor. Darum suchen der Herrscher und der Weise hierin ihren Ruhepunkt. Ausruhen heißt passiv sein, passiv sein, heißt Kraftreserven haben, und Kraftreserven bedeuten Ordung. Passivität bedeutet Ruhe, und wenn die Ruhe wieder zur Tätigkeit wird, ist jede Tätigkeit richtig. Ruhe bedeutet Untätigkeit, und wenn der Grundsatz der Untätigkeit vorherrscht, tut jedermann seine Pflicht. Untätigkeit bedeutet, mit sich selbst in Frieden sein, und wenn einer mit sich selbst in Frieden ist, können ihm Kummer und Sorgen nichts anhaben, und er hat ein langes Leben.

Passivität, Ruhe, Gereiftheit, Gelöstheit und Untätigkeit stellen die Wurzel aller Dinge vor. Dadurch, daß Yao das verstand, wurde er Kaiser, und wurde Schun ein guter Minister. Bei einem Mächtigen wurden diese Eigenschaften die Merkmale des Kaisers, des Himmelssohnes; bei gewöhnlichen Menschen wurden sie zu Merkmalen des Weisen und königlichen Philosophen. Der eine zieht sich mit solchen Tugenden zurück, und alle Gelehrten, die in Muße in den Bergen und Wäldern, an den Seen und Flüssen wohnen, bewundern ihn. Der andere nimmt ein Amt an, um die Welt in Ordnung zu bringen, erzielt große Ergebnisse, und die Welt wird geeinigt. Der eine bleibt still und wird ein Weiser, der andere handelt und wird ein König. Wenn er nichts tut und seine ursprüngliche Einfachheit sorgfältig bewahrt, kann sich niemand auf der ganzen Welt mit ihm an Charakterschönheit messen. Denn solch ein Mensch versteht das Wesen des Alls. Das heißt die große Grundlage und die große Quelle alles Seins. Das

heißt, im Einklang mit Gott sein. Die Welt in Ordnung bringen, heißt
im Einklang mit den Menschen stehen. Im Einklang mit den Menschen stehen ist die Musik des Menschen, und im Einklang mit Gott
sein ist die Musik Gottes. Tschuangtse spricht: »Ach, Meister, mein
Meister! Er stutzt alles Geschaffene zu und nennt das nicht Gerechtigkeit. Er läßt alles Geschaffene gedeihen und nennt das nicht Güte.
Er reicht weiter zurück als fernste Urzeit und betrachtet sich doch
nicht als alt. Er bedeckt den Himmel, stützt die Erde und erzeugt
mannigfaltige Formen der Dinge, betrachtet sich aber nicht als geschickt.« Das heißt die Musik des Himmels. Darum heißt es: Wer die
Musik des Himmels versteht, bleibt im Leben gemäß der Natur und
nimmt im Tode am Wandlungsprozeß der Dinge teil. In der Ruhe ist
sein Charakter in Einklang mit dem *Yin*-Prinzip; in der Tätigkeit ist
seine Bewegung in Einklang mit dem *Yang*-Prinzip. Daher wird einer,
der die Musik des Himmels versteht, nicht vom Himmel getadelt oder
von den Menschen verurteilt, von materiellen Dingen belastet oder
von Gespenstern bestraft. Darum heißt es: »In der Tätigkeit gleicht er
dem Himmel, in der Ruhe gleicht er der Erde. Weil sein Geist Ruhe
gefunden hat, wird er König der Welt. Sein abgeschiedener Geist erscheint nicht wieder, um andere zu stören, und seine Seele kennt
keine Müdigkeit. Weil sein Geist Ruhe gefunden hat, huldigt ihm die
Schöpfung.« Das will besagen, daß Passivität und Ruhe Prinzipien
sind, die Himmel und Erde und die ganze Schöpfung durchziehen.
Das ist die Musik des Himmels. Die Musik des Himmels ist das, womit der Weise alles Lebendige nährt.

37.2. »*Die Welt gelangt von selbst zum Frieden.*« *Die Nachfolge der
Natur.* Obwohl Himmel und Erde groß sind, wirken sie unparteiisch
auf alle Dinge ein. Obwohl die Dinge der Schöpfung zahlreich sind, ist
das Prinzip des Friedens nur eines. Obwohl es viele Menschen in
einem Staat gibt, ist ihr Herrscher der König. Der König folgt dem
Teh (dem Charakter des Tao) nach, und läßt die Dinge ihrer Natur
gemäß heranreifen. Daher heißt es: »Die Könige der Urzeit taten
nichts.« Darin folgten sie bloß dem Wesen der Natur. Wenn man die
Rang- und Amtsbezeichnungen im Lichte des Tao beurteilt, wird die
Stellung des Königs festgelegt. Wenn man die Stellungsunterschiede
im Lichte des Tao beurteilt, werden die Pflichten des Königs und seiner Minister klargestellt. Wenn man die Fähigkeiten im Lichte des
Tao beurteilt, werden die Staatsbeamten ihre Pflichten erfüllen.

Wenn man alles im Lichte des Tao beurteilt, kommt alles unseren Bedürfnissen nach. Darum ist Charakter (Teh) das, was mit Himmel und Erde verwandt ist, und Tao das, was die ganze Schöpfung durchdringt. Darum heißt es: »In alten Zeiten hatten diejenigen, welche halfen, das Leben des Volkes zu erhalten, selber kein Begehren, und die Welt lebte in Überfluß, tat nichts, und alle Dinge wurden wiederhergestellt, blieben in tiefer Ruhe, und das Volk lebte in Frieden.«

38. Verfall

Der Mensch höheren Charakters ist sich (seines) Charakters nicht (bewußt),
Daher hat er Charakter.
Der Mensch minderen Charakters (bestrebt sich), den Charakter nicht zu verlieren,
Daher ist er ohne Charakter.
Der Mensch höheren Charakters handelt nie,
Noch (tut er es) aus einer Absicht.
Der Mensch minderen Charakters handelt
Und (tut es) aus einer Absicht.
Der Mensch höherer Güte handelt, (tut es) aber ohne Absicht.
Der Mensch höherer Gerechtigkeit handelt, (tut es) aber mit Absicht.
(Aber wenn) der Mann von höherem *Li*[113]
Handelt und keinen Anklang findet,
Krempelt er die Ärmel auf
Und zwingt es den anderen auf.

Darum:
Wenn das Tao verlorengegangen ist, dann (entsteht die Lehre von der) Menschlichkeit,
Wenn die Menschlichkeit verlorengegangen ist, dann (entsteht die Lehre von der) Gerechtigkeit,
Wenn die Gerechtigkeit verlorengegangen ist, dann (entsteht die Lehre vom) *Li*.
Li ist also die Verwässerung der Redlichkeit und Ehrlichkeit des Herzens,
Und der Anfang des Chaos.

Die Propheten sind die Blüte des Tao
Und der Ursprung der Narrheit.
Darum weilt der edle Mensch im schweren (Stamm)
Und nicht im dünnen (Ende).
Er weilt in der Frucht
Und nicht im blühenden (Ausdruck).
Darum verwirft er das eine und empfängt das andere.

Dies ist eines der bekanntesten Kapitel des Laotse. Es bezeichnet in vielen zweibändigen Ausgaben den Anfang des zweiten Buches. Ich finde eine solche Einteilung unangebracht. Nach meinem Dafürhalten sind alle wichtigen philosophischen Prinzipien, welche die Grundlage der Philosophie des Laotse bilden, in den ersten vierzig Kapiteln enthalten; nach Kapitel 40 behandelt das Buch mehr praktische Fragen, wie Lebensführung und Staatstheorie.

Gegenstand des vorliegenden Kapitels ist der Verfall des Tao durch das Aufkommen der bewußten Lehren der Philosophen, insbesondere der konfuzianischen Grundlehren von der »Menschlichkeit«, »Gerechtigkeit«, »Sitte« und »Musik«. Es sollte zusammen mit Kap. 18 und 19 gelesen werden, die eine Auswahl aus Tschuangtses wütenden Protesten gegen den Konfuzianismus bringen.

38.1. *Der Verfall des Tao.* Tao kann nicht erreicht werden. Teh kann nicht erlangt werden. Gerechtigkeit kann mangelhaft sein, und Zeremoniell ist nur ein Mittel der Geziertheit. Darum heißt es: »Wenn Tao verlorengegangen ist, dann entsteht Teh; wenn Teh (Charakter) verlorengegangen ist, dann entsteht die Lehre von der Menschlichkeit; wenn die Menschlichkeit verlorengegangen ist, dann entsteht die Lehre von der Gerechtigkeit; wenn Gerechtigkeit verlorengegangen ist, dann entsteht die Lehre vom Zeremoniell.« Zeremoniell stellt das verwelkende Blühen des Tao dar und den Beginn des Weltchaos.

Das vorstehende Zitat stammt offensichtlich von Laotse, da es mit dem Text dieses Kapitels wörtlich übereinstimmt und mit einigen anderen Zitaten zusammen vorkommt, die sich ebenfalls im Buche Laotses finden.

38.2. *Die richtige Rangordnung menschlicher Institutionen.* Die Hauptsachen sollten zuerst kommen und die Nebensachen zuletzt. Das Wesentliche sollte dem Herrscher vorbehalten sein und die Einzelheiten den Ministern. Die drei Armeen und die fünf Waffengattungen sind Dinge, die zu den Regierungsmitteln gehören. Beförderungen und Bestrafungen, Ausschreibungen und Belohnungen, sowie das Strafgesetz sind Nebensachen eines Staates; Zeremoniell und Gesetze, Rangstufen und Statistik sowie die Vergleichung der Wortbezeichnungen sind Nebensachen der Staatskunst; Glocken und Trommeln sowie Federschmuck Nebensachen der Musik; Weinen und Trauern sowie das Tragen hänfener und hanfgesäumter Gewänder sowie die Abstufungen der Trauerzeiten Nebensachen der Trauerkundgebung. Diese fünf Gruppen von Nebensachen erfordern, bevor sie durchgeführt werden können, Aufmerksamkeit und bewußtes Planen. Die Altvorderen besaßen diese Kenntnis des Unwesentlichen, setzten es aber nicht an erste Stelle – über das Tao sprechen, ohne diese Wertordnung einzuhalten, heißt das Tao verfehlen. Über das Tao sprechen und es dabei verfehlen – wozu könnte so ein Sprechen nützen? Darum versuchten die Alten, welche das Große Tao verstanden, zuerst die Natur und dann das Tao und das Teh zu verstehen. Wenn sie das Tao und das Teh verstanden hatten, begannen sie Menschlichkeit und Gerechtigkeit zu verstehen. Als Menschlichkeit und Gerechtigkeit verstanden wurden, begannen sie sich um die Unterschiede der Ränge und Amtspflichten zu kümmern. Nach der Festsetzung der Ränge und Amtspflichten gingen sie daran, die Wortbezeichnungen in Ordnung zu bringen. Nachdem die Wortbezeichnungen festgelegt waren, begannen sie über die Ernennungen zu entscheiden. Nachdem die Ernennungen vorgenommen waren, begannen sie, die Laufbahn der Beamten zu überprüfen. Nachdem deren Amtslaufbahn überprüft war, versuchten sie über Recht und Unrecht zu entscheiden. Nachdem sie über Recht und Unrecht entschieden hatten, erwogen sie Beförderungen und Bestrafungen. Wenn die Beförderungen und Bestrafungen ordnungsgemäß durchgeführt waren, dann befanden sich Kluge und Dumme, Hohe und Niedrige, Gute und Böse, ein jeder auf seinem richtigen Platz, auf dem er seine Fähigkeiten gebrauchen und seiner Stellung gemäß wirken konnte. So können die Oberen bedient, die Unteren richtig ernährt, die Geschäfte besorgt und das Selbst gepflegt werden, es ist unnötig, sich auf Schlauheit und Ränke zu verlassen, und alles Verdienst wird Gott zugeschrieben. Das ist die Herrschaft des Friedens, der Höhepunkt der Staatskunst. Darum heißt es in einem alten Buch: »Wenn es Form gibt, gibt es Namen.« Die Alten besaßen

dieses Wissen um Formen und Namen, stellten es aber nicht an erste
Stelle. Bei der Schilderung der großen Prinzipien (der Regierung)
kam nach der Meinung der Alten die Wissenschaft von der Wortbedeutung an die fünfte und Beförderungen und Bestrafungen an die
neunte Stelle. Mit der Besprechung der Wortbedeutungen zu beginnen (wie es die Konfuzianer tun), heißt die Grundlagen nicht richtig
einschätzen. Mit der Besprechung der Beförderungen und Bestrafungen beginnen, heißt die Grundlagen nicht erkennen. Das heißt, die
Weltordnung des Tao völlig umkehren. Solche (Regierungstechniker)
sollten anderen dienen; wie könnten sie Herrscher sein? Mit der Behandlung der Wortbedeutung, der Beförderungen und Bestrafungen
zu beginnen, heißt zwar die Mittel, aber nicht die Grundsätze der
Regierung kennen. Solche Menschen können zwar in der Regierung
verwendet werden, können aber die Welt nicht regieren. Sie sind eben
bloße Fachleute.

38.3. *Wie konfuzianische Lehren zum Chaos führen.* Übrigens führt
Liebe (Überfeinerung) zum Sehen zur Ausschweifung in der Farbe;
Liebe zum Hören führt zur Ausschweifung in Tönen; Liebe zur
»Menschlichkeit« führt zur Verwirrung des Charakters; Liebe zur
»Gerechtigkeit« führt zur Verderbnis der Grundsätze; Liebe zum Zeremoniell *(Li)* führt zu einer allgemeinen Vorliebe für rein technische
Fertigkeit; Liebe zur Musik führt zur allgemeinen Geilheit des Den-
kens; Liebe zur Weisheit führt zu einer Mode der Kunst; und Liebe
zum Wissen führt zu einer Vorliebe für Kritik. Wenn man die Menschen friedlich ihre natürlichen Instinkte ausleben ließe, könnten die
vorhergehenden acht Dinge gelten oder nicht gelten; das würde
nichts ausmachen. Wenn man aber den Leuten nicht gestattet, ihre
natürlichen Lebensinstinkte friedlich auszuleben, erzeugen diese acht
Dinge Unzufriedenheit, Streben und Streit, und führen die Welt zum
Chaos.
Dennoch liebt und schätzt sie die Welt. Das geistige Chaos der Welt
sitzt wirklich tief! Ist es bloß ein vorübergehendes, leicht zu beheben-
des Übel? Aber solche Leute fasten, bevor sie über diese Dinge sprechen, knien nieder, wenn sie solche Tätigkeiten ausüben, und singen
und schlagen die Trommel, um sie zu feiern. Was kann ich schon
dagegen tun?

*Weitere Beispiele des Gegensatzes zwischen taoistischem und konfu-
zianischem Denken finden sich in den erdachten Gesprächen zwischen Laotse und Konfuzius.*
*Der Taoismus legt großen Wert auf unbewußte Güte, eine Güte, die
natürlich und absichtslos ist. Sobald die Güte mit Absicht verbunden
ist, wird sie als Verfall oder Abweichung vom Tao betrachtet.*

38.4. *Unbewußte Güte.* Dahin (zum Tao) zu gelangen, ohne zu begreifen, warum das so ist, heißt Tao.
Es gibt keinen größeren Schaden für den eigenen Charakter als Tu-
gendübung mit Absicht.
Tschuangtse sagt: »Beim Bogenschießen ist der gute Schütze der,
welcher die Scheibe trifft, ohne vorher zu zielen.«
Man empfindet Vergnügen, bevor man lächelt, und lächelt, bevor
man daran denkt, wie man lächeln soll.

39. Einheit durch Ergänzungen

In alten Zeiten gab es solche, die besaßen das eine;
Durch Besitzen des einen wurde der Himmel geklärt,
Durch Besitzen des einen wurde die Erde gefestigt,
Durch Besitzen des einen wurden die Götter vergeistigt,
Durch Besitzen des einen wurden die Täler gefüllt,
Durch Besitzen des einen lebten und wuchsen alle Dinge,
Durch Besitzen des einen wurden Fürsten und Herzöge die Geadelten
des Volkes.
– So wurde ein jedes so, wie es ist.

Ohne Klarheit würden die Himmel zittern.
Ohne Festigkeit würde die Erde beben.
Ohne Geistigkeit würden die Götter verfallen.
Ohne gefüllt zu werden, würden die Täler zerspringen.
Ohne lebenspendende Kraft würden alle Dinge zugrunde gehen.
Ohne Adelung würden Fürsten und Herzöge straucheln.
Darum ist der Adel auf die Stützung durch das gewöhnliche Volk
angewiesen,
Und die Höheren auf die Unterstützung der Niederen.

Aus diesem Grunde nennen sich die Fürsten und Herzöge »Verwai-
ste«, »Einsame« und »Unwürdige«.
Ist es nicht so, daß sie auf die Stützung durch das gewöhnliche Volk
angewiesen sind?
Wahrlich, nehmt die Teile eines Wagens ab,
Und es ist kein Wagen (übrig).[114]
Besser als klimpern wie die Jade
Ist dröhnen wie die Felsen.

39.1. *Die Macht des Tao.* Hsi Wei erlangte das Tao und brachte dadurch das Weltall in Ordnung. Fuhsi[115] erlangte es und vermochte die
Geheimnisse der ewigen Prinzipien zu entwenden. Der Große Tau-
cher erlangte es und wich niemals von seinem Laufe ab. Die Sonne
und der Mond erlangten es und hörten niemals zu kreisen auf. Khan
Phi[116] erlangte es und hauste im Khunlun-Gebirge. Phing[117] erlangte
es und herrschte über die Flüsse. Tschien Wu[118] erlangte es und
wohnt auf dem Thai-Berg. Der Gelbe Kaiser[119] erlangte es und fuhr
auf den Wolken zum Himmel auf. Tschuan Hsü[120] erlangte es und
weilt im Dunklen Palast. Yü Thschiang[121] erlangte es und ließ sich am
Nordpol nieder. Die Westliche (Feen-) Königin-Mutter erlangte es
und schlug ihren Wohnsitz in Schao Kuang auf – seit wann und bis
wann, weiß niemand. Pheng Tsu erlangte es und lebte von der Schun-
Zeit bis in die Zeit der Fünf Fürsten. Fu Yüeh erlangte es und dehnte
als Minister Wu Tings[122] dessen Herrschaft über das ganze Reich aus.
Und jetzt hat er, auf dem Tungwei (einem Sternbild) fahrend und vom
Tschiwei (einem anderen Sternbild) gezogen, seinen Platz unter den
Sternen am Himmel eingenommen.

39.2. *Die Macht hinter Frühling und Herbst.* »Mein Jünger, was bist
du so erstaunt?« sprach Kengsang-Thschu (ein Jünger Laotses).
»Der Frühling kommt und alle Pflanzen sprießen. Der Herbst
kommt und die Ernte wird eingebracht. Nun, glaubst du wirklich,
daß Frühling und Herbst dies bewirken, ohne daß etwas hinter ihnen
stünde?«

39.3. *Wie ein Weiser in der Welt lebt.* Yan Hsiang hielt an der Mitte
fest und nahm die Dinge, wie sie kamen. Er ahnte nichts von Anfang,
Ende, Vergangenheit und Gegenwart. Er verfolgte den Ablauf der
Veränderungen in der Natur, aber da er sich an das eine hielt, wußte

er, daß das eine ewig und unveränderlich ist. Nicht einen Augenblick vergaß er die Einheit der Dinge, denn wer bewußt versucht, sich nach der Natur zu bilden, es aber nicht zustandebringt, verliert die Fähigkeit, mit den Alltagsangelegenheiten fertig zu werden. Denn ein Weiser ist sich der Natur, des Menschen, der Anfänge und des Materiellen gar nicht bewußt. Er geht durch die Welt, ohne zurückzufallen, und alles, was er unternimmt, gelingt. So hält er sich eng an das Tao.

40. Das Prinzip der Wiederkehr

Wiederkehr ist die Tat des Tao.
Sanftheit ist die Wirkung des Tao.
Die Dinge dieser Welt kommen aus dem Sein,
Und das Sein (kommt) aus dem Nicht-Sein.

Dieses Kapitel ist wohl die knappste Zusammenfassung der Lehre des Laotse. Das Grundlegendste daraus ist die Darstellung des Grundsatzes der Wiederkehr als der Wirkung des Tao. Das wurde bereits in den Abschnitten 25.2., 25.3. und 36.1. behandelt. Siehe insbesondere 25.3. »Der ewige Kreislauf« und den Ausspruch »Alldurchdringend beginnt der Kreislauf wieder, wenn er endet«. (40.1.)

40.1. *Wiederkehr ist die Wirkung des Tao.* Und da alle Dinge gleich sind, wie könnte man sagen, welches von ihnen lang und welches kurz ist? Das Tao ist ohne Anfang und ohne Ende. Das Materielle wird geboren und stirbt, ohne daß Anerkennung für seine Entwicklung gefordert würde. Leere und Fülle wechseln ab, ohne daß ihre Beziehungen festgelegt wären. Vergangenes kann nicht zurückgerufen, die Zeit nicht aufgehalten werden. Die Aufeinanderfolge von Werden und Vergehen, Zunahme und Abnahme geht im Kreise, wobei jedes Ende zu einem neuen Anfang wird. Nur in diesem Sinne dürfen wir über die Wege der Wahrheit und die Prinzipien des Alls sprechen. Das Leben der Dinge verläuft wie ein vorüberstürmendes, galoppierendes Pferd, das bei jeder Wendung und zu jeder Stunde die Richtung ändert. Was soll man tun und was nicht tun? Laßt (den Kreislauf der) Wandlungen von selbst weitergehen!

40.2. *Der Ursprung der Dinge. Entstehung des Seins aus dem Nicht-sein.* »Meint Ihr«, fragte Jan Thschiu den Konfuzius, »daß man je etwas über den Ursprung des Weltalls wird wissen können?«

»Aber gewiß«, erwiderte Konfuzius, »das Längstvergangene ist doch genau wie die Gegenwart.«

Jan Thschiu wußte nicht, was er antworten sollte, und entfernte sich. Am nächsten Tage kam er wieder und sagte: »Gestern habe ich Euch gefragt, ob wir etwas über den Ursprung des Weltalls wissen können, und Ihr sagtet: Ja, die Vergangenheit ist wie die Gegenwart. Gestern schien es mir, als verstünde ich, was Ihr meintet, aber heute komme ich mir wieder wie im Dunklen vor. Würdet Ihr mich, bitte, aufklären?«

»Ihr verstandet gestern ganz gut, was ich gemeint hatte, weil Ihr in vollem Besitz Eures Geistes wart. Und jetzt kommt Ihr Euch wie im Dunklen vor, weil Ihr ihn verloren habt und wiederzufinden versucht. Es gibt die Vergangenheit und die Gegenwart gar nicht, noch gibt es Anfang und Ende. Ist es möglich, Kinder und Enkel zu haben, bevor man Kinder und Enkel hat?«

Ehe Jan Thschiu erwidern konnte, fuhr Konfuzius fort: »Ich sehe, daß Ihr nicht erwidern könnt. Betrachtet den Tod nicht als etwas, das aus dem Leben entsteht, und das Leben nicht als etwas, das mit dem Tode stirbt. Sowohl das Leben als auch der Tod sind von etwas anderem abhängig und finden ihre Einheit anderswo. Meint Ihr, daß es etwas gegeben hat, das vor der Entstehung des Alls bestanden hat? Dieses Etwas, das die anderen Dinge hervorbrachte, kann nicht selbst ein Ding sein, denn Dinge können nicht bestehen, bevor es etwas gibt. Es muß also etwas gewesen sein, was vor ihm war, und es muß etwas gegeben haben, was sogar früher war als das vorhergehende Etwas.«

Siehe auch 2.3.
»Alle Dinge kommen aus dem Nicht-Sein.« Siehe 1.4.

FÜNFTES BUCH
LEBENSFÜHRUNG

41. Eigenschaften des Taoisten

Wenn die höchste Menschenart das Tao (die Wahrheit) hört,
Bemüht sie sich, ihm gemäß zu leben.
Wenn die Mittelmäßigen das Tao hören,
Scheinen sie es zu bemerken und doch nicht zu bemerken.
Wenn die niederste Menschenart das Tao hört,
Bricht sie in lautes Gelächter aus.
Wenn es nicht verlacht würde, wäre es nicht das Tao.

Darum gibt es ein Sprichwort:
»Wer das Tao versteht, scheint schwer von Begriff,
Wer im Tao fortgeschritten ist, scheint zurückzugleiten;
Wer auf dem ebenen Tao (Weg) schreitet,
Scheint aufwärts und abwärts zu gehen.«

Höherer Charakter erscheint wie ein Hohlraum (Tal);
Reines Weiß erscheint wie geschwärzt;
Großer Charakter erscheint wie ungenügend;
Fester Charakter erscheint wie hinfällig;
Reiner Wert erscheint wie befleckt.
Großer Raum hat keine Ecken,
Große Begabung braucht lange zum Reifen,
Große Musik wird leise gehört,
Große Form hat keinen Umriß,
Und das Tao ist verborgen, ohne Namen.
Dieses Tao versteht es, (seine Macht) zu leihen und Erfüllung
zu bringen.

Die philosophische Grundlage des Denkens Laotses und Tschuangt-
ses wurde in den vorhergehenden vier Büchern erschöpfend behan-
delt. Von jetzt an befaßt sich Laotses Buch vom Tao hauptsächlich mit
der praktischen Anwendung seiner Philosophie, ein Umstand, der die
herkömmliche Einteilung des Werkes in zwei Hälften scheinbar
rechtfertigt. Das erste, aus den Kapiteln 1 bis 37 bestehende Buch

wurde das Buch vom Tao genannt, das zweite, Kapitel 38 bis 81, das
Buch vom Teh. Nach sorgfältigem Studium dieser Kapitel bin ich je-
doch zu dem Schluß gekommen, daß eine solche Aufteilung auf zwei
Bücher, von denen das eine die Grundsätze, das andere ihre Anwen-
dung behandelt, wenn sie überhaupt vorgenommen werden soll, hier
an diesem Punkte vorgenommen werden müßte, und zwar haupt-
sächlich deswegen, weil das vierzigste Kapitel die beste Zusammen-
fassung der gesamten Philosophie Laotses enthält.
Tschuangtses wichtigste philosophische Gedanken wurden bereits in
den vorhergehenden Kapiteln gebracht, jedoch mit zwei Ausnah-
men: Erstens handeln Tschuangtses schönste Schriften vom Problem
des Lebens und des Todes (ich habe sie im Kapitel 50 zusammenge-
stellt). Zweitens wird Tschuangtses Theorie der Erkenntnis und ihrer
Begrenzungen in Kapitel 56 weiterentwickelt. Diese beiden Kapitel
sind zum Studium von Tschuangtses Denken unerläßlich. Das
Thema der Kapitel 41 bis 46 ist die Zufriedenheit und die Wirklichkeit
oder Unwirklichkeit von Gewinn und Verlust. Ein Herausgeber, Wu
Thscheng, hat vor alters die Kapitel 41, 42, 43 zu einem einzigen
zusammengefaßt, so wie er es auch mit mehreren anderen Kapitel-
gruppen getan hatte. Seine Neueinteilung der Kapitel ergibt meist
eine bessere Kontinuität der Gedanken.

41.1. »*Reines Weiß erscheint wie geschwärzt. Großer Charakter er-*
scheint wie ungenügend.« Yang Tsetschü (Yang Tschu) ging nach Süden, um die Stadt Phei zu besuchen. Damals reiste Lao Tan (Laotse)
westwärts nach Thschin, und Yang Tschu vereinbarte mit ihm ein
Treffen in der Vorstadt; sie kamen also in Liang zusammen. Als
Laotse den Yang auf der Straße erblickte, hob er sein Haupt zum Himmel und seufzte: »Ich hatte gemeint, Ihr könntet mein Jünger werden. Nun weiß ich, daß Ihr es nicht könnt.«
Yang Tsetschü antwortete nicht. Als sie eintrafen, ließen sie sich ein
Wasserbecken und Handtücher bringen, streiften die Schuhe ab und
ließen sie vor der Tür stehen. Yang Tschu nahte sich Lao Tan auf den
Knien und sagte: »Ich wollte Euch etwas fragen, Meister, aber Ihr
wart auf der Straße beschäftigt, und so wagte ich es nicht. Jetzt seid
Ihr frei. Darf ich fragen, worin meine Schuld besteht?«
»Ihr habt so ein hochmütiges Aussehen. Wer würde wünschen, mit
Euch in einem Zimmer zu sein? Reines Weiß erscheint wie ge-
schwärzt; großer Charakter erscheint wie ungenügend.«

Yang Tsetschü wechselte seinen Gesichtsausdruck und sprach: »Ich danke Euch für Euren Rat.«

Als nämlich Yangtse sein Haus verließ, um Laotse aufzusuchen, machten die Hausbewohner ihm Platz; ein Greis hielt ihm die Matte hin, und eine Frau hielt Kamm und Handtücher bereit. Die anderen Hausbewohner machten die Matte frei, und der Koch verließ den Herd, um ihm Platz zu machen. Als er aber zurückkam (nachdem er Laotse getroffen hatte), setzten sich die Hausgenossen ungezwungen auf die Matte zu ihm.

In Tschuangtses Aufsatz über »Die Hauptströmungen des Denkens« wird dieses Zitat aus Laotse in folgendem Wortlaut angeführt: »Seid euch des Weißen bewußt, doch haltet euch an das Geschwärzte.«

42. Der Gewaltmensch

Aus dem Tao entsteht das Eins;
Aus dem Eins das Zwei;
Aus dem Zwei das Drei;
Aus dem Drei das geschaffene All.
Das geschaffene All trägt am Rücken das *Yin* und vorne das *Yang*;
Durch die Vereinigung dieser alldurchdringenden Prinzipien erlangt es den Einklang.

Was die Menschen am meisten hassen,
Ist »verwaist«, »einsam« und »unwürdig« sein.
Und doch bezeichnen sich die Fürsten und Herzöge mit solchen Namen.
Denn manchmal tut es den Dingen gut,
Wenn man ihnen etwas wegnimmt,
Und sie leiden Schaden,
Wenn man ihnen etwas hinzufügt.

Andere haben das Weistum gelehrt,
Das auch ich lehren will:
»Der Gewaltmensch wird eines gewaltsamen Todes sterben.«
Das will ich als meinen geistlichen Lehrmeister ansehen.

42.1. »*Aus dem Tao entsteht das Eins.*« »Da ich das Wort eins aussprechen kann, wie könnte es keine Sprache geben? Wenn es sie aber
gibt, haben wir eins und die Sprache, also zwei; und zwei und eins –
drei, von welchem Punkte aus sogar die besten Mathematiker kein
Ende erreichen können.« *Siehe 2.3.*

*Über die Wirksamkeit von Yin und Yang siehe 25.1. »Das Geheim-
nis des Alls« und 25.2. »Der ewige Kreislauf«.*

43. Der weichste Stoff

Der weichste Stoff der Welt
Geht durch den härtesten.
Das, was keine Form hat, durchdringt das,
Was keinen Hohlraum hat;
Durch dieses erkenne ich die
Wohltat des Nicht-Handelns [123].

Das Lehren ohne Worte
Und die Wohltat des Nicht-Handelns
Sind im Weltall ohnegleichen.

43.1. *Das, was keine Form hat, durchdringt das, was keinen Hohl-
raum hat. Das Gleichnis vom Metzger.* Fürst Hueis Koch war damit
beschäftigt, einen Ochsen zu zerwirken. Jeder Schlag seiner Hand,
jedes Heben seiner Schultern, jeder Tritt seines Fußes, jeder Stoß
seines Knies, jedes Zischen gespaltenen Fleisches, jedes Sausen des
Beiles, alles war in vollkommenem Einklang – wie der Tanz des
Maulbeerbaumes, zusammentönend wie die Saiten des Tsching
Schou.
»Wohlgetan!« rief der Fürst, »dies ist wirklich Kunstfertigkeit!«
»Durchlaucht«, erwiderte der Koch und legte sein Beil nieder, »ich
habe mich schon immer dem Tao ergeben. Als ich zuerst Ochsen zu
zerwirken begann, sah ich vor mir ganze Ochsen. Nach dreijähriger
Übung sah ich keine ganzen Tiere mehr. Und jetzt arbeite ich mit
meinem Geist und nicht mehr mit meinen Augen. Mein Geist arbeitet ohne die Lenkung durch meine Sinne. Ich finde meinen Rückhalt
in den ewigen Grundsätzen und gleite durch die Gelenke und Höh-
lungen, die gemäß der natürlichen Beschaffenheit des Tieres da sein

müssen. Ich berühre die Sehnen gar nicht, geschweige denn große Knochen.

Ein guter Koch wechselt sein Beil einmal im Jahr – weil er schneidet. Ein gewöhnlicher Koch wechselt es einmal im Monat – weil er hackt. Ich aber führe dieses Beil seit neunzehn Jahren, und obgleich ich viele tausend Ochsen zerwirkt habe, ist seine Schneide so, als käme sie frisch vom Wetzstein. Denn an den Gelenken sind stets Zwischenräume, und da die Schneide eines Beiles ohne Dicke ist, ist nichts weiter nötig, als die dickelose Schneide in solch einen Zwischenraum einzufügen. Hierdurch findet die Klinge genügend Raum, um sich zu bewegen. So habe ich mein Beil neunzehn Jahre lang erhalten, als käme es frisch vom Wetzstein. Dennoch, wenn ich an einen harten Teil gerate, der schwer zu behandeln ist, sammle ich mich in Vorsicht. Ich hefte mein Auge daran, halte meine Hand zurück und lege meine Klinge sanft an, bis der Teil mit einem dumpfen Laut nachgibt, wie wenn ein Erdklumpen zu Boden fällt. Dann nehme ich mein Beil heraus, erhebe mich, blicke mich um und stehe befriedigt still. Hierauf wische ich mein Beil ab und lege es sorgsam beiseite.«

»Wohl gesprochen«, rief der Fürst, »aus den Worten dieses Kochs habe ich gelernt, wie ich für mein Leben Sorge zu tragen habe.«[124]

Über die »Lehre ohne Worte« siehe Kap. 2 und 56. Tschuangtse erklärt sie auf Grund der Tatsache, daß die Sprache nicht imstande ist, das auszudrücken, was gemeint ist.

44. Seid zufrieden

Ruhm oder das eigene Leben,
Welches von beiden liebt man mehr?
Das eigene Leben oder materielle Güter,
Welches von beiden ist mehr wert?
Verlust (des Selbst) oder Besitz (von Gütern),
Welches von beiden ist das größere Übel?

Darum:
Wer am meisten liebt,
Gibt am meisten aus,
Wer viel aufhäuft,
Verliert viel.

> Dem Zufriedenen widerfährt keine Schande;
> Wer weiß, wann er aufhören soll,
> Läuft keine Gefahr –
> Er kann lange überdauern.

44.1. *Tschuangtse im Park.* Tschuang Tschou (Tschuangtse) wanderte eines Tages im Tiao-Park umher, als er einen seltsamen Vogel erblickte, der vom Süden heranflog. Seine Spannweite maß sieben Fuß, und seine Augen hatten einen Durchmesser von sieben Zoll. Der Flügel des Vogels berührte Tschuangtses Stirn, als er auf einen Kastanienhain zuflog, um dort Rast zu suchen. »Was ist das für ein Vogel?« sprach Tschuangtse zu sich selbst. »Mit seinen großen Flügeln fliegt er nicht weg, und mit seinen großen Augen sieht er nicht.« So schürzte er seinen Rock auf, lief auf ihn zu und beobachtete ihn mit der Schleuder in der Hand. Da erblickte er eine Zikade, die sich selbstvergessen im Schatten vergnügte. Hinter ihr war eine Gottesanbeterin, die den Schatten ausnutzte, um sich auf die Zikade zu stürzen. Die Gottesanbeterin vergaß sich ebenfalls in der Lust der Jagd, denn hinter ihr lauerte der seltsame Vogel. Der Vogel war seinerseits von Habsucht erfüllt und vergaß sich. (Als Tschuangtse sich anschickte, auf den Vogel zu schießen), faßte er sich auf einmal und sagte sich: »Wehe! Auf solche Weise verstricken sich die Dinge und Verlust folgt auf Gewinn!«
Tschuangtse warf seine Schleuder fort und machte sich auf den Heimweg, als der Parkwächter ihn erblickte und mit barschen Worten hinauswies. Tschuangtse kehrte nach Hause zurück und war drei Tage lang unglücklich.
»Warum seid Ihr so unglücklich?« fragte Lin Tschü (sein Schüler).
»Ich war so sehr mit körperlichen Dingen beschäftigt, daß ich mein Selbst vergaß. Ich sah auf den trüben Fluß und vergaß den tiefen, klaren See. Ich hörte vom Meister (Laotse): ›Wenn man in ein Land kommt, richte man sich nach dessen Brauch.‹ Nun wanderte ich im Tiao-Park und vergaß mich. Der seltsame Vogel berührte meine Stirne und vergaß sich im Kastanienhain. Der Wächter des Kastanienhaines hielt mich für einen Dieb. Darum fühle ich mich unglücklich.«

44.2. *Über den Verlust des eigenen Selbst.* Wer dem Ruhm nachstrebt, auf die Gefahr hin, sein Selbst zu verlieren, ist kein Gelehrter.

Wer sein Leben verliert und sich selbst nicht treu ist, kann nie ein Meister der Menschen sein. So waren Hu Puhsieh, Wu Kuang, Po Yi, Schu Thschi, Tschitse Hsüyü, Tschi Tho und Schenthu Ti im Dienste anderer geschäftig und hatten das Vergnügen, anderen, aber nie das Vergnügen, sich selbst zu gefallen.

44.3. *Konfuzius erhielt einen Rat von einem Taoisten.* Konfuzius sprach zu Tsesanghu: »Zweimal wurde ich aus Lu vertrieben. Mein Baum wurde in Sung gefällt. Ich mußte mich in Wei verbergen. In Schang und Tschou geriet ich in Schwierigkeiten und hielt mich im Flachland zwischen Thschen und Thsai verborgen. Nach all diesem Ungemach verlassen mich meine Freunde und meine Schüler beginnen fortzugehen. Sagt mir, was mit mir ist?«

»Habt Ihr gehört, wie der Mann von Tschia aus seinem Lande floh?« erwiderte Tsesanghu. »Als Lin Huei floh, ließ er sein Jade-Stück zurück, das tausend Dukaten wert war, und trug sein Kind auf dem Rükken. Jemand sagte zu ihm: ›Ich kann mir nicht denken, warum Ihr versucht, das Tuch auf des Kindes Rücken zu retten, denn das Tuch ist nicht viel wert. Und was die Vermeidung von Ungemach betrifft, wird das Kind Euch viel mehr Unannehmlichkeiten bereiten als die Jade. Warum laßt Ihr also die Jade zurück, die doch tausend Dukaten wert ist, und fliehet mit Eurem Kind auf dem Rücken?‹ Und Lin Huei erwiderte: ›Ich schätze die Jade wegen ihres Geldwertes, aber das Kind ist mein eigen Fleisch und Blut.‹ Menschen, die sich um des Vorteils und Gewinnes willen zusammenfinden, verlassen einander im Unglück; die, welche durch natürliche Bande zusammengehören, stehen einander im Unglück bei. Welch ein Unterschied besteht doch zwischen beiden! Die Freundschaft zwischen Edlen ist mild wie der Geschmack des Wassers; die Freundschaft zwischen kleinen Menschen ist süß wie starker Wein. Aber die milde Freundschaft der Edlen wächst zu dauernder Zuneigung heran, während die Freundschaft kleiner Leute mit Süße beginnt und mit einem Bruche endet. Denn wer ohne natürlichen Grund zusammenkommt, geht auch ohne natürlichen Grund auseinander.«

»Danke für Euren Rat«, erwiderte Konfuzius. Er schritt langsam fort und kehrte nach Hause zurück. Dort warf er alle seine Bücher weg und hörte zu lehren auf. Nun konnten seine Schüler nichts mehr von ihm lernen und ihre Zuneigung zu ihrem Meister wuchs.

44.4. *Die das Leben verstehen.* Die, welche das Leben verstehen, befassen sich nicht mit Dingen, die dem Leben nicht förderlich sind. Die, welche das Schicksal verstehen, befassen sich nicht mit Dingen, gegen die es im Bereich der Erkenntnis keine Abhilfe gibt. Man hängt zwar von materiellen Mitteln ab, um den Leib zu kräftigen, doch gibt es sehr viele Menschen, die übergenug materielle Mittel besitzen, deren Leiber aber doch nicht kräftig sind. Man kann zwar nicht leben, ohne für seinen Leib zu sorgen, doch gibt es viele, die für ihren Leib sorgen und dennoch ihr Leben verlieren. Leider können wir weder Geburt noch Tod beherrschen. Die Weltleute meinen, sie könnten ihr Leben bewahren, indem sie für ihren Leib sorgen – da sie aber ihr Leben durch bloße Sorge um ihren Leib nicht bewahren können, worüber sind sie dann so besorgt? Sich um Dinge kümmern, die es zwar nicht wert sind, daß man sich um sie kümmert, um die man sich aber dennoch kümmern muß, ist noch kein Ausweg. Die, welche einem bloß für den Leib gelebten Leben entgehen möchten, sollten sich nicht um geschäftliche Angelegenheiten kümmern. Die, welche sich nicht um geschäftliche Angelegenheiten kümmern, sind keinen Verstrickungen unterworfen. Befreiung von Verstrickungen bedeutet Ruhe und Rast, Ruhe und Rast bedeuten den Beginn eines neuen Lebens, und wenn man ein neues Leben beginnt, kommt man dem Tao nahe. Geschäftsangelegenheiten sind das Vergessen nicht wert, und dieses Leben ist es nicht wert, daß man es verläßt. Wenn man Geschäftsangelegenheiten im Stich läßt, wird der Leib von Sorgen befreit, und wenn man das Leben verläßt, wird der Geist als Ganzes bewahrt. Wenn dem Leib des Menschen wohl ist und sein Geist wiederhergestellt ist, wird er eins mit dem Himmel. Himmel und Erde sind die Eltern der Dinge des Alls. Wenn der Geist mit dem Stoff vereinigt wird, bildet sich der Leib; wenn der Geist den Leib verläßt, kehrt er zum Ursprung der Dinge zurück.

In den Werken Tschuangtses kommen auch einige Anekdoten vor, die von seiner Verachtung für Staatsämter zeugen. Hier folgen zwei von ihnen.

44.5. *Tschuangtse weist ein Staatsamt zurück.* Tschuangtse angelte gerade am Phu-Flusse, als der Fürst von Thschu zwei hohe Beamte zu ihm entsandte, die zu ihm sprachen: »Unser Fürst wünscht Euch mit der Verwaltung des Staates zu betrauen.«

Tschuangtse fuhr fort zu angeln, wandte nicht einmal den Kopf und sprach: »Ich höre, daß es in Thschu eine heilige Schildkröte gibt, die starb, als sie dreitausend Jahre alt war. Der Fürst verwahrt die Schildkröte sorgfältig in einem Schrein seines Ahnentempels. Würde diese Schildkröte nun lieber tot sein und ihre Überreste verehren lassen, oder lieber lebendig sein und im Schlamm mit dem Schwanz wedeln?«

»Sie wäre wohl lieber lebendig«, erwiderten die beiden Beamten, »und würde im Schlamm mit dem Schwanz wedeln.«

»Seht ihr wohl!« rief Tschuangtse. »Auch ich will im Schlamm mit dem Schwanz wedeln!«

Hueitse war Kanzler des Staates Liang und Tschuangtse befand sich auf der Reise zu ihm.

Jemand bemerkte: »Tschuangtse ist gekommen. Er will an Eurer Stelle Minister sein.«

Da erschrak Hueitse und durchsuchte drei Tage und drei Nächte lang das Land, um Tschuangtse ausfindig zu machen.

Da kam Tschuangtse zu ihm und sprach: »Wißt Ihr, daß es im Süden einen Vogel gibt, der eine Art Vogel Phönix ist? Wenn er sich aufmacht, um vom Südmeer zum Nordmeer zu fliegen, will er sich nirgends niederlassen als auf dem Wu-Thung-Baum. Er genießt nichts als die Frucht des Bambus und trinkt nichts als das reinste Quellwasser. Eine Eule, die eine verfaulte Maus hält, blickt auf und kreischt, wenn der Phönix vorüberfliegt. Kreischt Ihr mich an, aus Furcht, Eure Kanzlerschaft zu verlieren?«

45. Ruhige Stille

Die höchste Vollkommenheit ist wie Unvollkommenheit[125],
Und ihr Gebrauch wird nie gehemmt.
Der größte Überfluß scheint kärglich,
Und sein Gebrauch wird nie versagen.
Was am geradesten ist, erscheint abwegig,
Die größte Geschicklichkeit erscheint wie Plumpheit.
Die größte Beredsamkeit erscheint wie Stammeln.
Bewegung überwindet Kälte,
(Aber) Stillhalten überwindet Hitze.
Wer ruhig und still ist, wird zum Führer des Alls.

*»Die höchste Vollkommenheit ist wie Unvollkommenheit« – siehe
Tschuangtses Ausspruch in 2.1 »Entzweiung ist dasselbe wie Schöpfung, Schöpfung dasselbe wie Zerstörung. Denn beide werden wiederum durch das Tao auf eins zurückgeführt.« »Die größte Geschicklichkeit erscheint wie Plumpheit« – siehe 19.1., wo die gleiche Stelle
mit denselben Worten als Zitat angeführt wird. »Die größte Beredsamkeit erscheint wie Stammeln« – siehe Tschuangtses ähnlichen
Ausspruch in 2.3. »Daher heißt es, daß, wer streitet, das deshalb tut,
weil er seiner Sache nicht sicher ist ...« »Ein vollkommener Standpunkt gebraucht keine Worte.«
»Wer ruhig und still ist, wird zum Führer des Alls« – siehe die Weiter-
führung dieses Gedankens in beinahe identischer Fassung in den
wichtigen Stellen 37.1 und 37.2.*

46. Rennpferde

Wenn die Welt im Einklang mit dem Tao lebt,
Werden Rennpferde zurückgeschickt, um Abfallwagen zu ziehen.
Wenn die Welt nicht im Einklang mit dem Tao lebt,
Gibt es auf dem Lande
Überfluß an Reiterei.

Es gibt keinen größeren Unsegen als Mangel an Zufriedenheit,
Keine größere Sünde als das Begehren nach Besitz.
Darum soll der, welcher mit der Zufriedenheit zufrieden ist, immer
zufrieden sein.

*Das vorliegende Kapitel zeigt wohl am besten, daß die sogenannten
»Kapitel« des Buches Laotses oft aus Aussprüchen über ganz unzu-
sammenhängende Themen bestehen. Das vorhergehende Kapitel
zeigt dies übrigens ebenfalls. Es ist beinahe sicher, daß die Kapiteleinteilung nicht ursprünglich von Laotse stammt, sondern in sehr früher
Zeit von einem Herausgeber vorgenommen wurde.
Ich habe schon im Vorwort darauf hingewiesen, daß Tschuangtse
sehr wenig über die Zufriedenheit zu sagen hat, wahrscheinlich weil
er nicht zu dem Typus gehörte, der diese Tugend zu predigen versteht.
Er hatte auch sehr wenig über die wichtigste von Laotse gelehrte Tugend, die Demut, zu sagen. Wo Laotse von Genügsamkeit und Zufriedenheit redet, sprach Tschuangtse von Verachtung der materiellen*

Macht und des Reichtums. Ich vermochte im Gesamtwerk des Tschu-
angtse bloß eine oder zwei Zeilen zu finden, die sich wirklich als ein
Rat zur Genügsamkeit auslegen ließen.

46.1. *Die Meise.* Wenn die Meise im Walde ihr Nest baut, besetzt sie
nur einen einzigen Zweig. Der Biber löscht am Fluß seinen Durst,
trinkt aber nur gerade genug, um seinen Bauch zu füllen.

47. Streben nach Wissen

Ohne aus seiner Tür zu treten,
Kann man wissen, was auf der Welt geschieht.
Ohne aus seinem Fenster zu schauen,
Kann man das Tao des Himmels sehen.
Je weiter man dem Wissen nachstrebt,
Desto weniger weiß man.
Darum weiß der Weise, ohne herumzulaufen,
Versteht, ohne zu sehen,
Vollendet, ohne zu tun.

In den Werken Laotses und noch mehr in denen Tschuangtses finden
sich gewisse Stellen, die die Grundlage für die spätere Weiterentwick-
lung des Taoismus zu einer Lehre volkstümlicher Zauberei und volks-
tümlichen Geisterwesens bilden. Diese Lehren gründeten sich auf den
Gedanken, daß der Geist sich die Materie untertan machen könne.
Das vorliegende Kapitel deutet z. B. solche Denkrichtungen an. Siehe
auch den letzten Teil des Kap. 50 und Kap. 59. Laotse selbst sagte nur
wenige Worte über die Möglichkeit, dem Tode zu entrinnen und ein
Unsterblicher zu werden, ein Thema, das den Hauptgegenstand
späterer taoistischer Legenden bildet. Aber bei Tschuangtse und noch
mehr bei Liehtse fanden die chinesischen Okkultisten viele Lehren,
die ihren Glauben rechtfertigen. Die folgende Stelle ist ein Beispiel
einer frühen Yoga-Lehre.

47.1. *Konfuzius über das »Fasten des Herzens«. (Konfuzius rät sei-*
nem Jünger Yen Huei, die Fasten zu beobachten.) »Meine Familie ist
arm«, erwiderte Yen Huei, »und seit vielen Monaten haben wir weder
Wein noch Fleisch gekostet. Ist das denn kein Fasten?«

»Das ist zwar Fasten nach religiösen Vorschriften«, erwiderte Konfuzius, »nicht aber Fasten des Herzens.«

»Und darf ich fragen«, sagte Yen Huei, »worin das Fasten des Herzens besteht?«

»Konzentriert Euren Willen, hört nicht mit den Ohren, sondern mit dem Verstand; nicht mit dem Verstand, sondern mit dem Geist. Laßt Euer Hören die Ohren verlassen und Euren Geist die Bilder beiseitetun. Macht aber Euren Geist leer, und passiv für Äußerliches empfangsbereit. Nur wo eine solche offene Bereitschaft besteht, kann das Tao verweilen. Und diese offene Bereitschaft ist das Fasten des Herzens.«

»Dann«, sagte Yen Huei, »ist der Grund, weshalb ich diese Mittel nicht anwenden kann, mein Bewußtsein meiner selbst. Wenn ich sie anwenden könnte, wäre die Annahme, daß es ein Selbst gibt, geschwunden. Versteht Ihr das unter passiver Empfangsbereitschaft?«

»Genau«, erwiderte der Meister. »Laßt mich Euch noch sagen ...«

»Seht diese Leere an. In einem leeren Zimmer ist es hell. Das Glück liegt in der Ruhe. Wenn Ihr keine (innere) Ruhe habt, werden Eure Gedanken herumgaloppieren, obwohl Ihr stillsitzt. Laßt Eure Augen und Ohren im Inneren Zwiesprache halten, aber schließt alle Erkenntnis aus Eurem Denken aus.«

48. Durch Nichttun die Welt erobern

Wer dem Wissen nachgeht, (strebt danach)
Tag um Tag zu lernen.
Wer dem Tao nachgeht, (strebt danach)
Tag um Tag zu verlieren.
Durch ständiges Verlieren
Gelangt man zum Nichttun (Laissez-faire),
Durch Nichttun wird alles getan.
Wer die Welt erobert, tut das oft durch Nichttun [126].
Wenn man gezwungen ist, etwas zu tun [127],
Ist die Welt bereits jenseits des Erobertwerdens.

»Wer dem Wissen nachgeht, (strebt danach) Tag um Tag zu lernen; wer dem Tao nachgeht, (strebt danach) Tag um Tag zu verlieren.

Durch ständiges Verlieren gelangt man zum Nichttun. Durch Nicht-
tun wird alles getan.« Das ganze Zitat kommt bei Tschuangtse, 6.1.
vor.
Die Lehre vom Nichttun ist meist schwer zu fassen. Im Lichte der
Wissenschaft interpretiert, bedeutet sie die Verwendung der Natur-
kräfte, um seinen Zweck mit größter Sparsamkeit zu erreichen. Der
beste diesbezügliche Ausspruch Tschuangtses wurde in Form eines
Beispieles getan: »Wenn ein Heizer ein Feuer unterhält, indem er mit
der Hand ein Scheit aufs andere legt, gibt es eine Grenze. Aber wenn
ein Brand sich von selbst ausbreitet, ist der Vorgang ein dauernder.«
Siehe auch das Gleichnis vom Metzger 43.1.

49. Das Herz des Volkes

Der Weise hat keine bestimmten Meinungen und Gefühle[128],
Sondern betrachtet des Volkes Meinungen und Gefühle als die sei-
nen.
Die Guten nenne ich gut;
Die Schlechten nenne ich auch gut.
Das ist die Güte der Tugend.
Den Ehrlichen glaube ich;
Den Lügnern glaube ich auch;
Das ist der Glaube der Tugend.
Der Weise weilt in der Welt, friedlich, harmonisch.
Die Menschen der Welt werden in eine Herzensgemeinschaft
gebracht,
Und der Weise betrachtet sie alle
Als seine eigenen Kinder.

Sowohl Laotse als auch Tschuangtse lehrten, daß der weise Herr-
scher, der das Volk selbständig entscheiden und sein naturgemäßes
Leben führen lassen soll, keine festgelegte Meinung haben darf, son-
dern sich nach den Meinungen des Volkes richten sollte.

49.1. *»Der Weise betrachtet die Meinungen und Gefühle des Volkes*
als die Seinen.« Die Menschen dieser Welt sind vergnügt, wenn Leute
ihnen beistimmen, und mißvergnügt, wenn Leute ihre Ansichten
nicht teilen. Daß sie diejenigen lieben, welche ihnen zustimmen, und

diejenigen ungern haben, welche von den ihren abweichende Meinungen vertreten, zeigt, daß sie meinen, sie seien besser als die anderen. Können aber Menschen, die vermeinen, sie seien besser als
die anderen, wirklich besser als die anderen sein? Statt seine eigene
Meinung gegen die Vielen zu vertreten, ist es besser, die Vielen einander vertreten zu lassen. Aber die, welche Reiche zu regieren wünschen, klammern sich an Vorteile (des Systems) der drei Könige,
ohne die damit verbundenen Schwierigkeiten zu sehen. In Wirklichkeit vertrauen sie das Schicksal des Landes dem Glücke an, aber
welches Land könnte glücklich genug sein, dem Verderben zu entgehen? Ihre Aussicht, es zu bewahren, ist wie eins zu zehntausend,
während ihre Aussicht, es zu zerstören, zehntausend zu Null oder
noch weniger sind. Solcherart ist leider die Unwissenheit der Herrschenden.

49.2. *Dem Volke folgen.* Das, was niedrig ist, aber in Ruhe gelassen
werden soll, ist die Materie. Das, was gering ist, dem man aber folgen
soll, ist das Volk.

50. Die Bewahrung des Lebens

Aus dem Leben tritt der Tod ein.
Die Gefährten (Organe) des Lebens sind dreizehn[129].
Die Gefährten (Organe) des Todes sind (gleichfalls) dreizehn.
Was den Menschen in diesem Leben zum Tode bringt, sind gleichfalls
(diese) dreizehn.
Wie kommt das?
Von der intensiven Tätigkeit der Vermehrung des Lebens.

Es ist gesagt worden, daß, wer ein guter Bewahrer seines Lebens ist,
Auf dem Lande keinen Tigern oder wilden Büffeln begegnet,
Auf dem Schlachtfeld nicht durch Waffen verwundbar ist;
Die Hörner des Wildbüffels sind gegen ihn machtlos;
Die Pranken des Tigers sind gegen ihn nutzlos;
Die Waffen des Kriegers können ihm nichts anhaben.
Wie kommt das?
Weil er jenseits des Todes ist[130].

Was bei Laotse Philosophie war, wurde beim jüngeren Taoisten oft Dichtung. Wenn Laotse das Pathos des Menschenlebens und das Geheimnis des Todes spürte, sagte er darüber wenig. Tschuangtse seinerseits fühlte die Traurigkeit des kurzen Menschenlebens auf dieser Erde und war durch das Geheimnis des Todes gebannt. Er gab seinen Gefühlen darüber immer wieder mit Dichterworten Ausdruck. Ich habe hier einige der schönsten Schriften Tschuangtses zusammengestellt, die alle von Leben und Tod handeln.

50.1. *Das Leben ist der Gefährte des Todes und der Tod der Beginn des Lebens.* Wer vermag den Zusammenhang der beiden zu beurteilen? Wenn ein Mensch geboren wird, ist das nur die Verkörperung eines Geistes. Wenn der Geist sich verkörpert, gibt es Leben, und wenn der Geist sich verstreut, gibt es Tod. Wenn aber Leben und Tod Gefährten sind, weshalb sollte ich bekümmert sein? Darum sind alle Dinge eines. Was wir lieben, ist das Geheimnis des Lebens. Was wir hassen, ist die Verwesung im Tode. Aber das Verwesliche wird wieder geheimnisvolles Leben, und dieses geheimnisvolle Leben wird wieder verweslich.

50.2. *Die Gemütsbewegungen der Menschenseele.* Denn ob nun die Seele im Schlafe befangen ist, oder ob der Leib sich wachend bewegt, immer streben wir und kämpfen mit den unmittelbaren Zeitumständen. Manche sind leichtlebig und müßig, andere tiefgründig und verschlagen, wieder andere einzelgängerisch. Bald sind wir wegen kleinlicher Ängste erschrocken, bald wegen eines großen Schreckens mutlos und wie gelähmt. Bald schnellt der Geist wie ein Bolzen aus der Armbrust, um über Recht und Unrecht zu entscheiden, bald bleibt er zurück, wie durch Eid an das gebannt, was er hält. Und dann, wie beim Einbruch des Herbstes und Winters, kommt mählicher Verfall; und in seine Alltagsgeschäfte versunken, trollt unser Geist weiter, um nie mehr zurückzukehren. Endlich wird er, ausgemergelt und gefesselt, wie ein altes Abflußrohr verstopft, und der vergehende Verstand sieht das Licht nicht mehr wieder.

Freude und Zorn, Trauer und Glück, Sorgen und Sehnen, Zögern und Furcht überkommen uns zeitweise, mit ewig wechselnden Stimmungen, und kommen hervor wie Musik aus Höhlen, oder wie Pilze aus feuchtem Erdreich. Tag und Nacht wechseln sie in uns ab, wir kön-

nen aber nicht sagen, woher sie entspringen. Ach, könnten wir doch
nur einen Augenblick den Finger auf ihre eigentliche Ursache
legen!

Ohne diese Gefühle wäre ich nicht. Aber ohne mich könnte sie niemand fühlen. So weit können wir gehen, wissen aber nicht, in wessen Auftrag sie auftreten. Es scheint, als gäbe es eine Seele; aber der
Beweis ihrer Existenz fehlt. Es ist glaubhaft, daß die Seele wirksam
ist, obwohl wir ihre Gestalt nicht sehen können. Vielleicht besitzt sie
innere Wirklichkeit ohne äußere Gestalt.

Man nehme den menschlichen Leib mit seinen Hunderten von
Knochen, neun Öffnungen und sechs Eingeweiden, die alle vollständig sind. Welchen Teil sollte ich am besten kennen? Schätzt
ihr alle gleicherweise oder habt ihr eine bestimmte Vorliebe? Sind
alle diese Organe Diener eines anderen? Da Diener sich nicht
selbst lenken können – wechseln sie da etwa im Herrschen und
Dienen ab? Gewiß gibt es also eine Seele, die sie alle miteinander
lenkt.

Ob wir aber nun die wahre Natur dieser Seele feststellen können oder
nicht, kümmert die Seele selbst nur wenig. Denn wenn sie einmal
materielle Gestalt angenommen hat, läuft sie ihre Bahn bis zur Erschöpfung weiter. Durch die Mühen und Plagen eines ganzen Lebens
gehetzt werden, getrieben werden, ohne je im Laufe einhalten zu können – ist das nicht jammervoll? Sich ohne Unterlaß durch das ganze
Leben mühen, um dann, ohne die Früchte seiner Arbeit genießen zu
können, wieder fortgehen zu müssen, ohne zu wissen wohin – ist das
etwa keine Ursache zu Kummer?

Man sagt, es gebe keinen Tod – aber was will das besagen? Der Leib
verwest, und der Geist geht mit ihm. Ist das nicht ein Grund zur
Trauer? Ist das Menschenleben wirklich so ein Rätsel? Oder stehe nur
ich allein vor einem Rätsel und die anderen nicht?

50.3. *Die vom Gastmahl träumen, erwachen zu Trauer und Klage.*
Wie weiß ich denn, daß die Liebe zum Leben nicht doch nur ein Trug
ist? Ist denn einer, der den Tod fürchtet, nicht bloß wie ein verirrtes
Kind, das den Weg nach Hause nicht weiß? Li Tschi war die Tochter
des Grenzwächters von Ai. Als der Fürst von Tschin sie nahm,
weinte sie, bis ihr Kleid vorne tränendurchtränkt war. Aber als sie
auf den Fürstenhof kam, mit dem Fürsten das Prunklager teilte und
köstliche Speisen genoß, reute es sie, geweint zu haben. Woher weiß

ich also, daß es die Toten nicht reut, vorher am Leben gehangen zu haben?

Die vom Gastmahl träumen, erwachen zu Trauer und Klage. Die von Trauer und Klage träumen, erwachen, um an der Jagd teilzunehmen. Während sie träumen, wissen sie nicht, daß sie träumen. Manche werden sogar den Traum, den sie gerade träumen, zu deuten versuchen, und erst beim Erwachen merken, daß es nur ein Traum war. Nach und nach kommt dann das große Erwachen, und wir erkennen alle, daß dieses Leben nichts war, als ein großer Traum. Nur Narren wähnen, sie seien jetzt wach und wüßten – der eine sei ein Fürst, der andere ein Hirte. Welch eine Beschränktheit! Konfuzius und Ihr seid beide nur Träume; und ich, der ich sage, Ihr seiet Träumer, bin selber auch nur ein Traum. Das ist ein Widersinn. Morgen mag ein Weiser aufstehen und ihn erklären – aber dieses Morgen wird wohl erst nach tausend Generationen eintreten. Freilich könnt Ihr dem Weisen auch hinter der nächsten Straßenecke begegnen.

»Die Reinen der Vorzeit wußten nicht, was es heißt, das Leben zu lieben und den Tod zu hassen.« *(Siehe 15.1.)*

50.4. *Das Menschenleben ist kurz.* Das Menschenleben auf dieser Welt ist nur wie die Gestalt eines Schimmels, der an einer Felsenschlucht vorüberflitzt. Im Augenblick ist er vorbei. In plötzlichem Erwachen entsteht das Leben; in plötzlichem Abgleiten vergeht es schweigend. Durch eine Veränderung wird man geboren, durch eine andere stirbt man. Die Lebewesen seufzen, und die Menschheit weint. Tut ab die Fesseln, streift ab die alte Haut – wohin soll nun des Menschen Seele gehen und der Leib mit ihr[131]? Befindet sie sich etwa auf der langen Heimreise?

50.5. *Mengsuns Tod. Das Selbst kann ein Traum sein.* Yen Huei sagte zu Tschungni (Konfuzius): »Als Mengsun Thsais Mutter starb, weinte er, aber ohne zu schluchzen; sein Herz war nicht bekümmert; er trug zwar Trauerkleidung, war aber nicht traurig. Obwohl er also in diesen drei Punkten nicht richtig handelte, wird er doch als der beste Trauernde des Staates Lu betrachtet. Kann es denn Leute geben, deren guter Ruf hohl ist? Ich bin ganz erstaunt.«

»Herr Mengsun«, sprach Tschungni, »hat wirklich (das Tao) gemeistert. Er ist weiter gelangt als selbst die Weisen. Es gibt zwar noch

einiges, was er nicht aufgeben konnte, aber einiges hat er schon auf-
gegeben. Herr Mengsun weiß nicht, woher wir ins Leben kommen
noch wohin wir im Tode gehen. Er weiß nicht, was er an die erste
und was er an die letzte Stelle setzen soll. Er ist bloß bereit, in etwas
anderes verwandelt zu werden, ohne sich darum zu kümmern, in
was er verwandelt wird – nichts weiter. Wie könnte das, was sich
wandelt, behaupten, es wandle sich nicht, und wie könnte das, was
sich als dauernd betrachtet, begreifen, daß es sich bereits wandelt?
Sogar Ihr und ich sind vielleicht Träumende, die noch nicht erwacht
sind. Ferner weiß er, daß seine Form dem Wandel unterworfen ist,
aber daß sein Geist derselbe bleibt. Er glaubt nicht wirklich an den
Tod, sondern betrachtet ihn bloß als Übersiedlung. Er weint nur,
weil er andere weinen sieht, und dann, wenn ihm die Tränen ungekünstelt kommen. Überdies sagen wir alle ›ich‹. Wie wißt Ihr denn
überhaupt, was dieses ›Ich‹ ist, von dem wir reden? Ihr träumt, Ihr
seid ein Vogel und fliegt gen Himmel, oder ein Fisch und taucht in
die Tiefe des Weltmeeres. Und Ihr könnt nicht einmal sagen, ob der
Mensch, der gerade spricht, wach ist, oder sich in einem Traum
befindet.
Der Mensch fühlt sich behaglich, bevor er lächelt, und lächelt, bevor
er daran denkt, wie er lächeln soll. Bescheidet Euch mit dem Ablauf
der Dinge, vergeßt die Wechselfälle des Lebens, und Ihr werdet in
das Reine, das Göttliche, das Eine eingehen.«

50.6. *Tschuangtse träumt, er sei ein Schmetterling.* Einst träumte
ich, Tschuangtschou, ich sei ein Schmetterling, flattere von Blüte zu
Blüte und sei, kurz gesagt, eben ein Schmetterling. Ich war mir bloß
meiner Glückseligkeit als Schmetterling bewußt und wußte gar
nicht, daß ich Tschou bin. Kurz darauf wachte ich auf und lag da,
wiederum ich selbst. Jetzt weiß ich aber nicht, ob ich damals ein
Mensch war, der träumte, er sei ein Schmetterling, oder ob ich jetzt
ein Schmetterling bin, der träumt, er sei ein Mensch. Zwischen
Mensch und Schmetterling besteht notwendigerweise ein Unterschied. Der Übergang heißt die Umwandlung des Materiellen[132].

50.7. *Kuangthschengtse über die Verwandlung in einen Unsterb-
lichen.* Der Gelbe Kaiser saß neunzehn Jahre auf seinem Throne, und
seine Gesetze galten im ganzen Reich. Als er hörte, daß Kuangthschengtse auf dem Berge Khungthung weilte, ging er ihn besuchen

und sagte: »Ich höre, daß Ihr im Besitz des vollkommenen Tao seid. Darf ich fragen, was dessen Wesen ist? Ich möchte das Wesen der Welt erlangen, um gute Ernten zu erzielen und mein Volk zu ernähren und die *Yin*- und *Yang*-Prinzipien zu lenken, auf daß sie das Leben aller Lebewesen erfüllen.«

»Was Ihr erfragen wollt«, erwiderte Kuangthschengtse, »ist bloß die Substanz der Materie. Was Ihr zu lenken wünscht, sind bloß die übrigbleibenden Formen. Immer schon haben, seit Ihr das Reich regiert, die Wolken geregnet, ehe sie sich verdichteten, immer schon ist das Laub der Bäume abgefallen, ehe es vergilbte, und ist der Glanz von Sonne und Mond mehr und mehr verblichen. Ihr habt die Geistesseichtheit eines Schwätzers. Wie könnt Ihr also vom vollkommenen Tao reden?«

Der Gelbe Kaiser entfernte sich. Er entsagte dem Thron. Er baute sich in der Einsamkeit eine Hütte und saß dort auf weißem Stroh. Drei Monate blieb er in der Verborgenheit und ging dann wieder zu Kuangthschengtse.

Der lag mit dem Haupt gegen Süden. Der Gelbe Kaiser nahte sich ihm von unten auf den Knien, berührte zweimal mit der Stirn den Boden und sprach: »Ich höre, daß Ihr im Besitz des vollkommenen Tao seid. Darf ich fragen, wie man sein Leben ordnet, um ein langes Leben zu haben?«

Kuangthschengtse fuhr auf. »Führwahr, eine gute Frage!« rief er. »Kommt, ich will mit Euch über das vollkommene Tao sprechen. Das Wesen des vollkommenen Tao ist höchst geheimnisvoll; seine Reichweite verliert sich im Dunkel.

Sehet nichts, höret nichts, bewahret Euren Geist in Ruhe, und Euer Leib wird von selbst in Ordnung sein. Seid still, seid rein, mißbraucht Euren Leib nicht, trübet nicht Eure Lebensessenz, und Ihr werdet immerfort leben. Denn wenn das Auge nicht sieht, das Ohr nicht hört, der Verstand nicht denkt, wird der Geist im Leibe bleiben und der Leib dadurch ewig leben. Hütet, was in Euch ist, und schließet aus, was außer Euch ist; denn vieles Wissen ist ein Fluch.

Dann will ich Euch zur Stätte des Großen Lichtes führen, um die Höhe des absoluten *Yang* zu erreichen. Ich will Euch durch die Pforte des Dunklen Unbekannten zum absoluten *Yin* führen.

Himmel und Erde haben ihre besondere Aufgabe; *Yin* und *Yang* haben ihre innere Wurzel. Hütet sorgfältig Euren Leib, und das Materielle wird von selbst gedeihen. Ich wahre das Eine und bleibe im

Einklang mit dem Äußeren. Darum vermochte ich zwölfhundert Jahre zu leben, ohne daß mein Leib alterte.«

Der Gelbe Kaiser machte zweimal den Kotau und sagte: »Kuang-thschengtse ist sicherlich Gott ...«

»Horcht«, sagte Kuangthschengtse, »ich will es Euch sagen. Die Menschen sehen das, was ewig ist, für sterblich an und betrachten das Unendliche als endlich. Die, welche mein Tao besitzen, sind im Leben Fürsten und im Jenseits Herrscher. Die, welche mein Tao nicht besitzen, schauen in diesem Leben das Licht des Tages und werden im kommenden Erdklumpen.

Hienieden kommt alles Lebende aus dem Staub und kehrt zu Staub zurück. Ich will Euch aber durch die Pforten der Ewigkeit führen, um in den weiten Fluren der Unendlichkeit herumzuschweifen. Mein Licht ist das Licht von Sonne und Mond. Mein Leben ist das Leben von Himmel und Erde. Vor mir ist alles im Nebel; hinter mir ist alles unbekannt und im Dunkel. Die Menschen mögen alle sterben, ich dauere ewig fort.«

50.8. *Warum der Mensch, der das Tao besitzt, jenseits allen Unheils ist.* »Wenn das der Fall ist«, sagte der Flußgeist, »was ist der Wert des Tao?«

»Die das Tao verstehen«, antwortete der Geist des Weltmeeres, »müssen notwendig die ewigen Prinzipien begreifen, und wer die ewigen Prinzipien begreift, muß notwendig deren Anwendung verstehen. Wer deren Anwendung versteht, läßt das Materielle ihm nichts anhaben. Der Mensch, der vollkommenen Charakter besitzt, kann durch Feuer nicht verbrannt, noch durch Wasser ertränkt, noch durch Winterkälte oder Sommerhitze verletzt, noch durch Raubtiere oder Raubvögel verwundet werden. Das heißt nicht etwa, daß er alles das leicht nimmt; aber daß er zwischen Sicherheit und Gefahr unterscheidet, unter günstigen und ungünstigen Umständen gleicherweise glücklich und in der Wahl seiner Tätigkeit vorsichtig ist, so daß nichts ihm zu schaden vermag.«

51. Die mystische Tugend

Das Tao gebiert sie,
Das Teh (Charakter) hegt sie.
Die Stoffwelt gibt ihnen Form.
Die Umstände des Augenblicks vollenden sie.
Darum verehren alle Dinge des Alls das Tao und schätzen das Teh.
Das Tao wird verehrt und das Teh geschätzt,
Ohne Befehl von irgendwem, sondern aus eigenem Antrieb.
Darum gebiert sie das Tao,
Das Teh hegt sie,
Läßt sie wachsen, entwickelt sie,
Gibt ihr einen Hafen, einen Ort, in Frieden zu verweilen,
Nährt sie und schirmt sie.
Es gebiert sie und eignet sie nicht,
Handelt (hilft) und nimmt sie nicht in Besitz,
Ist überlegen und beherrscht sie nicht:
Das ist die mystische Tugend.

»Die Dinge der Schöpfung werden, ohne es zu wissen, von ihm er-
nährt. Das ist die Wurzel, aus welcher man das Weltall überschauen
kann.« Siehe 6.1.
»(Das Tao) wirkt und nimmt sie nicht in Besitz, ist überlegen und
beherrscht sie nicht.« Diese Zeilen kommen bei Tschuangtse als Zitat
vor.

52. Das Stehlen des Absoluten

Es war ein Anfang des Alls,
Das als die *Mutter* des *Alls* angesehen werden kann.
Durch die *Mutter* können wir ihre Söhne erkennen.
Wenn ihr die Söhne erkannt habt,
Haltet euch an die *Mutter.*
So kann das ganze Leben vor Schaden bewahrt werden.

Schließet seine Öffnungen,
Macht zu seine Pforten,
Und das Leben ist mühelos.

Tut auf seine Öffnungen,
Bemüht euch um seine Angelegenheiten,
Und das ganze Leben ist der Erlösung entzogen.

Wer das Kleine sehen kann, ist klarsichtig;
Wer sanft bleibt, ist stark.
Gebraucht das Licht
Und kehrt zur Klarsichtigkeit zurück –
Dadurch entgeht ihr späterem Unheil.
Das ist: im Absoluten ruhen.

In diesem Kapitel ist mit der »Mutter« das Tao, die Quelle aller Dinge, gemeint, und mit den »Söhnen« die Einzeldinge des Alls, welche Tao in seinen offenbar gewordenen Formen sind. Durch die Erkenntnis, daß alle Dinge des Alls aus der gleichen Quelle kommen, und durch das Festhalten an dieser Einheit erlangt man ein Freiwerden des Geistes, welches das Einzeldasein der Dinge überwindet.

52.1. *Über das Wissen und Nichtwissen von der Einheit der Dinge.* Nur die wahrhaft Klugen verstehen diesen Grundsatz der Einebnung aller Dinge zu Einem… Aber seinen Verstand in hartnäckigem Festhalten am Einzeldasein der Dinge abnutzen und die Tatsache nicht anerkennen, daß alle Dinge eins sind – heißt »Morgens drei«. Was bedeutet »Morgens drei«? Ein Affenwärter bestimmte, daß die tägliche Zuteilung für jeden Affen morgens in drei und abends in vier Nüssen bestehen sollte. Darauf gerieten die Affen in großen Zorn. Da sagte der Wärter, sie könnten morgens vier und abends drei Nüsse bekommen, ein Vorschlag, mit dem alle Affen zufrieden waren. Die Gesamtzahl der Nüsse blieb die gleiche, der Unterschied bestand bloß in (der subjektiven Wertung von) Vorlieben und Abneigungen. Das kommt ebenfalls von diesem (Grundsatz der Subjektivität). Darum vereinigt der wahre Weise alle Gegensätze und ruht im natürlichen Gleichgewicht des Himmels. Das heißt (der Grundsatz), zwei Richtungen (auf einmal) zu verfolgen.

52.2. *Das Tao vereinigt die Teile.* Das Tao vereinigt die Teile. In der Schöpfung liegt schon die Zerstörung. Der Nachteil, die Dinge in ihren Einzelteilen zu betrachten, liegt darin, daß, wenn man zu zergliedern und zu analysieren beginnt, jeder erschöpfend zu sein versucht. Der Nachteil des Strebens, erschöpfend zu sein, liegt darin, daß es bewußt (mechanisch) erschöpfend ist. Man geht da immer tiefer, vergißt die Rückkehr, und sieht ein Gespenst (bloß die Außenseite der Dinge). Oder man spricht weiter und meint, man habe es, was man aber hat, ist nur ein Leichnam. Denn etwas, was seine Substanz bewahrt, aber den Zauberhauch des Lebens verloren hat, ist bloß ein Gespenst (der Wirklichkeit). Nur wer sich das Gestaltlose im Gestalteten vorzustellen vermag, kann zur Wahrheit gelangen.

52.3. *Der Weise ruht in der Lösung der Dinge.* Der Weise ruht in der Lösung der Dinge und ist von dem, was keine Lösung ist, unbefriedigt. Die gewöhnlichen Leute sind von dem, was keine Lösung ist, befriedigt, und ruhen nicht in dem, was eine Lösung ist.

53. Räuberunwesen

Wenn ich die erhabene Erkenntnis besäße,
Wandelnd auf dem Haupt-Wege (Tao),
Würde ich die Nebenwege vermeiden.
Der Haupt-Weg ist leicht zu beschreiten,
Aber die Leute lieben die kleinen Nebenwege.

Die (Beamten-) Höfe sind wohl versehen,
(Während) die Felder unbebaut (bleiben),
Und (des Volkes) Kornspeicher sehr niedrig sind.
(Aber) in gestickte Gewänder gehüllt, und mit kostbaren Schwertern umgürtet,
Von guten Speisen und Getränken übersatt,
Platzen sie vor Reichtum und Besitztümern.
– Das heißt: die Welt in Räuberunwesen führen.
Ist das nicht die Verderbnis des Tao?

53.1. *Denke für die Schweine.* Ein Wahrsager tat sein Priestergewand an, ging zum Schweinekoben und redete die Schweine also an: »Haßt ihr den Tod? Ich will euch drei Monate füttern, dann zehn Tage fasten lassen, drei Tage absondern und schließlich auf den Opferaltar legen und euch Schultern und Hüften mit weißem Heu bedecken. Was sagt ihr zu diesem Vorschlag?«
Dann erwog er, daß, wenn er sich an Stelle der Schweine befände, er

wohl antworten würde: »Uns wäre es lieber, wenn Ihr uns mit Kleie
füttern und im Koben in Ruhe lassen würdet.«
Aber wenn einer für sich selber plant, macht es ihm nichts aus, mit der
Ehre von Wappen und Titeln zu leben und dann in einer geschmück-
ten, gewölbten Sarghülle auf die Bahre gelegt zu werden. Wenn ein
Mensch an Stelle eines Schweines denkt, weist er solch einen Vor-
schlag zurück. Aber wenn er für sich selbst plant, nimmt er ihn an.
Was für ein Unterschied besteht zwischen ihm und einem Schwein?

53.2. *Wahres Glück*. Gibt es überhaupt wahres Glück? Gibt es etwas,
das unser Leben erhalten kann? Was soll ich tun und was soll ich
glauben? Was soll ich meiden und wem soll ich folgen? Was soll ich
annehmen und was zurückweisen? Was soll ich lieben und was soll ich
hassen? Was die Welt schätzt, ist Reichtum, Rang, langes Leben und
Güte. Was die Leute genießen, ist Gesundheit, gutes Essen, feine
Kleidung, Schönheit und Musik. Was sie hassen, ist Armut, Niedrigkeit, jung sterben und häßliche Krankheit. Worüber sich die Leute
Sorgen machen, ist, daß ihr Leib nicht gesund bleibt, und daß sie nicht
imstande sein könnten, schmackhafte Speisen zu genießen, feine
Kleider zu tragen, schöne Dinge zu sehen und gute Musik zu hören.
Wenn sie diese Dinge nicht erhalten können, verfallen sie in tiefe
Trauer und Sorge. Solches Haften an Äußerlichkeiten ist wirklich töricht. Die Reichen laufen geschäftig herum, um Reichtum aufzuhäu-
fen, den sie nicht gebrauchen können. Ihre Art, sich an äußere Be-
quemlichkeit zu klammern, ist oberflächlich. Die, welche Stellungen
bekleiden, planen und sorgen Tag und Nacht und fragen: »Soll ich das
tun oder nicht?« Ihre Art, sich an die Äußerlichkeiten des Lebens zu
halten, ist nicht verläßlich. Wenn ein Mensch geboren wird, kommt
der Kummer mit ihm. Die alten Leute leben in greisenhaftem Verfall,
von Kummer gebeugt, und können doch nicht sterben! Welch ein
trauriger Anblick! Sind sie nicht in ihrem Streben nach Sichtbarem
weit in die Irre gegangen? Märtyrer gelten in der Weltmeinung als
gut. Aber ihre Güte hindert sie nicht, ihr Leben zu verlieren, und ich
weiß nicht, ob das, was gut ist, in Wirklichkeit gut ist oder schlecht.
Wenn jenes der Fall ist, hilft es dennoch nicht, das Leben zu bewahren; wenn aber dieses, so ermöglicht ihnen ihr Märtyrertum doch,
andere zu retten...
Und was das betrifft, was die Welt tut, und die Art, wie die Leute jetzt
ihr Glück suchen, weiß ich wirklich nicht, ob ein solches Glück wirk-

lich Glück ist oder nicht vielmehr Unglück. Ich betrachte die Welt, wie sie mit der Menge herumfährt, um dem Glücke nachzujagen, als ob etwas sie dazu antriebe. Freilich sagen sie alle, sie seien glücklich. Ich habe an ihrem Glück oder Unglück keinen Anteil. Gibt es überhaupt so etwas wie Glück oder Unglück?

Ich betrachte Untätigkeit als das wahre Glück, während die Welt sie als großes Unglück ansieht. Es ist gesagt worden: »Vollkommenes Glück ist das Nichtvorhandensein des (Strebens nach) Glück; vollkommenes Ansehen ist das Nichtvorhandensein (der Sorge um) Ansehen.«

54. Der einzelne und der Staat

Wer fest gegründet ist, wird nicht leicht erschüttert.
Wer einen festen Griff hat, läßt nicht leicht locker.
Von Geschlecht zu Geschlecht werden seine Ahnenopfer
Ohne Unterlaß fortgesetzt werden.
Beim einzelnen gepflegt, wird der Charakter echt werden;
In der Familie gepflegt, wird der Charakter überströmend werden;
Im Dorfe gepflegt, wird der Charakter sich mehren;
Im Staate gepflegt, wird der Charakter gedeihen;
In der Welt gepflegt, wird der Charakter allumfassend werden.

Darum: Nach dem (Charakter des) einzelnen beurteile den einzelnen;
Nach dem (Charakter der) Familie beurteile die Familie;
Nach dem (Charakter des) Dorfes beurteile das Dorf;
Nach dem (Charakter des) Staates beurteile den Staat;
Nach dem (Charakter der) Welt beurteile die Welt.
Wie weiß ich, daß die Welt so ist?
Durch dieses [133].

Der den beiden ersten Zeilen zugrunde liegende Gedanke ist das eingewurzelte Mißtrauen gegen sichtbare Hilfsmittel, das am Anfang des Kapitels 27 noch deutlicher herausgestellt wird.

»Die Vorsichtsmaßnahmen, die man gegen die Diebe trifft, welche Truhen öffnen, Beutel durchsuchen oder Kassen ausrauben, bestehen darin, daß man diese mit Stricken, Riegeln und Schlössern sichert.

Aber ein großer Dieb geht her und trägt den Kasten auf seinen Schultern fort, samt Kisten und Beuteln, und sucht mit ihnen das Weite. Seine einzige Besorgnis ist, die Stricke und Schlösser könnten nicht fest genug sein.« *(Siehe 19.1.)*

54.1. *Die neun Proben des Konfuzius zur Menschenbeurteilung.*
»Der Geist des Menschen«, sagt Konfuzius, »ist hinterhältiger als Berge und Flüsse und schwerer zu kennen als der Himmel. Denn beim Himmel weiß man, was man beim Eintritt von Frühling, Sommer, Herbst und Winter, sowie beim Wechsel von Tag und Nacht, zu erwarten hat. Der Mensch aber verbirgt seinen Charakter hinter einem unergründlichen Äußeren. Es gibt Menschen, die zahm und bescheiden aussehen, aber einen schrecklichen Stolz verbergen. Es gibt andere, die besondere Fähigkeiten haben, aber töricht scheinen. Wieder andere gibt es, die sich stets beugen und nachgeben, aber dennoch immer das erreichen, was sie wollen. Manche sind äußerlich hart geduldig. Daher werden die, welche vorwärtsstürmen, um das Rechte zu tun, als ob es sie danach verlangte, es bald wieder und innerlich weich, andere äußerlich träge und innerlich umfallen lassen, wie ein heißes Eisen. Darum entsendet (zur Menschenbeurteilung) ein Herr seinen Untergebenen mit einem Auftrag in die Ferne, um seine Treue zu erproben. Er verwendet ihn in seiner Nähe, um sein Benehmen zu beobachten, er stellt ihm viele Aufgaben, um seine Fähigkeiten zu beurteilen, stellt plötzlich Fragen, um sein Wissen zu prüfen, und vereinbart mit ihm eine Leistung unter schwierigen Umständen, um zu erproben, ob er auch imstande ist, sein Wort zu halten. Er vertraut ihm Geld an, um sein Herz auf die Probe zu stellen, und kündigt ihm eine drohende Krise an, um seine Charakterstärke zu prüfen. Er macht ihn betrunken, um das Innere seines Charakters zu sehen, und bringt ihn in Frauengesellschaft, um sein Verhalten gegen Frauen zu beobachten. Wenn man einen Menschen diesen neun Proben unterwirft, erweist sich immer, wer ein Narr ist.«

55. Der Charakter des Kindes

Wer an Charakter reich [134] ist,
Ist wie ein Kind.
Keine giftigen Kerbtiere stechen ihn,

Keine wilden Bestien greifen ihn an,
Und keine Raubvögel stoßen auf ihn.
Seine Knochen sind weich, seine Sehnen zart,
Aber sein Griff ist stark.
Er kennt die Vereinigung von Mann und Weib nicht,
Aber seine Organe sind dennoch vollständig,
Was bedeutet, daß seine Kraft unverdorben ist.
Er weint den ganzen Tag.
Aber seine Stimme wird nie heiser,
Was bedeutet, daß seine (natürliche) Harmonie vollkommen ist.
Die Harmonie kennen,
Heißt im Einklang mit dem Ewigen sein,
(Und) das Ewige kennen,
Heißt Unterscheidung besitzen.
(Aber) das Leben verbessern wollen,
Heißt üble Vorbedeutung;
Die Gefühle durch Erregung[135] gehen lassen,
Heißt Eigensinn.
(Denn) die Dinge altern,
Wenn sie ihren Höhepunkt erreichen.
Dieser (Eigensinn) wäre gegen das Tao.
Und wer gegen das Tao ist, geht jung zugrunde[136].

Manche Lieblingsaussprüche Tschuangtses betreffen »die Ganzheit der Natur«, »die Ganzheit des Charakters«, »die Ganzheit der Begabung« und »die Ganzheit der Körpergestalt«.
Diese Gedanken entsprechen den Gedanken Laotses von der Bewahrung der unverdorbenen Natur oder der Quelle der Kraft. So verwenden beide Philosophen das neugeborene Kind und bisweilen auch das neugeborene Kalb als Sinnbild der unverdorbenen Unschuld des Charakters, vergleichbar der Ganzheit des Charakters beim Heiligen. Tschuangtse verwendet manchmal das Beispiel einer häßlichen oder verwachsenen Person, um den Gegensatz zwischen körperlicher Unvollkommenheit und geistiger Vollendung zu zeigen.

55.1. *Ganzheit der Begabung. Der häßliche Tho.* Ai, der Fürst des Staates Lu, sagte zu Konfuzius: »Im Staate Wei gibt es einen häßlichen Menschen namens Aithai (der Häßliche) Tho. Die Menschen, die mit ihm gelebt haben, müssen unaufhörlich an ihn denken.

Frauen, die ihn gesehen haben, sagen zu ihren Eltern: ›Ich möchte lieber die Beischläferin dieses Mannes sein, als die Gattin eines anderen.‹ Er hat über ein Dutzend Beischläferinnen und nimmt immer wieder neue. Er versucht nie, andere zu führen, sondern folgt ihnen bloß. Er besitzt keinerlei Herrschergewalt, durch welche er anderer Leben schützen könnte; er besitzt keinen Reichtum, durch welchen er ihre Bäuche füllen könnte, und sieht dazu noch furchtbar widerwärtig aus. Er führt nicht, sondern folgt, und sein Name ist außerhalb seines Staates unbekannt. Dennoch suchen sowohl Männer als auch Frauen seine Gesellschaft. Es muß also etwas an ihm sein, das ihn von den anderen unterscheidet. Ich ließ ihn kommen und sah, daß er wirklich furchtbar häßlich aussah. Dennoch waren wir noch nicht viele Monate beisammen, als ich zu merken begann, daß etwas an ihm war. Es war noch kein Jahr vergangen, und ich begann ihm zu vertrauen. Da meine Regierung einen Kanzler brauchte, bot ich ihm dieses Amt an. Er sah zunächst verdrießlich drein und schien gleichgültig, als hätte er lieber abgelehnt. Vielleicht hielt er mich nicht für gut genug! Jedenfalls gab ich ihm das Amt, aber nach sehr kurzer Zeit verließ er mich und ging fort. Ich trauerte ihm nach wie einem verlorenen Freund, als gäbe es niemanden mehr, mit dem ich mich an meinem Königreich erfreuen könnte. Was für eine Art Mensch ist das?«

»Als ich auf einer Gesandtschaft nach dem Staate Thschu unterwegs war«, erwiderte Konfuzius, »sah ich einen Wurf junger Schweine, die an ihrer toten Mutter saugten. Nach einer Weile sahen sie sie an, und dann verließen sie alle den Leichnam und gingen fort. Denn ihre Mutter blickte sie nicht mehr an und schien ihnen nicht mehr von ihrer Art zu sein. Was sie geliebt hatten, war ihre Mutter; nicht der Leib, der sie enthielt, sondern das, was diesen Leib zu dem gemacht hatte, was er war. Wenn ein Mann im Kampfe fällt, wird sein Sarg nicht mit einem viereckigen Baldachin bedeckt. Ein Mann, dessen Bein abgenommen wurde, wird ein Geschenk von Schuhen nicht schätzen. In beiden Fällen ist der ursprüngliche Zweck dieser Dinge verlorengegangen. Die Beischläferinnen des Himmelssohnes beschneiden ihre Nägel nicht und durchbohren ihre Ohren nicht. Die (Dienstboten), die verheiratet sind, müssen außerhalb (des Palastes) wohnen und dürfen nicht wieder verwendet werden. So groß ist der Wert, den man dem Umstand beimißt, daß der Körper ganz bewahrt bleibe. Wieviel mehr wird einer geschätzt, der seinen Charakter ganz bewahrt hat!

Nun genießt der häßliche Tho Vertrauen, ohne daß er etwas sagte, wird gesucht, ohne daß er irgendwelche Fertigkeiten hätte, und erhält die Regierung eines Staates mit der einzigen Befürchtung angeboten, er könnte ablehnen. Er muß wirklich der Mensch sein, dessen Fähigkeiten vollkommen sind und dessen Charakter ohne äußere Gestalt ist!«

55.2. *Ganzheit des Charakters. Der Kampfhahn.* Tschischengtse richtete Kampfhähne für den König ab. Nach zehn Tagen fragte der König, ob sein Hahn zum Kampf bereit sei. »Noch nicht«, antwortete er, »der Hahn ist noch voll Streitsucht und Hochmut.«
Nach weiteren zehn Tagen fragte der König wieder, und Tschischengtse erwiderte: »Noch nicht. Er ist noch für Schatten und Geräusche empfindlich.«
Als abermals zehn Tage vergangen waren, fragte der König wiederum, und er antwortete: »Noch nicht. Seine Augen haben noch einen zornigen Blick, und er ist voller Kampfeslust.«
Abermals vergingen zehn Tage, und er sprach: »Jetzt ist er wohl so weit. Wenn er andere Hähne krähen hört, kümmert ihn das nicht. Wenn man ihn ansieht, würde man meinen, er sei aus Holz. Sein Charakter ist jetzt ganz. Kein anderer Hahn wird es wagen, mit ihm zu kämpfen; sie werden alle bei seinem Anblick davonlaufen.«

55.3. *Das neugeborene Kalb. Die Kunst der Konzentration.* Yeh Thschüeh (ein alter Lehrer zur Zeit Kaiser Yaos) befragte Phi Yi über das Tao, und Phi Yi antwortete: »Bewahrt Eure Form richtig, konzentriert Eure Sicht, und die himmlische Harmonie wird Euch überkommen. Beherrscht Euren Verstand, konzentriert Euer Denken, und der Geist wird sich in Euch niederlassen. Das Teh soll Eure Kleidung sein und das Tao Eure Wohnung. Ihr werdet vor Euch hinstarren wie ein neugeborenes Kalb und nicht einmal versuchen, den Grund dafür zu finden.«

55.4. *Der Schatten, der Leib und der Geist.* Der Halbschatten sprach zum Schatten: »Bald bewegt Ihr Euch, bald steht Ihr still; bald setzt Ihr euch, bald steht Ihr auf. Weshalb diese Unbeständigkeit?«
»Vielleicht«, erwiderte der Schatten, »hänge ich von etwas ab, das mich das tun heißt, was ich tue, und vielleicht hängt dieses Etwas wieder von etwas ab, das es das tun heißt, was es tut. Oder vielleicht

ist meine Abhängigkeit ähnlich wie (die unbewußten Bewegungen)
der Schuppen einer Schlange oder der Flügel einer Zikade. Wie kann
ich Euch da sagen, weshalb ich das eine tue und das andere nicht?«

*Es gibt eine ausführlichere Fassung desselben Gleichnisses vom Ge-
spräch zwischen dem Rand eines Schattens und dem Schatten. Dieser
hängt von jenem ab. Jener hängt vom Körper ab, und der Körper
wiederum hängt vom Geist ab, der ihn bewegt. In der anderen Fassung sagt der Schatten: »Ich bin wie die abgestreifte Haut einer Zikade oder Schlange, eine leere Form, die dem Körper ähnelt«, was
wohl eine Verbesserung der hier wiedergegebenen Fassung darstellt.*

55.5. »*Das Leben nicht verbessern wollen.*« (Tschuangtse) spricht:
»Unter einem leidenschaftslosen Menschen verstehe ich einen, der
Vorlieben und Abneigungen nicht gestattet, sein inneres Gleichgewicht zu stören, sondern sich der Natur anpaßt und nicht versucht,
(den Stoff) des Lebens zu verbessern.«

56. Jenseits von Ehre und Schande

Wer weiß, redet nicht.
Wer redet, weiß nicht.
Fülle aus seine Öffnungen,
Schließe seine Pforten,
Mach stumpf seine Schneiden,
Löse seine Schlingen,
Mildere sein Licht,
Versenke seinen Wirbel,
Das ist die mystische Einheit [137].

Dann können Liebe und Haß ihn nicht berühren,
Gewinn und Verlust ihn nicht erreichen,
Ehre und Schande ihm nichts anhaben.
Darum ist er immer der Geehrte der Welt.

56.1. »*Wer weiß, redet nicht, wer redet, weiß nicht.*« Wenn die Leute
daran denken, die Wahrheit zu lernen, denken sie an Bücher. Bücher
sind nur Wörter und Wörter haben natürlich ihren Wert. Aber der

Wert der Wörter liegt in der ihnen innewohnenden Bedeutung. Diese sogenannte Bedeutung ist nichts als ein Versuch, etwas zu begreifen, und dieses Etwas läßt sich in Worten gar nicht ausdrücken. Weil die Welt Worte hoch schätzt, bewahrt sie die Bücher auf. Ich aber schätze sie nicht, weil das, was sie schätzen, gar nicht der richtige Wert des Buches ist. Was das Auge sehen kann, ist Form und Farbe. Was das Ohr hören kann, sind Namen und Töne. Leider wähnen die Menschen, sie könnten aus den Farben und Formen, Namen und Tönen zu den Wahrheiten der Wirklichkeit vordringen. Da aber Form, Farbe, Namen und Töne einem nicht helfen können, zu der Wahrheit der Wirklichkeit vorzudringen, darum spricht der nicht, welcher weiß, und der, welcher spricht, weiß nicht. Aber was weiß die Welt davon?

Herzog Huan las eines Tages in der Halle, und ein Wagner verfertigte vorne im Hof ein Rad. Er legte sein Stemmeisen hin, ging die Stufen hinauf und sprach den Herzog an:

»Darf ich fragen, was Eure Königliche Hoheit da lesen?«

»Ich lese die Werke der Weisen«, war die Antwort.

»Sind diese Weisen am Leben?«

»Nein, sie sind längst gestorben.«

»Dann ist das, was Ihr lest, nur die Spreu, die die Alten hinterlassen haben?«

»Ich lese«, sagte der König. »Was weiß ein Wagner von Büchern? Erkläre dich. Wenn du eine gute Begründung deiner Bemerkung geben kannst, will ich dich gehen lassen, wenn nicht, mußt du sterben.«

»Laßt mich ein Beispiel aus meinem eigenen Gewerbe nehmen«, erwiderte der Wagner. »Wenn ich die Speichen zu stark mache, werden sie nicht in das Rad passen, und wenn ich sie zu locker mache, werden sie nicht halten. Ich muß sie also ganz genau richtig machen. Ich taste sie mit der Hand ab und beurteile sie mit dem Herzen. Es ist da etwas im Spiel, das ich nicht in Worte fassen kann. Ich kann dieses Gefühl nicht einmal meinen eigenen Sohn lehren, und mein Sohn kann es von mir nicht lernen. Darum kann ich mit siebzig Jahren noch immer Räder machen. Die Alten sind schon lange dahin und das, was sie nicht mitteilen konnten, ist mit ihnen untergegangen. Daher ist das, was Eure Majestät lesen, nur die Spreu der Alten.«

Daß die Gestalt aus dem Gestaltlosen kommt und das Gestaltlose durch die Gestalt wirkt, wird von jedermann verstanden. Alle Leute reden davon, aber wer das Tao versteht, nimmt solche Gespräche nicht zur Kenntnis. Wer das Tao endgültig versteht, diskutiert nicht, und wer diskutiert, versteht das Tao nicht endgültig.

56.2. *Es ist schwierig, über das Tao nicht zu reden.* Tschuangtse sagt: »Das Tao zu erkennen ist leicht, nicht darüber zu sprechen ist schwer. Erkennen und nicht darüber reden, heißt der Natur folgen; erkennen und darüber reden, heißt den Menschen folgen. Die Alten folgten der Natur und nicht den Menschen.«

56.3. *Die Relativität des Wissens.* Yeh Thschüeh fragte Wang: »Wißt Ihr bestimmt, daß alles dasselbe ist?«
»Wie kann ich das wissen?« antwortete Wang Yi.
»Wißt Ihr, was Ihr nicht wißt?«
»Wie kann ich das wissen?« erwiderte Yeh Thschüeh.
»Dann weiß also niemand etwas?«
»Wie kann ich das wissen?« sagte Wang Yi. »Dennoch will ich versuchen, es Euch zu sagen. Wie kann man wissen, daß das, was ich Wissen nenne, nicht in Wirklichkeit Nichtwissen ist, und das, was ich Nichtwissen nenne, nicht in Wirklichkeit Wissen? Jetzt möchte ich Euch folgendes fragen: Wenn ein Mensch an einem feuchten Orte schläft, wird er von Lendenweh befallen und stirbt. Aber wie verhält es sich mit einem Aal? Und auf einem Baum zu wohnen, ist unsicher und nervenaufregend. Aber wie verhält es sich mit den Affen? Welche Wohnweise, die des Menschen, des Aals oder des Affen, ist nun die unbedingt richtige? Menschen nähren sich von Fleisch, Rotwild von Gras, Tausendfüßler von kleinen Schlangen, Eulen und Krähen von Mäusen. Affen paaren sich mit hundeköpfigen Äffinnen, der Rehbock mit der Rehgeiß, Aale mit Fischen, während Männer (die berühmten Schönheiten) Mao Thschiang und Li Tschi bewundern, bei deren Anblick die Fische ins tiefe Wasser tauchen, die Vögel sich hoch in die Luft schwingen und das Wild flüchtet. Wer kann also sagen, welches das Richtmaß der Schönheit sei? Meiner Meinung nach sind die Lehren von Menschlichkeit und Gerechtigkeit und die Wege von Recht und Unrecht dermaßen verschlungen, daß es unmöglich ist, das, was sie vorbringen, zu erkennen.«
»Wenn Ihr also«, fragte Yeh Thschüeh, »selbst nicht wißt, was gut

und was schlecht ist, ist da der vollkommene Mensch ebenfalls ohne diese Erkenntnis?«

»Der vollkommene Mensch«, antwortete Wang Yi, »ist ein geistiges Wesen. Wenn der Ozean selbst versengt würde, würde er keine Hitze spüren. Wenn die großen Ströme zu Eis erstarrten, würde er keine Kälte spüren. Wenn die Berge vom Donner gespalten und die große Tiefe vom Sturme emporgeschleudert würde, würde er nicht erzittern. So würde er die Wolken des Himmels besteigen, Sonne und Mond vor sich her treiben und über die Grenzen dieser Weltexistenz hinausschreiten. Tod und Leben haben keinen Sieg mehr über ihn. Wieviel weniger könnte er sich mit den Unterscheidungen von Gewinn und Verlust befassen!«

»Dann weiß einer, der nicht weiß, in Wirklichkeit doch, und einer, der weiß, in Wirklichkeit nicht. Wer kennt dieses Wissen ohne Wissen?« *Siehe 1.1.*

56.4. *Die mystische Tugend.* »Schränkt ein die Tätigkeit des Tseng und Schih, verschließt dem Yang Tschu und dem Motse den Mund, tut weg die Menschlichkeit und die Gerechtigkeit, und das Wesen des Volkes wird die mystische Einheit erreichen.« *Siehe 19.1.*

56.5. »*Liebe und Haß können ihn nicht berühren, Gewinn und Verlust ihn nicht erreichen.*« Wenn die ganze Welt ihm schmeichelte, würde er dadurch nicht berührt werden, und wenn die ganze Welt ihn tadelte, würde er nicht von dem abgebracht werden, was er tut. Denn Yung vermag zwischen der inneren und der äußeren Wirklichkeit zu unterscheiden, und versteht, was wahre Ehre und wahre Schande ist.

Der Philosoph, auf den hier Bezug genommen wird, ist Sung Yung. Siehe »Die Hauptströmungen des Denkens« von Tschuangtse.

57. Staatskunst

Beherrsche ein Reich durch das Normale.
Schlage eine Schlacht durch (abnormale) Überraschungstaktik[138].
Gewinne die Welt durch Nichttun.
Wie weiß ich, daß es so ist?

Durch dies:
Je mehr Verbote es gibt, desto ärmer wird das Volk.
Je mehr scharfe Waffen es gibt,
Desto größer ist das Chaos im Staate.
Je mehr technische Fertigkeiten,
Desto mehr listige[139] Dinge werden erzeugt.

Je größer die Zahl der Satzungen,
Desto größer die Zahl der Diebe und Räuber.
Darum spricht der Weise:
Ich tue nichts, und das Volk wird von selbst gebessert[140].
Ich liebe die Ruhe, und das Volk ist von selbst rechtschaffen.
Ich mache keine Geschäfte, und das Volk wird von selbst reich.
Ich habe kein Begehren, und das Volk wird von selbst schlicht und
ehrlich.

58. Träge Regierung

Wenn die Regierung träg und stumpf ist,
Ist das Volk unverdorben;
Wenn die Regierung tüchtig und forsch ist,
Ist das Volk unzufrieden.

Unheil ist die Prunkstraße des Wohlstandes,
(Und) Wohlstand die Tarnung des Unheils.
Wer vermöchte dessen letzte Ergebnisse zu erkennen?
(Wie es ist), würde es nie das Normale geben,

Denn das Normale würde (sofort) zum Listigen [141] zurückkehren,
Und das Gute zum Unheilvollen zurückkehren.
So weit ist die Menschheit in die Irre gegangen!

Darum ist der Weise viereckig (hat feste Grundsätze), aber nicht
schneidend (scharfkantig),
Besitzt Rechtlichkeit, aber verletzt (andere) nicht [142].
Ist gerade, aber nicht rücksichtslos,
Hell, aber nicht blendend.

Der Grundgedanke der Kap. 57, 58, 59 und 60 ist: staatliches Eingreifen in die Angelegenheiten des Volkes ist gefährlich, und durch die Vermehrung des menschlichen Wissens ist bereits Verwirrung über die Welt gebracht worden. Siehe Tschuangtses zornigen Protest gegen den Verfall des menschlichen Charakters und das Anwachsen von List und Heuchelei in Kap. 18, 19, 28 und 38.

57.1. *Übler Einfluß der Maschinen.* Tsekung reiste einmal südwärts nach Thschu und kam auf dem Rückweg nach Tschin durch Hanyin. Dort sah er einen Bauern, der seinen Gemüsegarten bearbeitete. Er ließ einen Eimer in den Brunnen hinab, zog ihn wieder herauf, ergriff ihn mit der Hand, ging umher und begoß seine Pflanzen. Das alles kostete viel Arbeit und brachte nur wenig Erfolg. »Ich weiß von einer Maschine«, sagte Tsekung, »die in einem Tag hundert Felder bewässern kann, Arbeit spart und gute Ergebnisse erzielt. Möchtet Ihr nicht so eine Maschine haben?«
Der Gärtner sah auf und fragte: »Wie sieht sie aus?«
»Es ist ein hölzernes Gerät, dessen Hebel hinten schwer und vorne leicht ist. Es zieht das Wasser auf, das dann in stetigem, schäumendem Flusse gurgelnd in einen Graben strömt. Die Maschine wird Ziehstange genannt.«
Das Gesicht des Gärtners änderte plötzlich seinen Ausdruck, und er lachte: »Ich hörte von meinem Meister«, sagte er, »daß, wer listige Geräte besitzt, auch in seinen Geschäften listig ist und, wer listig in seinen Geschäften ist, auch List im Herzen trägt. Wenn List im Herzen eines Menschen sitzt, hat er etwas verloren und wird ruhelos. Mit dieser Ruhelosigkeit des Geistes fliegt das Tao fort. Ich wußte wohl von der Ziehstange, würde mich aber schämen, sie zu benutzen.«
Tsekung war verlegen, senkte den Kopf und sagte nichts. Nach einer Weile sagte der Gärtner: »Wer seid Ihr?«

»Ich bin ein Jünger des Konfuzius«, war die Antwort.

»Seid Ihr da nicht einer von jenen, die eine Menge Bücher lesen, um die Weisen nachzuahmen, sich strecken und dehnen, um anderen wohlzutun, und dann einsam ein schwermütiges Lied zur Laute singen, um ihren Ruf in der Welt zu verbreiten? Wenn Ihr lernen könntet, alle Eure Mätzchen aufzugeben und Eure Gebärden zu vergessen, wäre vielleicht noch Hoffnung für Euch vorhanden. Nun könnt Ihr aber nicht einmal für Euch selbst sorgen – wie wollt Ihr denn da für die Welt sorgen? Geht weg und stört mich nicht länger bei der Arbeit.«

Tsekungs Gesichtsausdruck änderte sich, und er fühlte sich unbehaglich. Er lief dreißig *Li*, ehe er sich beruhigte.

»Wer war denn der Kerl, mit dem Ihr gesprochen habt?« fragte der Schüler. »Warum habt Ihr nach dem Gespräch mit ihm Euren Ausdruck verändert und Euch erst wieder nach einem ganzen Tag beruhigt?«

»Ich dachte früher«, sagte Tsekung, »es gäbe auf der Welt nur *eine* Persönlichkeit (Konfuzius). Ich wußte nicht, daß es außer ihm noch eine andere gibt. Ich hörte von meinem Meister, man müsse trachten, Dinge zu tun und Leistungen zu vollbringen, und müsse versuchen, mit der größtmöglichen Arbeitsersparnis die größtmöglichen Ergebnisse zu erzielen. Das war die Lehre des Weisen. Aber nun kommt mir plötzlich vor, als hätte ich ganz unrecht. Nach der Lehre des (anderen) Weisen besitzt der, welcher das Tao umfaßt, Ganzheit des Charakters; aus der Ganzheit des Charakters kommt Ganzheit des Leibes, und aus der Ganzheit des Leibes Ganzheit der Seele. Man sollte mit anderen Menschen leben, ohne zu wissen, wohin man geht, und so die Reinheit seines Charakters bewahren. Fertigkeiten, Verwendbarkeit und List führen zum Verlust des Herzens. Dieser Mensch jedoch tut nie etwas und geht nirgends hin, ohne dem Zuge seines Herzens zu folgen. Wenn ihn die ganze Welt lobt und versteht, ist ihm das gleichgültig, und wenn ihn die ganze Welt tadelt und mißversteht, nimmt er das ebensowenig zur Kenntnis. Ruhm und Tadel berühren ihn nicht. Er hat Ganzheit des Charakters erlangt.«

57.2. *Weshalb es Verbrecher gibt.* Potschü, ein Schüler des Lao Tan (Laotse), sprach eines Tages zu diesem: »Gehen wir auf Reisen und sehen wir uns die Welt an.«

»Wozu eigentlich? Die Welt ist genau so, wie dieser Ort hier.«
Potschü bestand aber darauf, und Laotse erwiderte: »Wohin willst du
gehen?«

»Gehen wir zuerst nach Thschi.«

Als sie nach Thschi kamen, sahen sie dort einen (hingerichteten) Verbrecher, der mit dem Gesicht nach oben auf der Erde lag und zuge-
deckt war. Lao Tan nahm sein Festkleid ab und bedeckte damit den
Leichnam. Er schrie zum Himmel, weinte und sprach: »Ihr! O ihr! Es
kommt ein Unheil über die Welt, und ihr seid die ersten, die ihm
entgehen!«

Und Lao Tan fuhr fort: »Die Leute werden sagen, daß er ein Dieb oder
vielleicht sogar ein Mörder war. Mit der Unterscheidung von Ehre
und Schande kommen die Befürchtungen der Menschen auf, und mit
der Anhäufung von Reichtum entsteht der Kampf ums Dasein. Nun
ist (der Herrscher) der erste, der das einführt, was zu Befürchtungen
führt, der selber aufhäuft, was das Volk zu erhalten sucht, und der das
Volk ohne Rast und Ruhe arbeiten läßt. Wie kann es da ein anderes
Ergebnis geben? Die Herrscher der Vorzeit schrieben alles Gelingen
dem Volk, alles Mißlingen sich selbst zu. Sie meinten immer, das Volk
habe recht und sie selbst unrecht. Wenn es einen Verwachsenen gab,
fühlten sich die Herrscher dafür verantwortlich. Heute ist alles anders. Der Herrscher verheimlicht dem Volke die Angelegenheiten des
Landes und tadelt es dann wegen seiner Unwissenheit. Er erteilt den
Leuten gefährliche Aufträge und straft dann die, welche sie nicht aus-
zuführen wagen. Er bürdet ihnen große Verantwortlichkeiten auf und
bestraft die, welche ihnen nicht gewachsen sind, sendet sie an weit
entfernte Orte und tötet dann die, welche nicht ankommen. Wenn die
Leute erschöpft sind und mit dieser Lage nicht fertig werden, müssen
sie ja ihre Zuflucht zum Betrug nehmen! Wenn der Herrscher also
täglich sein Volk betrügt, was kann das Volk dann anderes tun, als zu
versuchen, den Herrscher seinerseits zu betrügen? Denn wenn einer
nicht die Stärke hat, das zu tun, was von ihm verlangt wird, dann wird
er versuchen, zu betrügen, und wenn einer einer Lage nicht gewachsen ist, wird er es zu verdecken trachten; und wenn einer nicht genug
zum Ausgeben hat, wird er versuchen, zu stehlen. Und wen muß
daher die Verantwortung für das Verhalten der Diebe und Räuber
treffen?«

»Ich tue nichts, und das Volk wird von selbst gebessert.« *Siehe 37.2.*

59. Beschränkung

Bei der Leitung menschlicher Angelegenheiten gibt es keine bessere
Regel als: Beschränkung[143].

Beschränken heißt verhüten;
Verhüten heißt bereit sein und gestärkt werden;
Bereit und gestärkt sein heißt immer siegreich sein;
Immer siegreich sein heißt unbegrenzte Fähigkeiten besitzen;
Wer unbegrenzte Fähigkeiten besitzt, ist imstande, ein Land zu
beherrschen,
Und die Mutter (das Mutterprinzip) eines herrschenden Landes kann
lange überdauern.
Das heißt tief eingewurzelt sein, tiefe Kraft haben,
Die Bahn zu Unsterblichkeit und dauernder Schau.

*Wahrscheinlich ist die letzte Zeile des Kapitels 59 der Ausspruch
Laotses, der dazu geführt hat, daß spätere Tao-Anhänger den Taoismus als Schwarze Kunst ausgelegt haben. Der Übergang von Laotses
mystischer Vereinigung mit der Natur zu direkten Bestrebungen ein
Geisterwesen zu werden, ist vielleicht natürlich. Jedenfalls ist die
taoistische Mythologie des Volksglaubens voll von solchen »Unsterb-
lichen«, und es gibt keine Generation in der Geschichte Chinas, von
der nicht berichtet wurde, irgendwelche taoistischen Einsiedler hätten eine Unsterblichkeit dieser Art erlangt. Merkwürdigerweise hat
auch schon Tschuangtse einige Wendungen eingeführt, die mit solchen Praktiken nahe verwandt sind, wie »Innenschau«, »geistige Hy-
giene«, »Ernährung des Geistes«, »Atmen durch die Seele« usw., alles
Ausdrücke, die an indische Yoga-Praktiken erinnern. Ich habe hier
ein paar Stellen aus Tschuangtse ausgewählt und zusammengestellt,
die sich auf den Unsterblichkeitskult beziehen.*

59.1. *»Die Kunst, den Geist zu ernähren.«* Es gibt Menschen, deren
Verhalten gekünstelt und zurückhaltend, und deren Betragen seltsam
ist, die sich von der Gesellschaft absondern und sich in hochtrabenden
Reden und scharfer Kritik an anderen gefallen, alles zu dem Zweck,
ihre eigene Geistigkeit zu beweisen – solcherart sind die Einsiedler in
den Wäldern. Die, welche meinen, die Gesellschaft habe unrecht, und
bereit sind, durch einen Sprung ins Meer Selbstmord zu begehen,
lieben solche Lehren. Dann gibt es Menschen, die sich mit Gesprä-

chen über Menschlichkeit und Gerechtigkeit, Aufrichtigkeit, Ehrlichkeit, Ehrerbietigkeit, Bescheidenheit und Höflichkeit befassen, kurz,
mit Lehren, die zur Selbstbildung bestimmt sind. – Das sind die So-
zialphilosophen. Scholastiker und fahrende Schüler lieben solche
Lehren. Andere reden davon, wie man dem Staate wertvolle Dienste
leistet und sich selbst einen großen Namen macht, über Höflichkeit
zwischen Herrscher und Untertan und Ordnung zwischen Beamten-
schaft und Volk, Themen, welche die Verwaltung des Landes betreffen – das sind die Höflinge und Politiker. Die, welche ihrem Herrscher
helfen wollen, ihr Land stark zu machen, damit es sich ausbreiten und
das Nachbarland gewaltsam erobern kann, lieben solche Lehren. Sich
an einen See begeben, um im Freien zu leben und nach Herzenslust zu
angeln, damit es einem gelingt, nichts zu tun – das ist das Verhalten
der Gelehrten an Flüssen und Seen. Die, welche sich von der Welt
zurückziehen und ihre Muße genießen wollen, lieben solche Lehren.
Seinen Atem beherrschen, verdorbene Luft aus- und frische Luft ein-
atmen, sich wie ein Bär recken und wie ein Kranich den Hals drehen,
um langlebig zu werden – das sind die Anhänger der Geisteshygiene
(Taoyin, praktisch etwas Ähnliches wie Yoga). Die, welche ihre Leiber
zu stärken und Langlebigkeit zu erlangen wünschen, wie Phengtsu,
lieben diese Lehren.
Aber ohne Künstlichkeit geistig sein, sich ohne die Lehren von
Menschlichkeit und Gerechtigkeit fortbilden, an die Staatsordnung
glauben, ohne sich um Verdienst und Ruhm zu kümmern, Muße zu
genießen, ohne sich an Flüsse und Seen zurückzuziehen, lange zu
leben, ohne Geisteshygiene zu treiben, nichts zu vergessen und alles
zu besitzen, gelöst und unendlich leidenschaftslos zu sein und dennoch alle Tugenden zu besitzen – das ist das Tao des Alls und der
Charakter der Weisen. Darum heißt es, daß Gereiftheit, Ruhe, Passivität und Untätigkeit[144] den Ruhezustand des Alls und die Substanz
des Tao und des Teh vorstellen. Darum heißt es, daß der Weise sich der
Ruhe hingibt. Von der Ruhe kommt ungekünstelte Schlichtheit, und
von ungekünstelter Schlichtheit kommt Gereiftheit. Wenn man
schlicht, ungekünstelt und gereift ist, können Furcht und Sorge einen
nicht mehr stören und üble Einflüsse einem nichts mehr anhaben,
wodurch der Charakter ganz und der Geist ungehemmt wird. Darum
heißt es, daß der Weise im Leben der Natur folgt und im Tod zu
ihr zurückkehrt. In der Ruhe nimmt er am Charakter des *Yin* teil, in
der Tätigkeit an der Kraft des *Yang*. Er erwidert nur, wenn er bewegt

wird, handelt nur, wenn er gedrängt wird, und tritt nur in Tätigkeit, wenn er dazu genötigt wird. Er betrachtet sein Leben als unsteten Traum und seinen Tod als Ausruhen. Er plant nicht, drängt nicht und rechnet nicht. Er scheint, aber blendet nicht, und ist ehrlich, verläßt sich aber nicht auf Verträge. Da er traumlos schläft und sorgenlos erwacht, ist sein Geist rein und seine Seele nie müde. Darum heißt es, daß absolute Reinheit des Charakters, unveränderliche Ruhe und Gelassenheit, Gereiftheit und Tatenlosigkeit, sowie Handeln im Einklang mit der Natur, die Wege sind, um den Geist zu nähren.

59.2. *Vollkommene Begabung.* »Was meint Ihr mit der Aussage, daß seine Begabung vollkommen ist?« fragte der Herzog.

»Leben und Tod«, erwiderte Konfuzius, »Besitz und Verlust, Gelingen und Mißlingen, Armut und Reichtum, Tugend und Laster, guter und schlechter Ruf, Hunger und Durst, Hitze und Kälte – sind Veränderungen der Dinge im natürlichen Ablauf der Ereignisse. Tag und Nacht folgen einander, und kein Mensch kann sagen, woher sie kommen. Darum darf man ihnen nicht gestatten, die natürliche Harmonie zu stören oder in den Bereich der Seele einzudringen. Man müßte in einer lieblichen, harmonischen Atmosphäre leben, ohne sich in Schärfe hineintreiben zu lassen, und tagaus tagein (den Frieden des) Frühlings mit dem Geschaffenen teilen. So würde man fortwährend die Jahreszeiten in der eigenen Brust neu entstehen lassen. Von einem Menschen, der das vermag, kann gesagt werden, er besitze vollkommene Begabung.«

59.3. *Das einsame Eine erschauen.* Nanpo Tse Khuei sagte zu Nü Yü (oder Weib-Yü):

»Ihr seid alt, habt aber dennoch eine Gesichtshaut wie ein Kind. Woher kommt das?«

Nü Yü erwiderte: »Ich habe das Tao erlernt.«

»Kann ich das Tao durch Lernen gewinnen?« fragte der andere.

»Nein! Wie wäre so etwas möglich?« sagte Nü Yü. »Ihr seid nicht der Rechte. Da war Puliang! Der hatte die natürliche Begabung zu einem Weisen, kannte aber die Lehre nicht. Ich wiederum kannte alle Lehren, hatte aber die natürliche Begabung nicht. Ich wollte sie ihn lehren, da ich hoffte, er werde dadurch ein Weiser werden. Es hätte ein Leichtes sein müssen, einen, der die natürliche Begabung für die Leh-

ren der Weisen besaß, diese zu lehren; das war aber nicht der Fall,
denn ich mußte geduldig warten, bis ich sie ihm enthüllen konnte.
Nach drei Tagen vermochte er über die Schranken dieser Welt hin-
auszureichen. Nach weiteren sieben Tagen war er über das gesamte
stoffliche Sein hinausgelangt. Ich wartete wiederum neun Tage, da
war er über alles Leben hinaus. Als er über alles Leben hinausgelan-
gen konnte, hatte er eine morgenklare Schau und war damit imstande, das Einsame (Eine) zu schauen. Als er das Einsame geschaut
hatte, konnte er die Unterscheidung von Vergangenheit und Gegenwart abtun. Als er Vergangenheit und Gegenwart abgetan hatte,
konnte er in das Reich eingehen, wo Leben und Tod nicht mehr sind,
wo das Töten das Leben nicht wegnimmt, und das Gebären das Leben nicht hervorbringt. Er war da stets im Einklang mit seiner Umwelt, alles empfangend und alles begrüßend, alles als zerstört und
alles in Vollendung befindlich betrachtend. Das heißt: ›inmitten der
Verwirrung gesichert sein‹, und die Sicherheit durch das Chaos
erreichen.«

59.4. *Leib und Geist loswerden*. Yen Huei sprach zu Tschungni (Kon-
fuzius): »Ich komme weiter.«
»Wie das?« fragte dieser.
»Ich bin Menschenliebe und Gerechtigkeit losgeworden«, antwortete
jener.
»Sehr gut«, erwiderte Tschungni, »aber noch nicht vollkommen.«
An einem anderen Tag traf Yen Huei Tschungni und sagte: »Ich
komme weiter.«
»Wie das?«
»Ich bin das Zeremoniell und die Musik losgeworden«, antwortete
Yen Huei.
»Sehr gut«, sagte Tschungni, »aber nicht ganz vollkommen.«
Wieder an einem anderen Tag traf Yen Huei abermals Tschungni und
sagte: »Ich komme weiter.«
»Wie das?«
»Ich kann, während ich (in einem Zimmer) sitze, mich vergessen«,
erwiderte Yen Huei.
»Was meint Ihr damit?« sagte Tschungni und wechselte die Hal-
tung.
»Ich habe mich von meinem Körper freigemacht«, erwiderte Yen
Huei. »Ich habe mein Denkvermögen abgelegt. Und da ich so meinen

Leib und meinen Geist losgeworden bin, bin ich eins mit dem Unendlichen geworden. Das ist es, was ich meine, wenn ich sage, ich vergäße
mich, wenn ich sitze.«

»Wenn Ihr eins geworden seid«, sagte Tschungni, »kann es keinen
Raum mehr für Neigungen geben. Wenn Ihr Euch verloren habt,
kann es keine Hemmung mehr geben. Vielleicht seid Ihr jetzt wirklich ein Weiser. Erlaubt mir, bitte, in Eure Fußstapfen zu treten.«

60. Ein großes Land regieren

Man regiere ein großes Land, wie man kleine Fische braten
würde [145].

Wer die Welt im Einklang mit dem Tao regiert,
Wird finden, daß die Geister ihre Macht verlieren.
Es ist nicht, daß die Geister ihre Macht verlieren,
Sondern, daß sie aufhören, Menschen zu schaden.
Es ist nicht (nur), daß sie aufhören, den Menschen zu schaden,
Der Weise (selbst) schadet den Menschen auch nicht.
Wenn beide einander keinen Schaden zufügen,
Wird der ursprüngliche Charakter wiederhergestellt.

*Die erste Zeile des vorigen Kapitels handelt von der Führung mensch-
licher Angelegenheiten; das vorliegende betrifft die Regierung eines
großen Landes. In beiden Fällen ist der Gedanke der gleiche: sich
beschränken und nicht übertreiben. Laotse spricht davon, daß das
Eingreifen des Staates dem Volk Schaden bringe.*

60.1. »*Der Weise fügt den Menschen keinen Schaden zu.*« Der Weise
lebt mit Menschen, aber fügt ihnen keinen Schaden zu. Wer anderen
Menschen nicht schadet, dem kann von anderen nicht geschadet werden. Nur wer gegen Schaden gefeit ist, kann frei unter dem Volk
umhergehen.

60.2. »*Die Geister hören auf, Menschen zu schaden.*« König Huan
jagte an einem See und Kuan Tschung lenkte seinen Wagen. Der König ergriff Kuan Tschungs Hand und fragte: »Habt Ihr etwas gesehen,
Herr Kuan?« »Ich habe nichts gesehen«, erwiderte Kuan Tschung.
Der König kehrte zurück und erkrankte vor Schrecken. Mehrere Tage

erschien er nicht bei Hofe. Da sagte ein Gelehrter aus Thschi namens Huangtse Kao-ao zum König: »Wie könnten Gespenster Euch schaden? Der Schaden kommt nur von Euch.«

61. Große und kleine Länder

Ein großes Land (sollte wie) Niederungen an der Flußmündung (sein),
Indem es der Vereinigungspunkt der Welt ist
(Und) das Weibliche der Welt.
Das Weibliche überwindet das Männliche durch Stille,
Und erlangt die tiefe Lage durch Stille.

Darum, wenn ein großes Land sich unter ein kleines Land stellt,
Saugt es das kleine Land auf[146];
(Und) wenn ein kleines Land sich unter ein großes stellt,
Saugt es das große auf.
Darum stellen sich manche niedrig,
Um (andere) aufzusaugen,
Manche sind (von Natur aus) niedrig und saugen (andere) auf.
Was ein großes Land wünscht, ist nur, andere zu schirmen,
Und was ein kleines Land wünscht, ist nur, einzugehen und sich schirmen lassen zu dürfen.
Da (also) beide das haben können, was sie wünschen,
Müßte ein großes Land sich niedrig stellen.

Tschuangtse spricht nie davon, daß das Weibliche das Männliche überwindet. Siehe die Einleitung. »Das Große Meer sträubt sich nicht dagegen, ostwärts (oder abwärts) zu fließen.« (Siehe 32.1).

62. Der Schatz des guten Menschen

Das Tao ist das verborgene Geheimnis des Alls,
Der Schatz des guten Menschen,
Und die Zuflucht des bösen Menschen.
Schöne Reden sind auf dem Markte verkäuflich,
Edles Verhalten kann als Geschenk dargebracht werden.
Obwohl es böse Menschen gibt,
Warum sie abweisen?

Darum: Bei der Krönung eines Kaisers,
Bei der Ernennung der drei Minister,
Statt Ehrengaben von Jade und Viergespannen einzusenden,
Sendet lieber die Gabe des Tao ein.
Warum schätzten die Alten dieses Tao?
Sagten sie nicht: »Die Schuldigen suchen und ihnen vergeben«?
Darum ist das Tao der Schatz der Welt.

62.1. *Warum Menschen abweisen?* »Der Niedrigste im Himmel wäre
der Beste auf Erden; und der Beste auf Erden wäre der Niedrigste im
Himmel.« *Siehe 33.7.*

Wer die Wahrheit über Allgenügsamkeit kennt, sucht nichts, verliert
nichts und verwirft nichts. *Siehe 32.1.*

63. Schwierig und leicht

Vollbringet das Nichttun.
Besorget Nichtgeschäfte.
Kostet das Nichtschmeckende.
Ob groß, ob klein, ob viel, ob wenig,
Vergeltet Haß mit Tugend.
Erledigt das Schwierige, solange es noch leicht ist.
Erledigt das Große, solange es noch klein ist.
Die schwierigen (Probleme) der Welt
Müssen erledigt werden, solange sie noch leicht sind.
Darum: Der Weise, indem er niemals große (Probleme) erledigt,
Vollbringt Großes.

Wer leichtfertig ein Versprechen abgibt,
Wird es oft schwer finden, es einzuhalten.
Wer viele Dinge leicht nimmt,
Wird vielen Schwierigkeiten begegnen.
Darum sieht selbst der Weise viele Dinge als schwierig an
Und begegnet aus diesem Grund niemals Schwierigkeiten.

64. Anfang und Ende

Das, was still liegt, ist leicht zu halten;
Das, was noch nicht offenbar ist, ist leicht zu verhüten;
Das, was spröd ist (wie Eis), schmilzt leicht;
Das, was winzig ist, wird leicht zerstreut.
Besorge ein Ding, bevor es da ist;
Verhindere Unordnung, bevor sie sich zeigt.
Ein Baum mit einer Spanne Durchmesser wächst aus einem winzigen
Sproß;
Eine neunstöckige Pagode beginnt mit einem Erdklumpen.
Eine Reise von tausend Meilen beginnt vor den Füßen.

Wer handelt, verdirbt;
Wer ergreift, läßt entgleiten.
Weil der Weise nicht handelt, verdirbt er nicht,
Weil er nicht ergreift, läßt er nicht entgleiten.

Die Angelegenheiten der Menschen werden oft einen Schritt vor der
Vollendung verdorben;
Durch Behutsamkeit am Ende, gleich wie am Anfang,
Wird Mißlingen verhütet.

Darum begehrt der Weise, kein Begehren zu haben,
Und hält Gegenstände nicht wert, die schwer zu erlangen sind,
Lernt das, was ungelernt ist,
Und gibt zurück, was die Menge verloren hat,
Damit er den Ablauf der Natur fördern möge,
Und sich nicht unterfange, einzugreifen.

63.1. »*Vergilt Böses mit Gutem.*« Beleidigt werden, ohne zornig zu
sein, ist das Kennzeichen dessen, der mit dem natürlichen Ablauf der
Dinge eins geworden ist.

64.1. »*Behutsam sein am Ende wie am Anfang.*« Die, welche an Geschicklichkeit wetteifern, beginnen mit dem *Yang* und enden mit dem
Yin, und da sie zuviel tun, ist das Ergebnis unnütze Ausschmückung.
Die, welche bei einem Festmahl trinken, beginnen mit Ordnung und
enden mit Unordnung und Unmäßigkeit, und das Ergebnis ist zügel-

lose Lust. Das gilt von allen Dingen. Was mit Anstand beginnt, endet oft mit Unanständigkeit. Was bescheiden beginnt, endet mit Ausschweifung.

64.2. *Lernen, was die Menge verloren hat.* Die, welche ihre Fähigkeiten in bloß weltlichen Studien ausbilden, indem sie hoffen, dadurch ihre ursprüngliche Natur wiederzuerlangen, und die, welche die Sehnsucht ihres Verstandes mit weltlichem Denken vermischen, indem sie hoffen, dadurch zur Erleuchtung zu gelangen – solche Menschen tappen im Dunkeln.

65. Der große Einklang

Die Alten, die dem Tao zu folgen wußten,
Bezweckten nicht, das Volk aufzuklären,
Sondern es unwissend zu erhalten.
Der Grund, weshalb es schwierig für das Volk ist, im Frieden zu leben,
Liegt in zu vielem Wissen.
Die, welche ein Land durch Wissen regieren wollen,
Sind des Volkes Fluch.
Die, welche nicht versuchen, ein Land durch Wissen zu regieren,
Sind des Volkes Segen.
Die, welche diese beiden (Grundsätze) kennen,
Kennen auch den alten Maßstab,
Und den alten Maßstab kennen,
Heißt die mystische Tugend.
Wenn die mystische Tugend klar und weitreichend wird,
Und die Dinge zu ihrer Quelle zurückführt,
Dann, und nur dann, entsteht der Große Einklang.

Nur wenige heutige Leser können wohl mit Laotses nihilistischer Ablehnung des Wissens und seiner Lehre vom »Unwissendhalten des Volkes« übereinstimmen. Laotses Rückgreifen auf ein goldenes Zeitalter primitiver Einfachheit (vgl. Rousseau) führte hier zu einer Rückschrittsthese. Man sollte beachten, daß die ganze Philosophie Laotses sich gegen eine übermäßige Entwicklung von Wissen und Lehren stellte und darauf bestand, daß nicht nur das Volk zur ursprünglichen Einfachheit zurückkehre, sondern der König und der

Weise ebenfalls. Außerdem hat sich ja eine solche nihilistische Philo-
sophie als ein Protest in einer Periode politischen Weltchaos entwik-
kelt, in der der intellektuelle Fortschritt der Menschheit von keinem
entsprechenden moralischen Aufstieg begleitet war. Die zur Zeit des
Tschuangtse durch die berühmten Lehrer hervorgerufene Verwir-
rung wird in Abschnitt 65.1. beschrieben. Krieg, Steuerdruck und
Truppenaushebungen hatten das Volk arm gemacht. Berühmte Ge-
lehrte reisten von einem Land zum anderen, um ihre Friedenslösun-
gen anzubieten. Idealistische Konfuzianer predigten Menschlichkeit
und Gerechtigkeit, und realistische Politiker brachten nichtige Pläne
zur Erzielung des Friedens vor. Beide Gruppen gewannen großes per-
sönliches Ansehen, und es wurde bei den Herrschern der einzelnen
Länder geradezu Mode, von diesen berühmten Gelehrten und Leh-
rern viel Aufhebens zu machen. Tschuangtses Text zeigt, daß seine
Proteste hauptsächlich der Wichtigkeit galten, die man solchen fah-
renden Gelehrten beimaß.

65.1. *Der Ursprung der Unordnung der Welt.* Aber heutzutage kann
ein jeder das Volk dazu veranlassen, die Hälse zu strecken, sich auf die
Zehenspitzen zu stellen und zu sprechen: »An diesem oder jenem
Orte befindet sich ein Weiser.« Sofort packen sie Reiseproviant ein
und brechen eilends auf, und Eltern und Arbeit im Stich lassend, wandern sie zu Fuß durch verschiedene Länder und fahren hundert Meilen weit. Solcherart ist die üble Wirkung des Wissensdurstes der
Herrscher. Wenn die Menschen Wissen begehren und das Tao vernachlässigen, überkommt Verwirrung das Reich.
Wie läßt sich das aufzeigen? Wenn die Vertrautheit mit Bögen, Arm-
brüsten, Handnetzen und Federpfeilen zunimmt, entsteht Verwirrung unter den Vögeln der Lüfte. Wenn die Vertrautheit mit Angel
und Köder, Netzen und Reusen zunimmt, entsteht Verwirrung unter
den Fischen der Tiefe. Wenn die Vertrautheit mit Zäunen, Fangnet-
zen und Schlingen zunimmt, entsteht Verwirrung unter dem Wild
des Feldes. Wenn List, Betrug, Haarspalterei und die Sophisten des
»Harten« und »Weißen«, der Identität und Verschiedenheit, an Zahl
und Mannigfaltigkeit zunehmen, wird die Welt mit Logik über-
schwemmt.
Daher kommt es, daß auf der Welt häufig das Chaos herrscht; immer
liegt ihm die Liebe zum Wissen zugrunde. Denn alle Menschen streben danach, zu erfassen, was sie nicht wissen, während niemand da-

nach strebt, zu erfassen, was er schon weiß; und alle streben danach, das Gebiet herabzusetzen, in dem sie nicht selbst hervorragen, während niemand etwas herabsetzen will, in dem er selber hervorragt. Deshalb herrscht das Chaos. Solcherart wird in der Höhe der Glanz der Himmelskörper getrübt; in der Tiefe wird die Kraft der Erde und des Wassers ausgebrannt, während im Zwischenbereich der Einfluß der Jahreszeiten gestört wird. Es kriecht kein winziger Wurm auf der Erde und fliegt kein Insekt in der Luft, die nicht ihre ursprüngliche Natur verloren hätten.

Solcherart ist das Weltchaos, das aus der Wissensgier stammt.

Schon seit den Drei Dynastien ist es immer so gewesen. Die Schlichten und Arglosen wurden beiseitegeschoben und die Listigen gefördert; statt ruhiger Tatenlosigkeit kam Lust am Wortstreit; und der Wortstreit allein genügt schon, um das Chaos über die Welt zu bringen.

Das aus den Predigten des Konfuzius und der Motseaner entstandene Chaos sowie die Lebensbedingungen des Volkes sind auch aus 19.2. ersichtlich, wo das gleiche Thema behandelt wird.

65.2. Der Schaden, der der Menschennatur durch die »Weisen« zugefügt wird. Pferde leben in der Steppe, fressen Gras und trinken Wasser. Wenn ihnen wohlig ist, reiben sie ihre Hälse aneinander. Wenn sie zornig sind, schlagen sie einander mit den Hufen. Sie werden da nur von ihren natürlichen Instinkten bewegt. Aber wenn man sie zügelt und zäumt und ein mondförmiges Metallstück auf ihre Stirne schnallt, fangen sie an, boshafte Blicke um sich zu werfen, den Kopf zu wenden, um zu beißen, am Joch zu wetzen, den Zaum aus dem Maule gleiten zu lassen und die Zügel über den Kopf abzustreifen. So werden ihre Gedanken und Gebärden wie die von Dieben. Das ist die Schuld von Polo (dem berühmten Pferdebändiger).

In den Tagen des Ho Hsü [147] taten die Menschen zu Hause nichts Besonderes und gingen nirgends hin. Wenn sie zu essen hatten, freuten sie sich, klopften sich auf die Bäuche und schlenderten umher. Die natürlichen Anlagen der Menschen bestimmten ihr Verhalten. Aber dann kamen die Weisen und lehrten sie, sich zu verneigen und mit Zeremoniell und Musik zu verbeugen, um die äußeren Formen des Verkehrs zu regeln, und schwenkten Menschlichkeit und Gerechtigkeit vor ihren Augen herum, um ihr Denken in Abhängigkeit zu halten. Da begann das Volk zu arbeiten, Wissensdurst zu entwickeln und in der Gier nach Gewinn miteinander zu kämpfen, und es ist davon kein Ende abzusehen. Das ist der Irrweg der Weisen.

65.3. *Vorhersage der Menschenfresserei. Die Nutzlosigkeit der konfuzianischen Lösung.* »Übrigens ist der Brauch, Begabte zu befördern, den Tüchtigen Macht zu verleihen und den Guten die höchsten Gehälter zu bieten, schon von alters her von den Kaisern Yao und Schun geübt worden. Was gab es (unter der Regierung dieser) beiden Herrscher Lobenswertes? Solche Meinungen vorbringen, ist wie das Pflegen von Unkraut durch Löcherbohren in Mauern, wie das Kämmen einzelner Haare oder das Kochen einzelner Reiskörner. Wie kann so ein oberflächliches Achten auf Einzelheiten zu einer Ordnung der Welt beitragen? Man erhöhe die Begabten, und das Volk wird beginnen, sich gegeneinander zu verschwören; man gebe den Weisen Macht, und das Volk wird anfangen, sich gegenseitig zu betrügen. Solche Verlockungen sind keine geeigneten Mittel, um dem Volk zu nützen. Denn die Gedanken der Menschen sind immer auf der Suche nach Gewinn. Söhne werden ihre Väter, Untertanen ihre Herrscher umbringen. Am lichten Tage wird Straßenraub begangen werden; Einbrecher werden bei hellem Tageslicht Löcher durch Hauswände bohren. Ich sage es euch: Der Ursprung des Chaos liegt bei den Kaisern Yao und Schun, und die Auswirkungen werden nach tausend Geschlechtern verspürt werden, wenn die Menschen schließlich einander auffressen werden.«

65.4. *Rückkehr zur Natur. Das Gleichnis vom Wasservogel.* »Einst ließ sich ein Wasservogel in der Vorstadt von Lu nieder. Der Fürst von Lu fing ihn ein und gab ihm ein Festmahl im Tempel. Die Kapelle spielte *Tschiu-Schao* Festweisen, und dem Vogel wurden Leckerbissen aus dem Opfermahl des Königs dargeboten. Der Vogel starrte das alles traurig an, kostete keinen Bissen, trank keinen Tropfen Wasser und starb nach drei Tagen. Das heißt, einen Vogel nach seiner eigenen (Menschen) Weise behandeln, statt nach der Weise der Vögel, so, wie der Mensch sich einbildet, der Vogel liebe es, statt so, wie der Vogel es wirklich liebt. Um einen Vogel so zu behandeln, wie er es wirklich liebt, müßte man ihn vielmehr mitten in einem tiefen Wald freilassen und ihm gestatten, über Teiche und Inseln zu fliegen und über Seen und Ströme zu schweben. Man müßte ihn mit kleinen Aalen füttern

und ihm erlauben, zu fliegen oder sich niederzulassen, wie es ihm
gefällt. Wie töricht ist es doch, mit einer Musikkapelle Lärm zu schlagen, wo doch das einzige, was ihm Furcht einjagt, Menschenstimmen
sind!«

*Tschuangtses Beschreibung der »Geheimnisvollen Tugend« und des
»Großen Einklanges« siehe 16.4.*

66. Die Herren der Schluchten

Wie wurden die großen Ströme und Meere zu Herren der Schluch-
ten?
Indem sie es verstanden, niedrig zu bleiben.
So wurden sie die Herren der Schluchten[148].
Darum: Um der Höchste unter den Menschen zu werden,
Muß man sprechen wie ihr Untergebener.
Um der Vorderste unter den Menschen zu sein,
Muß man hinter ihnen gehen.
So kommt es, daß der Weise oben bleibt,
Und die Menschen spüren sein Gewicht nicht,
Daß er vorangeht,
Und die Menschen wünschen ihm nichts Böses.
Dann sind die Menschen froh, ihn für immer emporzuhalten.
Weil er nicht strebt,
Kann niemand auf der Welt ihm entgegenstreben.

66.1. *Wie der Untergebene der Menschen sein.* »Ein vorzüglicher
Mann, der handeln kann, wie der Untergebene anderer Menschen,
wird sicher deren Gefolgschaft erlangen.«

Der gleiche Gedanke wird in Kap. 7 behandelt.

»Das Große Meer weigert sich nicht, ostwärts zu fließen.«
Siehe *32.1.*

67. Die drei Schätze

Die ganze Welt sagt: Meine Lehre (das Tao) gleiche sehr der Narr-
heit.
Weil sie groß ist, gleicht sie der Narrheit.
Wenn sie der Narrheit nicht gliche,
Wäre sie schon lange sehr kleinlich geworden!

Ich habe drei Schätze;
Bewahre und hüte sie:
Der erste ist die Liebe[149].
Der zweite heißt: nie zu viel[150].
Der dritte ist: nie der Erste sein.
Durch Liebe hat man keine Angst,
Durch nie zu viel tun hat man Weite (der Kraftreserven),
Durch das sich nicht unterfangen, der Erste zu sein,
Kann man seine Anlagen entwickeln und reifen lassen.

Wenn jemand Liebe und Furchtlosigkeit preisgibt,
Beschränkung und Kraftreserven preisgibt,
Das Hintenbleiben preisgibt und vorausstürmt,
Ist er dem Untergang geweiht.

Denn die Liebe ist siegreich im Angriff,
Und unverwundbar in der Verteidigung[151],
Der Himmel bewaffnet mit Liebe
Die, welche er nicht zerstört sehen will.

*Bei Tschuangtse finden sich keine diesem Kapitel – das die schönsten
Lehren Laotses enthält – entsprechenden Stellen, außer seiner allgemein gehaltenen Empfehlung, Passivität und Nachgiebigkeit zu
üben.*

68. Die Tugend des Nichtstrebens

Der tapfere Soldat ist nicht gewalttätig;
Der gute Kämpfer wird nicht zornig.
Der große Eroberer kämpft nicht (um Kleinigkeiten).
Der gute Menschenverwender stellt sich unter die anderen.
Das ist die Tugend des Nichtstrebens,

Das heißt die Fähigkeit, Menschen zu verwenden;
Sie reicht bis zur Höhe des Seins,
Dem Himmel vermählt und dem, was einstens war.

69. Tarnung

Es gibt die Regel der Militärstrategen:
Ich wage es nicht, als erster anzugreifen, und bin lieber der Angegriffene[152].
Wage es nicht, ein Zollbreit vorzurücken,
Sondern weiche lieber ein Fußbreit zurück.
Das heißt, ohne Schlachtordnung marschieren,
Die Ärmel nicht aufkrempeln,
Nicht frontal angreifen,
Rüsten ohne Waffen[153].
Es gibt kein größeres Unheil, als Unterschätzung des Feindes.
Die Unterschätzung des Feindes kann den Verlust meiner Schätze nach sich ziehen[154].
Darum: Wenn zwei gleich starke Heere sich treffen,
Ist der Mann des Kummers[155] der Sieger.

Das folgende Stück stammt aus einem wahrscheinlich apokryphen Kapitel des Tschuangtse. Ich habe es hier eingefügt, weil sein Gegenstand von Interesse ist und weil es eine Denkart aufzeigt, die im dritten und vierten Jahrhundert v. Chr. bereits verbreitet war.

68.1. *Vom Nichtkämpfen.* König Tan Fu (Ahnherr des Begründers der Tschou-Dynastie) regierte in Pin, einem Lande, das ständigen Angriffen durch die Ti (Barbaren) ausgesetzt war. Er bot dem Feinde Häute und Seiden und Hunde und Pferde und Edelsteine und Jade an, aber der Eroberer weigerte sich, diese Geschenke anzunehmen. Man ersah daraus, daß die Ti nichts anderes wollten, als sein Land; und König Tan Fu sprach (zum Volke von Pin): »Mit einem älteren Bruder zusammenleben und zulassen, daß sein jüngerer Bruder getötet werde, oder mit einem Vater zusammenleben und zulassen, daß seine Söhne getötet werden, das kann ich nicht tun. Ihr solltet alle trachten, hier zu bleiben. Was ist schließlich für ein Unterschied, ob ihr meine Untertanen oder die von Ti seid? Übrigens habe ich sagen hören, man dürfe den Menschen, die am Leben erhalten werden sollen, nicht wegen der Mittel zu ihrer Erhaltung (d. h. wegen des Staatsgebietes) Schaden zufügen.« Hierauf ergriff er den Wanderstab und verließ das Land, und das Volk nahm hinter ihm Aufstellung und folgte ihm nach. So gründeten sie miteinander ein neues Reich am Fuße des Tschi-Berges. Von einem Mann wie König Tan Fu kann also gesagt werden, daß er das Leben der Menschen wert hielt. –

Drei Geschlechterfolgen des Königs von Yüeh waren ermordet worden; Prinz Sou geriet dadurch in Sorge, lief fort und verbarg sich in einer Felsenhöhle. Das Volk von Yüeh sah sich ohne König und suchte vergeblich nach dem Prinzen Sou. Schließlich fanden sie ihn in der Höhle, aber der Prinz weigerte sich, hervorzukommen. Da räucherten sie ihn mit brennenden Kräutern heraus, und setzten ihn auf den Königswagen. Als Prinz Sou auf den Wagen stieg, wandte er sein Haupt zum Himmel und rief: »König sein! Ach König sein! Warum laßt ihr Leute mich nicht in Ruhe!« Dem Prinzen Sou machte es nichts aus, König zu werden; was ihm etwas ausmachte, waren die damit verbundenen Sorgen. Ein Mensch wie Prinz Sou kann wohl als einer bezeichnet werden, der seinem eigenen Leben um eines Königreichs willen keinen Schaden zufügen wollte. Und gerade einen König dieser Art begehrte das Volk von Yüeh. –

Die Staaten Han und Wei kämpften um einen Gebietsstreifen. Als Tsehuatse den Fürsten Tschao Hsi besuchen kam, fand er diesen gedrückt aussehend, und Tsehuatse sagte zu ihm: »Nehmt einmal an, Ihr hättet eine Schrifttafel vor Euch, welche lautet: Wenn Ihr sie mit der Linken ergreift, wird Eure Rechte gelähmt. Wenn Ihr sie mit der Rechten ergreift, wird Eure Linke gelähmt. Wenn Ihr in diesem Fall durch einen Griff die ganze Welt gewinnen könntet, würdet Ihr sie nehmen?«
»Nein, ich täte es nicht«, erwiderte Fürst Tschao Hsi.
»Gut«, sprach Tsehuatse, »das zeigt wohl, daß Eure beiden Arme wichtiger sind als die Welt. Nun ist Euer ganzer Leib gewiß wichtiger als Eure beiden Arme, und andererseits ist der Han-Staat bedeutend kleiner als die Welt. Das Gebiet, um das Ihr kämpft, ist noch bedeutend kleiner als der Han-Staat. Und doch kränkt und sorgt Ihr Euch, weil Ihr nicht imstande seid, dieses Gebiet zu erobern.«
»Wohl gesprochen«, sagte der Fürst. »Ich habe viele Berater, aber keiner gab mir je einen solchen Rat.«
Tsehuatse mag als ein Mann gelten, der die relative Wichtigkeit der Dinge kennt.

70. Sie kennen mich nicht

Meine Lehren sind sehr leicht zu verstehen
Und sehr leicht auszuüben,
Aber niemand kann sie verstehen
Und niemand kann sie ausüben.
In meinen Worten liegt ein Prinzip.
In den Angelegenheiten der Menschen
Liegt ein System.
Weil sie diese nicht kennen,
Kennen sie mich auch nicht.
Da nur wenige mich kennen,
Darum bin ich ausgezeichnet.
Darum trägt der Weise außen ein grobes Gewand
Und trägt Jade in seinem Busen.

71. Geistige Krankheit

Wer weiß, daß er nicht weiß,
Ist der Höchste.
Wer (vorgeblich) weiß, was er nicht weiß,
Ist geistig krank.
Und wer geistige Krankheit als geistige Krankheit erkennt,
Ist nicht geistig krank.
Der Weise ist nicht geistig krank.
Weil er geistige Krankheit als geistige Krankheit erkennt,
Darum ist er nicht krank.

»Wer nicht weiß, weiß in Wirklichkeit doch, und wer weiß, weiß in Wirklichkeit nicht.« *Siehe 1.1.*

»Wißt Ihr, daß, was Ihr als Wissen betrachtet, in Wirklichkeit Nichtwissen ist?« *Siehe 56.3.*

72. Von der Strafe (1)

Wenn die Menschen keine Furcht vor der Gewalt haben[156],
Dann kommt (wie es allgemein üblich ist) große Gewalt auf sie
herab. –

Verachte nicht ihre Wohnungen.
Habe ihre Nachkommenschaft nicht ungern.
Weil du sie nicht ungern hast,
Wird man dich selbst nicht ungern haben.
Darum kennt der Weise sich, aber zeigt sich nicht,
Liebt sich, aber erhöht sich nicht.
Darum weist er die eine (Gewalt) ab
Und nimmt die andere (Sanftmut) an.

73. Von der Strafe (2)

Wer tapfer ist, (dich) herauszufordern,
Den töte,
Wer tapfer ist, (dich) nicht herauszufordern,
Den lasse leben.
In diesen beiden
Liegt mancher Vorteil und mancher Nachteil.
(Selbst wenn) der Himmel gewisse Menschen ungern hat,
Wer könnte wissen (wer fallen soll und) warum?
Darum betrachtet sogar der Weise das als eine schwierige Frage.
Des Himmels Weg (das Tao) taugt zur Eroberung ohne Streit,
Belohnt (Laster und Tugend) ohne Worte,
Tritt in Erscheinung ohne Ruf,
Erzielt Ergebnisse ohne offenkundigen Plan.
Des Himmels Netz ist breit und weit[157].
Mit weiten Maschen, doch läßt er nichts durchschlüpfen.

74. Von der Strafe (3)

Die Menschen fürchten sich nicht vor dem Tod:
Wozu sie mit dem Tod bedrohen?
Angenommen, die Menschen fürchteten sich wirklich vor dem
Tode,
Und wir könnten die Unbotmäßigen fassen und töten,
Wer würde wagen, es zu tun[158]?

Oft geschieht es, daß der Henker getötet wird.
Und die Stelle des Henkers einnehmen
Ist wie das Führen der Axt
An Stelle des Zimmermeisters.
Wer an Stelle des Zimmermeisters
Die Axt führt,
Entgeht selten einer Verletzung seiner Hände.

Kap. 72, 73 und 74 enthalten Laotses wichtige Aussprüche über Ver-
brechen und Strafe.
Über die Entstehung der Verbrechen siehe 57.2.

»Seit den Drei Dynastien hat die Welt in einem ständigen Wechsel
von Beförderungen und Bestrafungen gelebt. Welche Möglichkeit
blieb da dem Volk, seine natürlichen Instinkte friedlich zu erfüllen?«
Siehe 3.4.

»Von jetzt ab verfällt der Charakter des Menschen, und Strafen werden eingeführt.« *Siehe 17.2.*

75. Von der Strafe (4)

Wenn die Menschen hungrig sind,
Ist das, weil ihre Herrscher zuviel Steuer-Korn essen.
Darum ist die Unbotmäßigkeit hungriger Menschen
Eine Folge des Eingreifens ihrer Herrscher.
Deshalb sind sie unbotmäßig.
Die Menschen fürchten sich nicht vor dem Tode,
Weil sie bestrebt sind, ihr Leben zu verdienen.
Deshalb fürchten sie sich nicht vor dem Tode.
Die, welche in ihr Leben nicht eingreifen,
Sind weise in der Hochhaltung des Lebens.

»Denn es ist nicht schwer, die Leute dazu zu bewegen, daß sie friedlich miteinander leben.« *Siehe 17.1.*

75.1. *Über die Wertung des Lebens.* Fürst Mou von Tschungschan sagte zu Tschangtse: »Ich lebe jetzt fern von der Heimat. Aber ich denke immerfort an meinen Palast in Wei. Was soll ich tun?«
»Denkt zuerst an Euer Leben«, erwiderte Tschangtse, »denn wenn Ihr Euer Leben wert haltet, werdet Ihr den Genüssen des Lebens weniger Wert beimessen.«

76. Hart und weich

Wenn der Mensch geboren wird, ist er zart und schwach;
Im Tode ist er hart und steif.
Wenn die Dinge und Pflanzen lebendig sind,
Sind sie weich und geschmeidig,
Wenn sie tot sind,
Sind sie spröd und trocken.
Darum sind Härte und Steifheit die
Gefährten des Todes,
Und Weichheit und Zartheit die
Gefährten des Lebens.

Darum:
Wenn ein Heer stoßkräftig[159] ist,
Wird es in der Schlacht verlieren.
Wenn ein Baum hart ist, wird er gefällt werden.
Das Große und Starke gehört hinunter,
Das Zarte und Weiche gehört hinauf[160].

77. Den Bogen bespannen

Das Tao (der Weg) des Himmels,
Ist es nicht wie das Bespannen eines Bogens?
Die Spitze biegt sich nach unten
Und das Fußende nach oben.
Die Über (Länge) wird verkürzt,
Die Unter (Breite) wird gedehnt.
Es ist der Weg des Himmels, denen zu nehmen,
Die zuviel haben,
Und denen zu geben, die nicht genug haben.
Beim Weg des Menschen ist es nicht so:
Der nimmt denen, die nicht haben,

Und bringt es denen dar, die zuviel haben.
Wer vermag es, genug und übergenug zu haben,
Um es der ganzen Welt zu geben?
Nur der Mann des Tao.
Darum handelt der Weise, aber besitzt nicht,
Vollbringt, aber beansprucht keine Anerkennung,
Weil er nicht den Wunsch hat, überlegen zu erscheinen.

78. Nichts ist weicher als Wasser

Es gibt nichts Weicheres als das Wasser,
Aber nichts ist ihm in der Überwindung des Harten überlegen,
Für welches es keinen Ersatz gibt.
Daß Schwäche Stärke überwindet
Und Sanftheit Starre überwindet,
Weiß niemand nicht;
Niemand kann es in die Tat umsetzen.

Warum sagt der Weise:
»Wer die Verleumdung der Welt auf sich nimmt,
Ist der Bewahrer des Staates.
Wer selbst die Sünden der Welt trägt,
Ist der König der Welt.«
Gerade Worte scheinen krumm.

Über die Gefahr, sich auf ein Heer zu verlassen, siehe 30.1.

77.1. *Genug zu haben, ist Glück.* Genug haben, ist Glück, mehr als genug haben, ist unheilvoll. Das gilt von allen Dingen, aber besonders vom Geld.

Dieses Stück stammt aus einem apokryphen Kapitel. Über die Überwindung der Stärke durch die Schwäche siehe 14.4.
Die Zeile: »Wer die Verleumdung der Welt auf sich nimmt, ist der Bewahrer des Staates«, wird in »Die Hauptströmungen des Denkens« von Tschuangtse als eine der Grundlehren des Laotse angeführt.

79. Friedensverträge

Beim Verdrängen großen Hasses
Wird gewiß einiger Haß zurückbleiben.
Wie kann das für befriedigend angesehen werden?
Darum hält der Weise das linke Kerbholz[161]

Und schreibt der Gegenpartei nicht die Schuld zu.
Der Tugendhafte ist für das Verdrängen,
Der Lasterhafte für das Festnageln der Schuld[162].
Aber »der Weg des Himmels« ist unparteiisch;
Er steht immer auf seiten des Guten[163].

79.1. *Über die Nutzlosigkeit von Verträgen.* Einen Friedensvertrag
schließen, der friedlos (d. h. ungerecht) ist, wird bloß einen friedlosen
Frieden ergeben. Mit Treulosen Treueverpflichtungen eingehen, ergibt bloß treulose Verpflichtungen. Die Schlauen verstricken sich in
die eigenen Ränke, während der göttliche Mensch geradlinig der
Wahrheit entgegengeht. Es steht seit langem fest, daß die schlauen
Leute sich gegen den Geistesmenschen nicht durchsetzen können,
aber die Toren kleben an ihren Vorurteilen und sind in Alltagsdinge
verstrickt. (Infolgedessen) betreffen alle ihre Leistungen nur Äußerliches. Ist das nicht bedauerlich?

79.2. *Der Sohn des Himmels.* Der, dem das Volk folgt, mag Sohn des
Volkes genannt werden; der, dem der Himmel beisteht, wird der Sohn
des Himmels genannt.

80. Die kleine Utopia

(Schaffet) ein kleines Land mit geringer Volkszahl,
Wo das Angebot an Gütern den Verbrauch zehn- oder hundertfach
übersteigt.
Laßt die Leute ihr Leben[164] werthalten
Und nicht in die Ferne fortwandern.
Obwohl es Schiffe und Wagen gibt,
Sei niemand, der in ihnen fährt.
Obwohl es Panzer und Waffen gibt,

Sei keine Gelegenheit, sie zu entfalten.
Laßt die Leute wiederum Rechenknoten knüpfen,
Laßt sie sich an Speisen erfreuen,
Ihre Kleidung verschönern,
In ihrem Heim zufrieden,
In ihrem Brauchtum glücklich sein.
Nachbarländer liegen in Sehweite,
So daß sie das Hundegebell und Hahnenkrähen
Der Nachbarn hören können,
Und die Leute sollen bis an ihr Lebensende
Nie außer Land gewesen sein.

80.1. *Das Zeitalter vollkommenen Charakters.* Habt ihr nie vom Zeitalter vollkommenen Charakters gehört? In den Tagen des Yungthscheng, Tathing, Pohuang, Tschungyang, Lilu, Lihsü, Hsienyüan, Hohsü, Tsunlu, Tschuyung, Fuhsi und Schennung knüpften die Leute Knoten, um zu rechnen. Sie erfreuten sich an Speisen, verschönerten ihre Kleidung, waren mit ihrem Heim zufrieden und in ihrem Brauchtum glücklich. Nachbarländer lagen in Sehweite, so daß sie Hundegebell und Hahnenkrähen ihrer Nachbarn hören konnten, und die Leute waren bis an ihr Lebensende nie außer Landes gekommen. In jenen Tagen herrschte wirklich vollkommener Friede.

81. Der Weg des Himmels

Wahre Worte sind nicht wohlklingend.
Wohlklingende Worte sind nicht wahr.
Ein guter Mensch streitet nicht mit Worten.
Wer mit Worten streitet, ist kein guter Mensch.
Der Weise weiß nicht vieles;
Wer vieles weiß, ist nicht weise.

Der Weise häuft (für sich) nichts auf.
Er lebt für andere Menschen
Und wird selbst reicher;
Er gibt den anderen Menschen
Und hat größeren Überfluß.

Das Tao des Himmels
Segnet, aber schadet nicht.
Der Weg des Weisen
Vollbringt, aber strebt nicht.

81.1. »*Wahre Worte sind nicht wohlklingend.*« »Ein Hund wird nicht
als gut betrachtet, weil er bellt, und ein Mensch gilt nicht als gut, weil
er gut zu reden versteht.« *Siehe 32.1.*
»Der Gelehrte ist nicht unbedingt weise, und der Schönredner nicht
unbedingt klug.« *Siehe 4.1.*

81.2. »*Er gibt anderen.*« (Des Reinen) Geist durchschreitet ungehindert hohe Berge und trockenen Fußes tiefe Bäche und lebt in Niederungen, ohne zu erkranken. Sein Geist erfüllt das gesamte All. Er gibt
den anderen und hat größeren Überfluß.

81.3. *Wo kann ich einen Menschen finden, der Worte vergißt?* Ein
Köder wird verwendet, um Fische zu angeln. Wenn man den Fisch
hat, kann man den Köder vergessen. Eine Kaninchenfalle wird verwendet, um Kaninchen zu fangen. Wenn die Kaninchen gefangen
sind, kann man die Falle vergessen. Worte werden verwendet, um
deren Bedeutung auszudrücken. Wenn die Bedeutung verstanden
wird, kann man die Worte vergessen. Wo kann ich einen Menschen
finden, der Worte vergißt, damit ich mit ihm reden kann?
Es gibt Dinge, über die man reden kann, und andere, die man mit dem
Herzen erfaßt. Je mehr man redet, desto weiter entfernt man sich von
der Bedeutung.

Tschuangtse

ERDACHTE GESPRÄCHE
ZWISCHEN LAOTSE UND KONFUZIUS

Tschuangtse fabulierte gerne. Er sagte, neun Zehntel seiner eigenen Werke seien Allegorien. Häufig stellt er einen philosophischen Gedanken dar, indem er einige historische, sagenhafte oder geradezu erfundene Charaktere miteinander reden läßt. Seine Werke sind voll von Gesprächen, die niemals wortgetreue Aufzeichnungen sein sollten. Bei den Gesprächen zwischen General Wolke und dem Großen Nebelhaften, zwischen Licht und Äther, zwischen dem Gelben Kaiser, Tu-Nichts und Kein-Beginn sowie den Zwiegesprächen von Personen wie »Dummkopf-Keinmensch«, »Schuschan-Zehenlos« usw. ist das klar. Aber auch die Gespräche zwischen Laotse und Konfuzius sind durchaus als erfunden zu betrachten, obwohl sie manchmal auf historische Tatsachen aus dem Leben der beiden Philosophen Bezug nehmen. Nach einer weit verbreiteten Überlieferung war Laotse der Ältere und Konfuzius mit ihm bekannt. Natürlich wird in diesen vom taoistischen Philosophen verfaßten Erzählungen Konfuzius stets als ein Mann geschildert, der Ratschläge nicht erteilt, sondern empfängt. Konfuzius kommt in Tschuangtses Werken etwa vierzig- oder fünfzigmal in Gesprächen vor, und auch die Jünger des Konfuzius, namentlich Yen Huei und Tsekung, haben dort öfter Auseinandersetzungen mit taoistischen Weisen. Es gibt acht erdachte Gespräche zwischen Konfuzius und Laotse, von denen eines bereits in 4.1. wiedergegeben wurde.

I

Konfuzius befand sich auf der Reise nach Westen, um seine Bücher dem kaiserlichen Archiv in Tschou zu übergeben. Tselu dachte nach und sagte zu ihm: »Ich höre, daß es in Tschou einen Archivar gibt, der Lao Tan heißt. Er ist in den Ruhestand getreten und lebt zu Hause. Wenn Ihr Eure Bücher zur Aufbewahrung geben wollt, warum geht Ihr nicht zu ihm und gebt sie ihm?«

»Gut«, sagte Konfuzius. So ging er zu Lao Tan, aber Lao Tan wollte seine Bücher nicht entgegennehmen. Konfuzius breitete die Zwölf Klassiker[165] vor ihm aus und versuchte zu erklären, was er getan ·

hatte. Ehe Konfuzius geendet hatte, unterbrach Lao Tan ihn mit den Worten: »Ihr versucht zuviel auf einmal zu sagen. Sagt mir das Wesentliche Eurer Gedanken.«

»Ihr Wesen liegt in den Lehren von Menschlichkeit und Gerechtigkeit«, sagte Konfuzius.

»Darf ich fragen, ob Menschlichkeit und Gerechtigkeit ein Teil der Natur des Menschen sind?«

»Ja«, erwiderte Konfuzius. »Der Charakter eines vornehmen Menschen ist nicht vollständig ohne den Grundsatz der Menschlichkeit, und sein Leben ist nicht recht, wenn er dem Grundsatz der Gerechtigkeit nicht folgt. Menschlichkeit und Gerechtigkeit sind wahrlich ein Teil der Natur des Menschen. Was sollten sie denn sonst sein?«

»Darf ich fragen, was Ihr unter Menschlichkeit und Gerechtigkeit versteht?« sagte Lao Tan.

»Sein Glück mit anderen zu teilen und die ganze Menschheit ohne Parteilichkeit zu lieben – das ist das Wesen der Menschlichkeit und Gerechtigkeit.«

»Ach!« erwiderte Lao Tan, »Ihr sprecht ja wie ein Prophet. Ist es nicht widersinnig, von Liebe zur ganzen Menschheit zu sprechen? Unparteilichkeit setzt ja die Anerkennung der Parteilichkeit (für einzelne) voraus! Wenn Ihr wollt, daß die Welt ihren verlorenen Hirten wiederfinde, müßt Ihr bedenken, daß es bereits ein dauerndes Gesetz gibt, welches Himmel und Erde regiert, daß Sonne und Mond am Himmel scheinen, die Sternbilder sich jedes an seinem gehörigen Platz befinden, die Vögel des Himmels und das Getier der Erde schon in Schwärmen und Herden gedeihen und die Bäume schon blühen und grünen. Warum wollt Ihr nicht auch einfach den natürlichen Neigungen Eures Charakters und den Gesetzen des Tao folgen? Warum erzeugt Ihr solch eine Unruhe und haltet das Banner der Menschlichkeit und Gerechtigkeit empor wie einer, der seinen Sohn verloren hat und die Trommel schlägt, um ihn zu suchen? Ach, ich fürchte sehr, daß Ihr die Natur des Menschen nur stört.«

II

Konfuzius war bereits einundfünfzig Jahre alt und hatte noch nichts vom Tao gehört. Da begab er sich südwärts nach Phei[166], um Lao Tan zu besuchen, und dieser sagte zu ihm: »Ich höre, Ihr seid ein weiser

Mann aus dem Norden. Habt Ihr die Wahrheit (das Tao) gefunden?«

»Noch nicht«, erwiderte Konfuzius.

»Wie seid Ihr sie suchen gegangen?«

»Ich hatte sie zuerst fünf Jahre lang durch das Studium von Staatssystemen und Staatseinrichtungen zu finden getrachtet, aber ohne Erfolg.«

»Und was habt Ihr dann getan, um die Wahrheit zu finden?«

»Ich versuchte zwölf Jahre lang die Prinzipien von Yin und Yang zu finden, aber wiederum erfolglos.«

»Ja, Ihr habt recht«, sagte Lao Tan. »Denn wenn das Tao als Ehrengabe verschenkt werden könnte, hätte jedermann es seinem Herrscher dargebracht. Wenn es als Geschenk weitergegeben werden könnte, hätte es jedermann seinen Eltern überreicht. Wenn man über das Tao sprechen könnte, hätte jedermann mit seinen Brüdern darüber gesprochen. Wenn das Tao vererbt werden könnte, hätte es jedermann seinen Kindern und Enkeln vermacht. Aber niemand konnte das tun. Warum wohl? Weil Ihr das Tao nimmermehr erhalten könnt, wenn Ihr es nicht schon habt. Wenn der andere es nicht schon hat, kann die Wahrheit nicht bis zu ihm vordringen. Was man im eigenen Innern spürt, kann von außen nicht erhalten werden, und der Weise versucht darum auch nicht, es mitzuteilen. Was man von außen erhält, bleibt nicht im Inneren, und der Weise versucht auch nicht, es festzuhalten. Bedenkt, daß Ansehen etwas ist, das der Öffentlichkeit gehört und nicht zu eifrig angestrebt werden dürfte. Menschlichkeit und Gerechtigkeit gleichen bloß den Rasthäusern der alten Könige, in denen man übernachten, aber nicht dauernd verweilen durfte. Oft gesehen werden, heißt oft getadelt werden. Die vollkommenen Männer der Vorzeit gingen auf der Straße der Menschlichkeit fürbaß und übernachteten im Rasthaus der Gerechtigkeit, um dann wieder im Gelände der Freiheit umherzuwandern. Sie nährten sich von wildwachsender Speise auf dem Felde *Ohnesorge* und lebten im Küchengarten *Keinepflicht*. Freiheit heißt Nichttun; Ohnesorge heißt, daß es kein Nahrungsproblem gibt; und Keinepflicht heißt, daß es keine Aufgabe gibt. Die Alten nannten das: Wanderschaft auf Gnadensuche. Denn ein Erfolgreicher kann seine Bezüge einem anderen nicht weitergeben, ein Berühmter seinen Ruhm nicht verschenken und ein Hochgestellter seine Macht einem anderen nicht übertragen. Wenn einer eine solche Macht besitzt, ist er voll Furcht, wenn er sie

hat, und voll Sorge, er könne sie einbüßen. Alle diese Menschen ge-
hen fortwährend vorwärts, ohne je einzuhalten und zu schauen,
worum es eigentlich geht. Diese Menschen sind von Gott verdammt.
Ressentiment, Gunst, Geben, Nehmen, Tadel, Ratschläge, Leben und
Tod – diese acht Dinge sind Mittel, um eines Menschen Cahrakter zu
verderben, aber nur einer, der den großen Prozeß dieses fließenden
Alls begreift, ohne darin verstrickt zu sein, weiß, wie er sie benutzt.
Darum heißt es: ›Man verbessert, was zu verbessern ist.‹ Wenn eines
Menschen Herz das nicht zu sehen vermag, ist die Pforte seiner gött-
lichen Verstandeskraft verschlossen.«

III

Konfuzius kam zu Lao Tan und sprach mit ihm über Menschlichkeit
und Gerechtigkeit; Lao Tan sagte:
»Wenn man einem Staub in die Augen wirft, verliert man jegliches
Richtungsempfinden. Wenn man von Mücken gestochen wird, kann
man nachts nicht schlafen. Diese Eure Menschlichkeit und Gerechtigkeit sind lästig, sie stören mir das Bewußtsein und verwirren mir den
Geist. Wenn Ihr die Leute bloß leben lassen würdet, ohne daß sie ihre
ursprüngliche Einfalt verlieren, und wenn Ihr selbst nur Euren natürlichen Antrieben folgen wolltet, wäre der Charakter der Menschen
fest gegründet. Warum lauft Ihr ungeduldig herum wie einer, der
seinen Sohn verloren hat und ihn trommelschlagend sucht? Der
Schwan ist ohne tägliches Reinigungsbad weiß, und der Rabe ohne
schwarzen Anstrich schwarz. In ihrem Urzustand sind Schwarz und
Weiß völlig am Platz. All dieses Streben nach Ansehen und Ruhm
fügt dem Charakter des Menschen nichts hinzu. Wenn ein Teich austrocknet und Fische auf dem Trockenen bleiben, feuchten sie einander
mit dem Schaum ihres Mundes an. Weit besser wäre es, sie in die
Flüsse und Seen zurückgleiten zu lassen.«

IV

»Ich habe die Sechs Klassiker studiert, das Buch der Lieder, das Buch
der Geschichte, das Buch der Riten, das Buch der Musik, das Buch der
Wandlungen und die Frühlings- und Herbst-Annalen«, sagte Konfuzius zu Lao Tan. »Ich glaube sie lange studiert zu haben und kenne sie
gut. Dann habe ich die zweiundsiebzig Reiche durchwandert, um ihre

Herrscher zu befragen, und habe mit ihnen über die Regierungsprinzipien der alten Könige und die Geschichte der Herzöge Tschou und Schao gesprochen. Aber keiner von ihnen wollte mich anhören. Es ist wirklich schwer für einen Menschen, andere zu überzeugen, und schwierig für die Leute, die Wahrheit zu verstehen.«

»Da habt Ihr aber Glück gehabt«, erwiderte Lao Tan, »daß Ihr keinen von diesen Herrschern getroffen habt, welche die Welt in Ordnung bringen wollen. Die Sechs Klassiker, von denen Ihr sprecht, sind ja nur wie Fußspuren, die die alten Könige hinterlassen haben, und nicht die Menschen, von denen die Spuren stammen. Das, wovon Ihr redet, ist nichts als solche Fußstapfen. Eine Fußspur wird von einem Schuh hinterlassen, ist aber nicht der Schuh. Die weißen Falken (Männchen und Weibchen) pflanzen sich fort, indem sie einander unverwandt in die Augen schauen. Ein männliches Kerbtier zirpt irgendwo und ein weibliches antwortet ihm irgendwo anders, und sie pflanzen sich auf diese Weise fort. Gewisse Tiere sind Zwitter und pflanzen sich allein fort. Jedes einzelnen Wesens Natur ist unveränderlich, jedes Schicksal unabwendbar. Die Zeit läßt sich nicht aufhalten, und das Tao darf nicht gehemmt werden. Wer das Tao besitzt, kann gehen, wohin er will. Ohne das Tao ist man verloren, wohin immer man geht.«

Konfuzius ging heim und rührte sich drei Monate lang nicht aus seinem Hause. Dann ging er wieder zu Lao Tan und sagte: »Jetzt habe ich es. Die Vögel pflanzen sich durch Eierlegen fort, die Fische durch Schaumblasen und Kerbtiere, wie Bienen, durch Verwandlung (aus der Puppe). Der ältere Bruder weint, wenn ihm ein jüngerer geboren wird (wenn die Kinder von der Mutter gestillt werden). Lange habe ich mich nicht in der allgemeinen Menschheit verloren, aber wie kann man Menschlichkeit lehren, ohne sich in der Menschheit zu verlieren?«

»Jetzt habt Ihr es«, sprach Lao Tan.

V

Konfuzius kam zu Lao Tan. Dieser war gerade aus dem Bade gestiegen, hatte sein Haar zum Trocknen ausgebreitet und sah leblos aus wie ein Leichnam. Konfuzius trat zur Seite und wartete. Nach einer Weile sagte er: »Täuschen mich meine Augen, oder ist es wahr? Soeben sahet Ihr, Meister, aus wie ein vertrockneter Baumstrunk, wie ein Ding, aus dem der Geist entflohen ist.«

»Ich sann dem Ursprung des Alls nach.«

»Was meint Ihr damit?« sagte Konfuzius.

»Es ist das ein Problem, für das Verstand und Sprache nicht reichen. Ich möchte Euch sagen, was es ungefähr ist. Das große *Yin* ist königlich still, das große *Yang* eindrucksvoll tätig. Königliche Stille stammt vom Himmel, eindrucksvolle Tätigkeit von der Erde. Wenn die beiden sich begegnen und sich vereinigen, entstehen alle Dinge. Manche Menschen können ihren Zusammenhang sehen, aber nicht ihre Form. Wachstum wechselt mit Verfall, Fülle mit Erschöpfung, Finsternis mit Licht ab. Jeden Tag ändern sich die Dinge, jeden Monat werden sie verwandelt. Man sieht, was täglich vor sich geht, und merkt, daß der Wechsel unmerklich ist. Das Leben kommt aus einer Quelle, und der Tod ist nur die Rückkehr zu ihr. So folgt der Anfang dem Ende in endlosem Kreislauf. Was könnte, außer dem Tao, das Schöpferprinzip sein, das alles zusammenhält?«

»Darf ich an Euren geistlichen Wanderungen teilnehmen?« fragte Konfuzius.

»Wer das Tao erlangt, sieht die vollkommene Schönheit und fühlt die vollkommene Glückseligkeit«, erwiderte Lao Tan. »Die vollkommene Schönheit zu sehen und die vollkommene Glückseligkeit zu fühlen, ist dem vollkommenen Menschen vorbehalten.«

»Könnt Ihr mehr darüber sagen?« fragte Konfuzius. Lao Tan erwiderte: »Pflanzenfresser haben nichts dagegen, ihre Weidegründe zu wechseln. Wassertiere haben nichts dagegen, das Wasser zu wechseln. Der Grund ist der, daß diese Veränderungen unbedeutend sind und ihre Lebensbedürfnisse nicht betreffen. Glück und Zorn, Freude und Kummer sollten in unserer Brust keinen Einlaß finden, denn das All macht die Einheit aller Dinge aus. Wenn man dieses Einssein begreift und mit ihm eins ist, betrachtet man seine leibliche Gestalt als Erdenstaub und den Kreislauf von Leben und Tod bloß als den Wechsel von Tag und Nacht. Man kann durch solche Zufälle nicht gestört werden, geschweige denn durch die Geschehnisse von Glück und Unglück. Man schüttelt ein Amt ab, wie man Staub von sich schüttelt, da man weiß, daß das Selbst kostbarer ist als der Rang. Das Ziel ist, sein Selbst zu bewahren, ohne es in äußerlichen Wechselfällen verlorengehen zu lassen. Denn der Wechsel, der in allem vor sich geht, ist stetig und endlos. Warum sollte man sich dadurch beunruhigen lassen? Wer das Tao kennt, wird das verstehen.«

»Meister, Euer Charakter ist Himmel und Erde vergleichbar«, sagte

Konfuzius, »und dennoch hängt auch Ihr von Weisheitsworten ab, um Euer Herz zu bilden. Was konnten die Männer der Vorzeit ohne eine solche (Selbstbildung) tun?«

»Hier irrt Ihr«, sagte Lao T an. »Seht das Wasser, das aus der Quelle kommt: es fließt natürlich und von selbst. Der vollkommene Mensch hat es nicht nötig, seinen Cahrakter zu bilden, und weicht dennoch von den Gesetzen der Natur nicht ab. Er ist wie der Himmel, der von Natur aus hoch, wie die Erde, die von Natur aus fest, und wie Sonne und Mond, die von Natur aus hell sind. Was tun denn die, um sich selbst zu bilden?«

Konfuzius ging fort und sagte zu Yen Huei: »Auf dem Gebiet des Tao bin ich ganz wie eine Mücke. Wenn der Meister meine Dunkelheit nicht erleuchtet hätte, wäre ich mir des großen Weltplanes nicht bewußt geworden.«

VI

»Es gibt Philosophen, die verschiedene Regierungsmethoden besprechen, als ob sie miteinander Haschen spielten«, sagte Konfuzius zu Lao Tan. »Sie reden von wahr und falsch, von Möglichkeit und Unmöglichkeit. Die Sophisten sagen: Man kann (die Eigenschaften der) Härte und Weiße genau so analysieren, als ob man sie in einen Winkel hängen sollte. Meint Ihr, daß solche Leute als Weise anzusehen sind?«

»Sie sind bloß gute Schreiberlinge und Fachleute, die ihre Verstandes- und Körperkräfte für nichts anstrengen«, erwiderte Lao Tan. »Ein guter Jagdhund wird an der Leine geführt, weil er Füchse aufstöbern kann, und ein Affe wird in den Bergen seiner Behendigkeit wegen gefangen. Kommt her, Thschiu, ich will Euch etwas sagen, was Ihr nicht hören könnt, und Euch etwas übermitteln, was sich in Worten nicht ausdrücken läßt. Es gibt viele, die zwar einen Kopf und Zehen haben, aber im Hören und Verstehen mangelhaft sind. Es gibt niemanden, der verstünde, daß sowohl das Gestaltete wie das Gestaltlose existent sind, und daß Bewegung dasselbe ist wie Ruhe, Tod dasselbe wie Leben, und Verfall dasselbe wie Aufstieg. Das sind nämlich alles bloß (Erscheinungen), die nicht auf den Grund der Dinge reichen. Das Verstehen der Ordnungsprinzipien hängt vom Menschen selbst ab. Das Stoffliche vergessen und die eigene Natur vergessen, heißt sein Selbst vergessen. Wer sein eigenes Selbst vergessen kann, von dem heißt es, er sei in das Himmelreich eingegangen.«

VII

Konfuzius ging Lao Tan besuchen, kehrte zurück und blieb drei Tage still.

»Meister, als Ihr bei Lao Tan wart, was für einen Rat habt Ihr ihm da gegeben?« fragten seine Jünger.

»Ihm einen Rat geben?« erwiderte Konfuzius. »Zum erstenmal sah ich einen Drachen. Wenn der Geist eines Drachen sich zusammenzieht, sieht man seine Gestalt, und wenn er sich zerstreut, strahlt er Schönheitsglanz aus, fährt auf den Wolken dahin und nährt sich von *Yin* und *Yang*. Als ich ihn erblickte, blieb ich verdonnert stehen und konnte den Mund nicht schließen.«

»Ist es also wahr«, sagte Tsekung, »daß es Menschen gibt, die, wie berichtet wird, wie ein Leichnam stillsitzen oder wie ein Drache aufspringen können, schweigen können wie das tiefe Meer oder mit Donnerstimme sprechen können, Menschen, die wie (die Kräfte des) Weltalls jählings in Tätigkeit treten können? Meint Ihr, daß ich ihn aufsuchen kann?«

Mit einer Empfehlung von Konfuzius begab sich Tsekung zu Lao Tan. Dieser saß in seiner Stube und sagte mit dünner Stimme: »Ich werde alt. Habt Ihr einen Rat für mich?«

»Die drei Könige und die fünf Kaiser beherrschten die Welt auf verschiedene Weise, aber alle hinterließen einen großen Namen«, sagte Tsekung. »Warum betrachtet Ihr sie nicht als Weise?«

»Tretet näher, junger Mann«, sprach Lao Tan. »Was meint Ihr damit, daß sie die Welt auf verschiedene Weise beherrschten?«

»Kaiser Yao gab seinen Thron dem Schun und Schun dem Yü«, erwiderte Tsekung. »Kaiser Yao widmete seine Arbeit (der Wassererhaltung), und Kaiser Thang erschöpfte seine Kraft in Kriegen. König Wen diente seinem Herrscher Tschou weiter, aber (sein Sohn) König Wu erhob das Banner des Aufruhrs. Daher sage ich, daß sie die Welt auf verschiedene Weise beherrschten.«

»Tretet näher, junger Mann«, sagte Lao Tan. »Ich will Euch etwas über die Regierung der drei Könige und der fünf Kaiser erzählen. Während der Regierung des Gelben Kaisers förderte dieser unter dem Volke die Herzenseinfalt. Manche Leute weinten nicht, wenn ihre Eltern starben, und das wurde nicht als Unrecht angesehen. Unter der Regierung des Kaisers Yao wurde Verwandtenliebe gefördert. Manche Leute töteten da die Mörder ihrer Eltern, und das wurde nicht als

Unrecht betrachtet. Zur Zeit des Kaisers Schun wurde das Wetteifern gefördert. Kinder wurden nach zehnmonatiger Schwangerschaft geboren[167], und ein Kind lernte mit fünf Monaten sprechen. Ehe es fünf Jahre alt war, konnte es bereits Menschen unterscheiden, und der frühe Tod kam in die Welt. Unter der Regierung des Königs Wu veränderte dieser die Herzen der Menschen, die Menschen begannen List im Herzen zu haben, und Heere wurden ausgesandt, um für irgendeine gute Sache zu kämpfen. Es wurde nicht als Unrecht betrachtet, Räuber (Feinde) zu töten. Dann begannen die völkischen Unterscheidungen, und jedes Volk meinte, in einer besonderen, abgeschlossenen Welt zu leben. Dadurch geriet die Welt in große Verwirrung, und die Konfuzianer und Motseaner traten auf. Zuerst gingen die Streitgespräche um Grundsätze, aber jetzt entarten sie zu Weibergeschwätz. Was kann ich dazu sagen? Ich sage Euch, die Leute sagen, die drei Könige und fünf Kaiser hätten die Welt ›beherrscht‹, doch in Wirklichkeit war es eine Mißwirtschaft. Das Wissen, das mit den drei Königen kam, war, im Gegensatz zum Einfluß der Sonne und des Mondes in der Höhe, zerstörend für die Kraft des Landes und Wassers in der Tiefe und zersetzend für die Wirksamkeit der Kräfte der Jahreszeiten in der Zwischensphäre. Ein solches Wissen ist giftiger als der Schwanz des Skorpions und das Tier *Hsien-Kuei*[168]. Seither sind die Menschen nicht mehr imstande, die natürlichen Instinkte ihres Lebens zu erfüllen. Und dennoch betrachten sich diese Menschen als Weise! Welche Unverschämtheit!«

Tsekung stand da, hörte zu und fühlte sich unbehaglich.

ANMERKUNGEN

1 Siehe 33.3.
2 Siehe 33.4.
3 Siehe 50.3.
4 Siehe 50.1.
5 Siehe 50.2.
6 Erdachte Gespräche zwischen Konfuzius und Laotse, V.
7 A. S. Eddington, The nature of the physical world, p. 318.
8 Ibid. p. 291.
9 Ibid. p. 320.
10 Siehe 52.2.
11 Op. cit. p. 345.
12 Nach dem Bericht von William L. Lawrence, New York Times.
13 Gespräche zwischen Laotse und Konfuzius, II.
14 Motse lebte zweifellos zwischen 501 und 416 v. Chr.
15 Lebte zwischen 370 und 291 v. Chr. und war somit Zeitgenosse des Tschungtse. Auch als Sung Yung bekannt.
16 Kwan Yin darf nicht mit »Kwanyin«, der buddhistischen Göttin des Erbarmens, verwechselt werden. Es ist der Name eines Beamten, des »Befehlshabers des Passes«, des Mannes also, der nach der Überlieferung Laotse dazu überredete, sein Buch zu schreiben.
17 Siehe Kap. 28.
18 Siehe Kap. 67.
19 Siehe Kap. 78.
20 Siehe Kap. 81.
21 Siehe Kap. 9.
22 Ein guter Freund des Tschuangtse. Die beiden Freunde hegten füreinander eine große Bewunderung, obwohl sie immer gegenteiliger Meinung waren und stritten. Er wird auch »Hueitse« genannt.
23 *Hsüan* – dieses Wort entspricht den Wörtern »mystisch« und »Mystik«. Der Taoismus ist auch als *Hsüantschiao* oder »mystische Religion« bekannt.
24 *Miao* kann auch mit »Wesenheit« übersetzt werden. Es bedeutet »Das Wunderbare«, »Das Letztliche«, das »auf logische Weise Unerkennbare«, die »Quintessenz« oder die »esoterische Wahrheit«.
25 *Schih* und *Fei* bedeuten allgemeine moralische Urteile und geistige Unterscheidungen; »recht« und »unrecht«, »wahr« und »falsch«, »ist« und »ist nicht«, »bejahend« und »verneinend«, auch »rechtfertigen« und »verurteilen«, »behaupten« und »leugnen«.

26 Die Anhänger des Motse waren zu Tschuangtses Zeit mächtige Gegener der Konfuzianer.

27 Die Bedeutung dieser beiden Sätze wird später erklärt. »Denn wenn man die beiden Kategorien in eins zusammenfaßt, hören die Kategorienunterschiede zu bestehen auf.« Siehe 2.3.

28 Siehe Kap. 42.

29 Siehe Kap. 58.

30 Siehe Kap. 58.

31 Die Weisen im Staate erhöhen ist ein typisch konfuzianischer Gedanke.

32 »Leeres Herz« bedeutet im Chinesischen »offener Sinn« oder »Bescheidenheit«, ein Merkmal des gebildeten Edlen. Es wird bisweilen in der Bedeutung »Passivität« gebraucht. Überall im Buch Laotses werden »leer« und »voll« in der Bedeutung von »Demut« und »Hoffart« verwendet.

33 »Wei«, »handeln, tun« wird in diesem Buch im Sinne von »eingreifen« gebraucht. *Wu-wei* oder »Nichthandeln« bedeutet praktisch Nichteingreifen und entspricht ganz genau dem »Laisser-Faire«.

34 Menschlichkeit und Gerechtigkeit sind typisch konfuzianische Lehren.

35 Huang-Tschung und Ta-Lü waren die Normalstimmpfeifen.

36 Tseng Thsan und Schih Yü, Jünger des Konfuzius.

37 Yang Tschu und Motse (Mo Ti).

38 Siehe Kap. 13.

39 Die Lehre vom Neutralismus, in der der Weise die Unparteilichkeit und oft die starre Gleichgültigkeit der Natur erreicht.

40 Die Mitte, die ursprüngliche Natur des Menschen. »Sich an das Innerste halten« ist ein wichtiger taoistischer Begriff.

41 Das *Yin*-Prinzip, das Negative, Empfangende, Ruhende.

42 Wer von den Gesetzen der Natur Gebrauch macht, der erzielt »mühelos« Ergebnisse.

43 Es gibt durch seine Wandlungen anderen Leben.

44 Das ganze Kapitel ist gereimt.

45 Wichtiger taoistischer Ausdruck.

46 Das Neugeborene als Sinnbild der Unschuld, ein häufiges Bild, das sich auch bei Tschuangtse findet; manchmal wird auch das Bild des »neugeborenen Kalbes« verwendet.

47 Das *Yin*, das Empfangende, Passive, das Ruhige, »die Pforte des Mystisch-Weiblichen ist die Wurzel von Himmel und Erde«, siehe Kap. 6.

48 Dieser Abschnitt ist durchgehend gereimt.

49 Wörtlich: Halten einen auf der Hut.

50 »Bauch« bezieht sich hier auf das innere Selbst, das Unbewußte, Triebhafte; das »Auge« nimmt auf das äußere Selbst oder die Sinnenwelt Bezug.

51 Wird als Leben und Tod interpretiert. Tschuangtses Text bestätigt diese Interpretation.

52 Wörtlich: Leib.

53 Siehe »Die Hauptströmungen des Denkens«, Abschnitt 2.

54 Ein Philosoph, über den nichts bekannt ist. Das Buch *Liehtse* ist eine spätere Kompilation.

55 Vom Winde.

56 Einige gelehrte Jesuiten sahen in diesen Wörtern (die im Altchinesischen fast wie I-Hi-Wei ausgesprochen wurden) eine seltsame Ähnlichkeit mit dem hebräischen Wort »Jahve«.

57 *Tschi*, ein Wort, das »Tradition«, »System« oder auch »Disziplin« bedeutet.

58 Nach einem anderen alten Text: Die Herrscher.

59 *Tun*, »Dicke«, »Stärke«, wie von festen Möbeln, im Sinne der ursprünglichen Einfachheit des Menschen, im Gegenteil zu »Dünne«, im Sinn von Schläue, Überfeinerung und überspitzter Geistigkeit.

60 *Phu*, wichtiger taoistischer Begriff, das Unbearbeitete, Nichtverschönerte, die natürliche Güte und Rechtschaffenheit des Menschen. Wird meist in der Bedeutung von Einfachheit, Herzensschlichtheit und Bescheidenheit der Lebensführung verwendet.

61 *Hun*, »vermischt«, »mischbereit«, daher leutselig, »nicht heikel«. Taoistische Weisheit: ein Weiser soll erscheinen wie ein Dummkopf.

62 Übervoll: Selbstzufriedenheit, Hoffart.

63 *Thschang*, das »Beständige«, das Gesetz vom Werden und Vergehen, vom notwendigen Abweichen der Gegensätze, kann als das »allgemeine Gesetz der Natur« oder als das »innere Gesetz des Menschen« ausgelegt werden; das wahre Selbst (Hsingming Tschih Thschang), wobei beide wesensgleich sind.

64 *Thien*, Himmel oder Natur. Sowohl Thien hier wie Tao in der nächsten Zeile werden offenbar als Adjektiva gebraucht, daher die Überraschung »im Einklang mit«. Thien heißt oft »Natur« oder »natürlich«.

65 *Yin, Yang*, Wind, Regen, Licht und Finsternis.

66 Der Große Nebelhafte wird hier mit »Himmel« angeredet.

67 Manche Texte lauten: »weiß das Volk nicht«.

68 Konfuzianische Grundlehre meist (schlicht) mit »Wohlwollen« und »Rechtlichkeit« übersetzt.

69 *Su*, das Ungezierte, Unkultivierte, die eingeborene Qualität, das einfache Selbst; ursprünglich »glatter Hintergrund« im Gegensatz zu aufgelegten farbigen Zeichnungen; daher der Ausdruck »offenbaren«, »verwirklichen«, *Su*.

70 Die acht Schriftzeichen dieser vier Zeilen fassen die praktische Lehre des Taoismus zusammen.

71 481 v. Chr.

72 Hier liegt ein Anachronismus vor, denn Tschuangtse erlebte nur die neunte Generation des Hauses Thien. Wenigstens die Zahl »zwölf« muß von einem späteren Schreiber eingeschoben worden sein. Aber das genügt noch nicht, um das ganze Kapitel, wie manche Textkritiker, für eingeschoben zu erklären.

73 Bezieht sich auf eine Begebenheit. Die Staaten Lu und Tschao brachten beide dem König von Thschu Wein dar. Durch den Bubenstreich eines Dieners wurden die Flaschen verwechselt und Tschao beschuldigt, schlechten Wein geschickt zu haben, worauf dessen Hauptstadt Hantan belagert wurde.

74 Siehe Kap. 36.

75 Siehe Kap. 45.

76 Hsüan Thung, siehe Kap. 56.

77 Die Gründer der Drei Dynastien, Hsia, Schang und Tschou, 2205–222 v. Chr.

78 Angriffssignal.

79 *Wei* und *O*. »O« ist ein Ausruf der Mißbilligung.

80 Gleichnis vom säugenden Kind, versinnbildlicht das Saugen von Kraft aus der Mutter Natur.

81 *Teh*, als Ausdruck des Tao, oder verkörperter Tao – das moralische Prinzip; von Waley mit »Macht« übersetzt.

82 Durch diese offenbar gewordenen Formen.

83 Das Absolute, zu dem die vergänglichen Nebendinge zurückkehren.

84 *Ming* mit zwei Bedeutungen, »klar« (hell, gediegen) und »klarsichtig« (weise, unterscheidend).

85 Die Bedeutung dieses Absatzes ist im Zusammenhang mit den ersten zwei Zeilen des folgenden Kapitels verständlich: Wer auf den Zehenspitzen steht, steht nicht (fest); wer die Beine spreizt, geht nicht (gut).

86 Eine alte Textausgabe lautet »Mensch« statt »König«.

87 Tse-Jan, wörtlich »selbst-so«, »selbstgebildet«, das . was aus sich selbst so ist«.

88 Wörtlich »schwer« mit der Erde als Vorbild. Im Chinesischen wird »Schwere« oder »Dicke« des Charakters, in der Bedeutung von »Ehrlichkeit«, »Großmut«, mit dem Gedanken des beständigen Glückes und des Ausharrens in Zusammenhang gebracht, während »Dünne« oder »Leichtigkeit« des Charakters, in der Bedeutung von »Frivolität« oder »Schärfe«, mit dem Mangel an dauerhaftem Glück verknüpft wird.

89 Wortspiel über diese Redensart, in der das Wort »schwer« vorkommt.

90 Indem er herumfährt.

91 Der Weise verwendet jedes nach seiner Eignung.

92 *Hsi*, durch unlautere Mittel, wie z. B. Invasion, nächtlicher Angriff, gewaltsames Eindringen usw., irgendwo eintreten oder sich etwas beschaffen. Der Gedanke ist der, die Kenntnis der Naturgesetze klug zu benützen, um die besten Ergebnisse zu erzielen.

93 *Tse*, Rohstoff, Hilfsquellen, Hilfsmittel, etwas, aus dem man Vorteil zieht, wie eine Belehrung.

94 Eine bekannte historische Persönlichkeit – ein vorbildlicher Minister, auf den in den *Gesprächen* des Konfuzius Bezug genommen wird.

95 Siehe Kap. 6. Das Tal oder die Schlucht ist das Sinnbild des weiblichen Prinzips, des Empfangenden, Passiven.

96 *Teh.*

97 Sung Yang, 658–618 v. Chr.

98 Wörtlich: »Blasen aus«, »Blasen ein«. (Ich folge hier der Übersetzung Waleys, die den Sinn vollkommen wiedergibt.)

99 Einige Gelehrte vertreten die Ansicht, Laolaitse sei mit Laotse identisch, doch gibt es dafür keinen schlüssigen Beweis. Der Rat, den Laolaitse hier dem Konfuzius erteilt, ist ähnlich wie der, den ihm Laotse nach dem Bericht des Szema Thschien im *Schihtschi* gegeben hat.

100 Das chinesische Zeichen für »Militär« setzt sich aus zwei Teilen zusammen: »Einhalten« und »Waffen«. Chinesische Pazifisten legen das als Mißbilligung der Waffen aus (»Haltet mit der Bewaffnung ein«), während es ebensogut bedeuten kann: »Dem Feind durch Waffen Einhalt gebieten«. Etymologisch ist aber das Wort für »einhalten« das Bild einer Fußspur, so daß das Ganze ein Bild eines »Speeres« über einer »Fußspur« ist.

101 Die Übertragung dieser sechs Zeilen ist von Waley – ich könnte sie nicht besser übersetzen.

102 Andere Lesart »gute Waffen«. *Ping* kann sowohl »Soldaten« als auch »Waffen« bedeuten.

103 Das sind zeremonielle Anordnungen. Die Linke ist ein Symbol günstiger Vorbedeutung, das Schöpferische; die Rechte ein Symbol übler Vorbedeutung, das Zerstörende.

104 Eine andere, ebenso gute Lesart: »kein Prahlen« und »wer prahlt über einen Sieg«.

105 Einer der fünf Hauptriten des Tschou-li. Die fünf den beiden Endzeilen vorausgehenden Zeilen sind ein anscheinend irrtümlich in den Text eingeschalteter Kommentar. Der Beweis ist schlüssig: 1. sind die Ausdrücke »Generalleutnant« und »General« die einzigen Anachronismen des ganzen Textes, denn diese Ausdrücke gab es vor der Hanzeit nicht. 2. Der Kommentar von Wang Pi fehlt in diesem Kapitel, daher muß er durch den Fehler eines Abschreibers in den Text geraten sein. Siehe auch Kap. 69, vgl. Menzius »Der beste Kämpfer müßte die schwerste Strafe erleiden«; und ferner: »Nur wer die Schlächterei nicht liebt, kann das Reich einigen.«

106 Namen bedeuten Unterscheidung der Dinge und damit Verlust des Urzustandes des Tao.

107 In Wirklichkeit ist das Tao dem Meer vergleichbar, oder den Flüssen, die im Meer Ruhe suchen.

108 Vgl. die identische Stelle in 33.5.

109 Ein berühmtes Schwert.

110 Vgl. Kap. 1.

111 Wörtlich: alle Dinge kehren zu ihm zurück oder gehören ihm.

112 Das Sinnbild der Natur, des Himmels oder der Erde. Dieses Kapitel besteht aus gereimten Zeilen zu drei Wörtern.

113 *Li*: konfuzianische Lehre gesellschaftlicher Ordnung und Lenkung, bezeichnet durch Zeremoniell; auch Höflichkeit, Anstand, gute Manieren.

114 Eine andere allgemein anerkannte Lesart, die durch Substitution von Wörtern zustandekommt, lautet: »Wahrlich, höchstes Ansehen verlangt kein Lob.« Abgesehen von der gewaltsamen Wortsubstitution ergibt diese Lesart im Zusammenhang keinen Sinn.

115 Sagenhafter Kaiser (2852 v. Chr.), der die Prinzipien der Wandlungen des *Yin* und *Yang* entdeckt haben soll.

116 Fabelwesen mit Menschenkopf und Tierleib.

117 Ein Flußgeist.

118 Ein Berggeist.

119 Ein halblegendärer Herrscher, der 2698–2597 v. Chr. regiert haben soll.

120 Ein halblegendärer Herrscher, der 2514–2437 v. Chr., kurz vor dem Kaiser Yao, regiert haben soll.

121 Ein Wassergott mit Menschenantlitz und Vogelkörper.

122 Ein Herrscher aus der Schang-Dynastie, 1324–1266 v. Chr.

123 Der durchdringende Einfluß des Geistes reicht überallhin, im Gegensatz zu den oberflächlichen Tätigkeiten, die eigene Hindernisse schaffen.

124 Bei der Übersetzung dieser Stelle halte ich mich, mit einigen geringfügigen Veränderungen, hauptsächlich an die Übertragung von H. A. Giles. (Anm. des Übersetzers: Diese Stelle wurde beinahe wörtlich der Tschuangtse-Übertragung von Martin Buber entnommen, der sich offensichtlich ebenfalls an den Text von H. A. Giles gehalten hat.)

125 Weil sie jetzt nach den Umständen eine verfließende Gestalt annimmt.

126 Durch geistigen Einfluß.

127 Indem man Befehle erteilt.

128 *Hsin*, wörtlich »Herz«. Aber das Wort bezeichnet sowohl Denken als auch Fühlen. Es wäre unmöglich, »bestimmtes Herz« zu sagen.

129 Nach Han Fei sind es die vier Glieder und neun Körperöffnungen. Eine andere anerkannte Lesart lautet: »Drei Zehntel«, aber das ergibt keinen Sinn.

130 Wörtlich »todlos«.

131 Die chinesische Auffassung der Seele teilt sie in zwei Arten, das *Hwen*, das dem Bewußtsein, und das *Pho*, das der unbewußten Tiefenseele entspricht. (C. G. Jungs Interpretation dieser beiden chinesischen Wörter in »Das Geheimnis der goldenen Blüte«, Zürich 1948.)

132 Ein wichtiger Gedanke, der oft bei Tschuangtse auftaucht: alle Dinge befinden sich in ständigem Fluß und Wandel, sind aber verschiedene Ansichten des Einen.

133 Aus meinem Inneren; freilich könnte die Bedeutung dieser Stelle auch erst im folgenden Kapitel entwickelt werden, da ja die Kapiteleinteilung willkürlich ist.

134 Wörtlich »dick«, »schwer«.

135 *Hsin*, wörtlich »Gemüt« oder »Herz«.

136 Die letzten drei Zeilen sind fast eine Wiederholung der letzten drei Zeilen des Kapitels 30, wohin sie eigentlich gehören.

137 Alles in das Eine versenkt.

138 *Tscheng*, das Normale, Gerade, Rechte; *Tschi*, das Unnormale, Trügerische, Überraschende.

139 *Thschi*, das gleiche Wort, wie das mit »Überraschungstaktik« wiedergegebene.

140 *Hua*, berühmt, umgewandelt durch moralischen Einfluß, »gesittet«, die beste Erklärung für Nicht-Tun.

141 *Thschi*, das gleiche Wort wie »Überraschungstaktik«.

142 Indem er die Korruption durch künstliche Vorschriften, Satzungen und Strafen bekämpft.

143 Nie zuviel tun.

144 Siehe die lange Abhandlung über diese Tugenden in 37.1.

145 Man lasse sie allein braten, sonst werden sie durch ständiges Rühren zu Brei.

146 *Thschü*, nimmt, erobert, überwindet, gewinnt.

147 Ein mythischer Herrscher.

148 Kapitel 8.

149 *Thse*, zärtliche Liebe, sinnverwandt mit »Mutter«.

150 *Tschien*, wörtlich »Mäßigkeit«, »Genügsamkeit«, »Beschränkung«, siehe Kap. 59.

151 Siehe Kap. 69.

152 Angreifer und Angegriffener, wörtlich »Wirt« und »Gast«. Es wäre auch denkbar, die Stelle anders zu lesen, indem man das oft fortgelassene Wort »wenn« einfügt; also: »Wenn ich nicht wage, anzugreifen, will ich der Angegriffene sein.«

153 Oder sich wie in dieser Lage fühlen, d. h. der subjektive Zustand der Demut. Das stimmt ganz zur Tarnungsphilosophie des Laotse, der ersten, die es gab. Vgl. »Die größte Beredsamkeit erscheint wie Stammeln« usw., Kap. 45.

154 Wohl die »Drei Schätze« des Kap. 67.

155 Der, welcher das Töten haßt. Siehe Kap. 31. Der verbesserte Text des Yü Yüeh würde lauten: Der, welcher nachgibt, siegt.

156 *Wei*, militärische Gewalt oder Befehlsgewalt; manchmal auch in Zusammenhang mit »Gottes Zorn« verwendet. Eine andere Interpretation wäre: »Wenn die Menschen keine Gottesfurcht haben, wird Gottes Zorn auf sie niedergehen.« Aber das paßt nicht so gut in den Zusammenhang. Siehe die beiden folgenden Kapitel über die Nutzlosigkeit der Strafe, besonders die beiden ersten Zeilen Kap. 74.

157 Das ist jetzt zu einem chinesischen Sprichwort geworden, in der Bedeutung »Das Gute wird immer belohnt, das Böse bestraft«.

158 Man achte auf die Ähnlichkeit der Konstruktion mit den ersten fünf Zeilen von Kap. 73.

159 *Thschiang*, bedeutet »steif«, »stark« und »stoßkräftig«.

160 Wie bei Zweigen und Stämmen.

161 Zeichen der niedrigen Stellung bei einer Vereinbarung.

162 Wang Pis Kommentar: »für das Aufzeigen von Fehlern«. Das wird in der heutigen Zeit durch die »Schuldklausel!« verkörpert, die stets durch den militärischen Sieger bestimmt wird.

163 Ein altes Zitat, das in vielen alten Texten vorkommt.

164 Wörtlich »Tod«.

165 Zur Zeit des Konfuzius und des Tschuangtse sprach man gewöhnlich von »Sechs Klassikern«. Es gibt verschiedene Interpretationen des Ausdrucks »Zwölf Klassiker«.

166 Angeblich Laotses Heimatstadt.

167 Nach einem alten Kommentator habe die Schwangerschaft beim Menschen ursprünglich vierzehn Monate gewährt, und ein Kind lernte mit zwei Jahren sprechen.

168 Kein Kommentator konnte feststellen, um welches Tier es sich hier handelt.

Die eingeklammerten Wörter kommen im chinesischen Originaltext nicht vor. Sie wurden zur Verdeutlichung des Sinnes vom Herausgeber eingefügt.

Religionen

Sukie Colegrave
Yin und Yang
Die Kräfte des Weiblichen und des Männlichen
Eine inspirierende Synthese von
westlicher Psychologie und östlicher Weisheit
Band 3335

Sheldon B. Kopp
Triffst du Buddha unterwegs...
Psychotherapie und Selbsterfahrung
Band 3374

Verena Reichle
Die Grundgedanken des Buddhismus
Band 12146

Die Weisheit des Laotse
Herausgegeben von Lin Yutang
Band 6504

Fischer Taschenbuch Verlag

fi 429 / 9

Philosophie

Eine Auswahl

Fischer Taschenbuch Verlag

Philosophie
Eine Auswahl

Edmund Husserl
Arbeit an den Phänomenen
Ausgewählte Schriften
Bernhard Waldenfels (Hg.)
Band 11750

Martin Jay
Dialektische Phantasie
Die Geschichte der Frankfurter
Schule und des Instituts für
Sozialforschung. Band 6546

Immanuel Kant
Eine Vorlesung über Ethik
Gerd Gerhardt(Hg.). Bd. 10249

Peter Kemper (Hg.)
Die Zukunft des Politischen
Ausblicke auf Hannah Arendt
Band 11706

Ralf Konersmann
Erstarrte Unruhe. Band 10962

Susanne K. Langer
Philosophie auf neuem Wege
Band 7344

Lutger Lütkehaus
**Philosophieren nach
Hiroshima**
Über Günther Anders
Band 11248

Pierre-François Moreau
Spinoza
Versuch über die Anstößigkeit
seines Denkens. Band 12245

Max Planck
**Vom Wesen der Willens-
freiheit und andere Vorträge**
Band 10472

Platon
Sokrates im Gespräch
Vier Dialoge. Band 11065

Jean-Jacques Rousseau
Schriften
Henning Ritter (Hg.)
2 Bände: 6567/6568

Bertrand Russell
**Das ABC der Relativitäts-
theorie.** Band 6579
Moral und Politik. Band 6573
**Philosophie. Die Entwicklung
meines Denkens.** Band 6572

Rüdiger Safranski
**Wieviel Wahrheit
braucht der Mensch?**
Über das Denkbare und
das Lebbare. Band 10977

Wilhelm Schmid
**Die Geburt der Philosophie
im Garten der Lüste**
Michel Foucaults Archäologie
des platonischen Eros
Band 12509

Georg Simmel
**Das Individuum
und die Freiheit**
Essais. Band 11925

Fischer Taschenbuch Verlag

Fischer Wissenschaft

Eine Auswahl

Erich Auerbach
Philologie der Weltliteratur
Sechs Versuche über Stil und
Wirklichkeitswahrnehmung
Band 11474

Michail M. Bachtin
Formen der Zeit im Roman
Untersuchungen zur
historischen Poetik
Band 7418
Literatur und Karneval
Zur Romantheorie
und Lachkultur
Band 7434

Pierre Bourdieu
Satz und Gegensatz
Über die Verantwortung
des Intellektuellen
Band 11007

Ernst Cassirer
Der Mythus des Staates
Band 7351

Enrico Castelnuovo
Das künstlerische Portrait
Das Bildnis und seine
Geschichte in Italien
von 1300 bis heute
Band 11005

Ernst Robert Curtius
Balzac
Band 7358
**Kritische Essays zur
europäischen Literatur**
Band 7350

Mary Douglas
**Ritual, Tabu und
Körpersymbolik**
Sozialanthropologische Studien
in Industriegesellschaft und
Stammeskultur. Band 7365

Vilém Flusser
Die Schrift
Hat Schreiben Zukunft?
Band 10906

Clifford Geertz
Die künstlichen Wilden
Der Anthropologe als
Schriftsteller. Band 11279

Friedrich Gundolf
**Anfänge deutscher
Geschichtsschreibung von
Tschudi bis Winckelmann**
Band 11241

Herbert Heckmann/
Gerhard Dette (Hg.)
Erfahrung und Fiktion
Arbeitswelt in der deutschen
Literatur der Gegenwart
Band 11714

Fischer Taschenbuch Verlag

Fischer Wissenschaft

Eine Auswahl

Heidrun Hesse
**Vernunft und
Selbstbehauptung**
Band 7343

Max Horkheimer
**Zur Kritik der
instrumentellen Vernunft**
Band 7355

Alfred Lorenzer
Das Konzil der Buchhalter
Die Zerstörung der Sinnlichkeit
Eine Religionsgeschichte
Band 7340

Bronislaw Malinowski
**Magie, Wissenschaft
und Religion**
Und andere Schriften
Band 7335

**Das Denken des
Marquis de Sade**
Mit Beiträgen von
Roland Barthes,
Hubert Damisch,
Pierre Klossowski,
Philippe Sollers,
Michel Tort
Band 7413

Herfried Münkler
Gewalt und Ordnung
**Das Bild des Krieges im
politischen Denken**
Band 10424
Machiavelli
Die Begründung des politischen
Denkens der Neuzeit aus der
Krise der Republik Florenz
Band 7342

Jean Piaget
Biologie und Erkenntnis
Band 11200

Leo Spitzer
Texterklärungen
Aufsätze zur
europäischen Literatur
Band 10082

Jean Starobinski
Montaigne
Denken und Existenz
Band 7411

Matthias Waltz
Ordnung der Namen
Die Entstehung derModerne:
Rousseau, Proust, Sartre
Band 11920

Fischer Taschenbuch Verlag

fi 406 / 9 b

Fischer Wissenschaft

Eine Auswahl

Philippe Ariès/André Béjin/
Michel Foucault u.a.
**Die Masken des Begehrens
und die Metamorphosen
der Sinnlichkeit.** Band 7357

Aleida Assmann/
Dietrich Harth (Hg.)
**Mnemosyne. Formen und
Funktionen der kulturellen
Erinnerung.** Band 10724
**Kultur als Lebenswelt und
Monument.** Band 10725

Gaston Bachelard
Epistemologie
Band 11703
Poetik des Raumes
Band 7396
Psychoanalyse des Feuers
Band 10253

Roger Chartier
**Die unvollendete
Vergangenheit**
Geschichte und die Macht der
Weltauslegung. Band 10968

Pierre Chaunu
**Europäische Kultur im
Zeitalter des Barock**
Band 7421

Georges Duby
**Die Frau ohne Stimme.
Liebe und Ehe im Mittelalter**
Band 11004

Georges Duby
**Der heilige Bernhard und die
Kunst der Zisterzienser**
Band 10727
**Wirklichkeit und
höfischer Traum**
Zur Kultur des Mittelalters
Band 10252

Umberto Eco
Apokalyptiker und Integrierte
Band 7367

Lucien Febvre
Das Gewissen des Historikers
Band 10332

Moses I. Finley
**Quellen und Modelle
in der Alten Geschichte**
Band 7373

Michel Foucault
Die Geburt der Klinik
Band 7400
Die Ordnung des Diskurses
Band 10083
Schriften zur Literatur
Band 7405
**Von der Subversion des
Wissens.** Band 7398

François Furet/Denis Richet
Die Französische Revolution
Band 7371

Fischer Taschenbuch Verlag

Fischer Wissenschaft

Eine Auswahl

Inge Habig/Kurt Jauslin
Der Auftritt des Ästhetischen
Zur Theorie der
architektonischen Ordnung
Band 10251

Maurice Halbwachs
Das kollektive Gedächtnis
Band 7359

D. Harth/ J. Assmann (Hg.)
Revolution und Mythos
Band 10964

Kultur-Analysen
Beiträge von
Hans-Dieter König,
Alfred Lorenzer, Heinz Lüdde,
Søren Nagbøl, Ulrike Prokop,
Gunzelin Schmid Noerr,
Annelind Eggert. Band 7334

Ralf Konersmann
Lebendige Spiegel
Die Metapher des Subjekts
Band 10726
Der Schleier des Timanthes
Perspektiven der historischen
Semantik. Band 11923

Wolfgang Küttler/Jörn Rüsen/
Ernst Schulin (Hg.)
Geschichtsdiskurs
Band 1: Grundlagen und
Methoden der Historiographie-
geschichte. Band 11475

Jacques LeGoff/Roger Chartier/
Jacques Revel (Hg.)
**Die Rückeroberung des
historischen Denkens**
Band 12033

Hans Medick
Mikro-Historie
Band 11065 (*in Vorbereitung*)

Charles William Morris
**Grundlagen der
Zeichentheorie.
Ästhetik der Zeichentheorie**
Band 7406

Ulrich K. Preuß
**Revolution, Fortschritt
und Verfassung**
Band 11921

Thorstein Veblen
Theorie der feinen Leute
Band 7362

Paul Veyne
**Die Originalität
des Unbekannten**
Für eine andere
Geschichtsschreibung
Band 7408

Lew Semjonowitsch
Wygotski
Denken und Sprechen
Band 7368

Fischer Taschenbuch Verlag

fi 513 / 8 b

Wissenschaft bei S. Fischer

Ernst Cassirer
Versuch über den Menschen
Einführung in eine Philosophie
der Kultur. *384 Seiten. Geb.*

Pierre Chaunu /Georges Duby
Jacques Le Goff /
Michelle Perrot
Leben mit der Geschichte
Vier Selbstbeschreibungen
246 Seiten. Broschur

Umberto Eco
Apokalyptiker und Integrierte
Zur kritischen Kritik der Mas-
senkultur. *336 Seiten. Broschur*

Jacques Heers
**Vom Mummenschanz
zum Machttheater**
Europäische Festkultur im
Mittelalter. *351 Seiten. Leinen*

Lynn Hunt
**Symbole der Macht
Macht der Symbole**
Die Französische Revolution
und der Entwurf einer
politischen Kultur
336 Seiten. 22 Abb. Gebunden

(Hg.) Jacques Le Goff /
Roger Chartier / Jacques Revel
**Die Rückeroberung des
historischen Denkens**
Grundlagen der Neuen
Geschichtswissenschaft
288 Seiten. Gebunden

Claude Lévi-Strauss /
Didier Eribon
Das Nahe und das Ferne
Eine Autobiographie
in Gesprächen
262 Seiten. Gebunden

Alfred Lorenzer
Intimität und soziales Leid
Archäologie der Psychoanalyse
221 Seiten. Gebunden

Herfried Münkler
Im Namen des Staates
Die Begründung der Staats-
raison in der Neuzeit
428 Seiten. 30 Abb. Leinen

Oskar Negt /Alexander Kluge
**Maßverhältnisse des
Politischen**
15 Vorschläge zum Unter-
scheidungsvermögen
342 Seiten. Gebunden

Michelle Perrot (Hg.)
Geschlecht und Geschichte
Ist eine weibliche Geschichtsschreibung möglich?
256 Seiten. Broschur

Mario Praz
Der Garten der Sinne
Ansichten des Manierismus
und des Barock
272 Seiten mit Abb. Leinen

S. Fischer Verlag

fi 405 / 5 b